KB046688

Trade Relations Act

무역관계법

이양기

박영사

머리말

대한민국에 무역과 관련된 법규는 70여 개에 달하지만, 이번에 출간되는 무역관계법규에서는 한국 무역의 3대 기본법인 관세법, 대외무역법, 외국환거래법을 중점적으로 다루고 있다. 본서는 총 16장이며, 제1장에서 제14장은 관세법, 제15장은 대외무역법, 제16장은 외국환거래법으로 구성되어 있다.

대외무역법은 대외무역을 진흥하고 공정한 거래질서를 확립하여 국제수지의 균형과 통상의 확대를 도모하며, 국민경제의 발전에 이바지하기 위하여 제정된 법률로서, 1986년 12월 31일 제정되어 1987년 7월 1일부터 시행되었다. 그 후 대외무역법은 수출입거래에 민간의 창의성과 자율성이 최대한 발휘될 수 있도록 무역관리체제를 대폭 개편하고, 산업피해구제제도를 보완하고 기업의 국제영업 활동을 구체적으로 지원하기 위하여 1996년 12월 30일 전부 개정되었다. 현행 대외무역법이 1997년 3월 1일부터 시행된 후에 현재까지 28차례의 개정이 있었다.

외국환거래법은 외국환거래와 그 밖의 대외거래의 자유를 보장하고 시장기능을 활성화하여 대외거래의 원활화 및 국제수지의 균형과 통화가치의 안정을 도모함으로써 국민경제의 건전한 발전에 이바지함을 목적으로 한다. 1961년 12월 31일 제정된 외국환관리법은 외국인의 국내투자환경을 개선하고 외환거래를 자유화함으로써 국가경쟁력을 강화하는 한편, 이에 따른 부작용을 최소화하기 위하여 건전성 감독을 강화하고, 각종 안전장치를 강화하기 위하여 1998년 9월 16일 외국환관리법과 시행령을 동시에 폐지하고 법의 명칭을 "외국환거래법"으로 바꾸어 1999년 4월 1일 시행되었으며, 현재까지 17차례의 부분 개정이 이어지고 있다.

관세법은 관세의 부과·징수 및 수출입물품의 통관을 적정하게 하고 관세수입을 확보함으로써 국민경제의 발전에 이바지함을 목적으로 한다. 산업구조의 고도화와 함께 국제화 시대에 맞추어 1949년 11월 23일에 최초로 제정·시행된 관세법은 1967년 11월 전부개정 될 때까지 14차례의 부분개정이 있었다. 1967년 개정 법률은 108차례의 일부개정을 거쳐 현재까지 시행되고 있다. 관세법은 수출입 물품에 대하여 관세를 징수하기 위한 법률이므로 외국의 영향을 받지 않을 수 없다. 세계 각국은 국제협력을 강화하기 위하여 자유무역을 추구하고 있고, 우리나라도 국제경제에서 차지하는 비중이 높아감에 따라 관세제도가 외국의 영향을 점차 많이 받고 있다.

본서의 구성은 국회에서 제정된 법조문의 순서에 입각하여 장과 절의 논리를 전개함으로써 각 법의 제정 목적과 내용을 체계적으로 이해할 수 있도록 하였다. 무역관계법에서 가장 주목해야 할 것은 법의 구성 체계와 용어의 정의라 할 수 있다. 무역의 3대 기본법들은 무엇보다도 대한민국 영토를 넘나드는 우리 국민의 생명과 건강을 보호하고 대한민국의 재산을 보호하며 국제수지 균형을 달성함으로써 국민경제의 안정과 발전에 기여할 수 있도록 지속적으로 개정되어야 한다. 본서가 대학의 교과서 및 각종 시험과 자격증 취득에 도움이 될 수 있도록 책의 내용을 알차게 보완해 나가는 한편 사례와 판례를 추가하여 현행법의 문제점을 분석하고 개선방안을 함께 고민함으로써 대한민국의 무역관계법이 국제무역법규와 국제통상거래의 변화를 반영해 나갈 수 있도록 최선을 다하겠다.

무역관계법규는 경제통상환경의 변화에 따라 수시로 개정되기 때문에 이를 즉시 반영해야 하지만, 현실적으로 이를 수용하기는 매우 어려워 전공자가 대학교재로 발간하는 것은 쉽지 않은 일이다. 저자의 경우 기존에 발간한 관세법이 있어 집필을 수차례 미루어 왔는데, 안상준 대표님과 박세기 부장님께서 응원해 주신 덕분에 무역관계법규가 제대로 된 형식을 갖추고 세상에 빛을 보게 되어 감사드린다. 그리고 본서의 기획단계부터 발간까지 많은 도움을 주신 박부하 부산지사장님과 김민조 편집자님께도 깊은 감사를 드린다.

2023년 8월

이양기

차 례

제1장

관세법 총칙

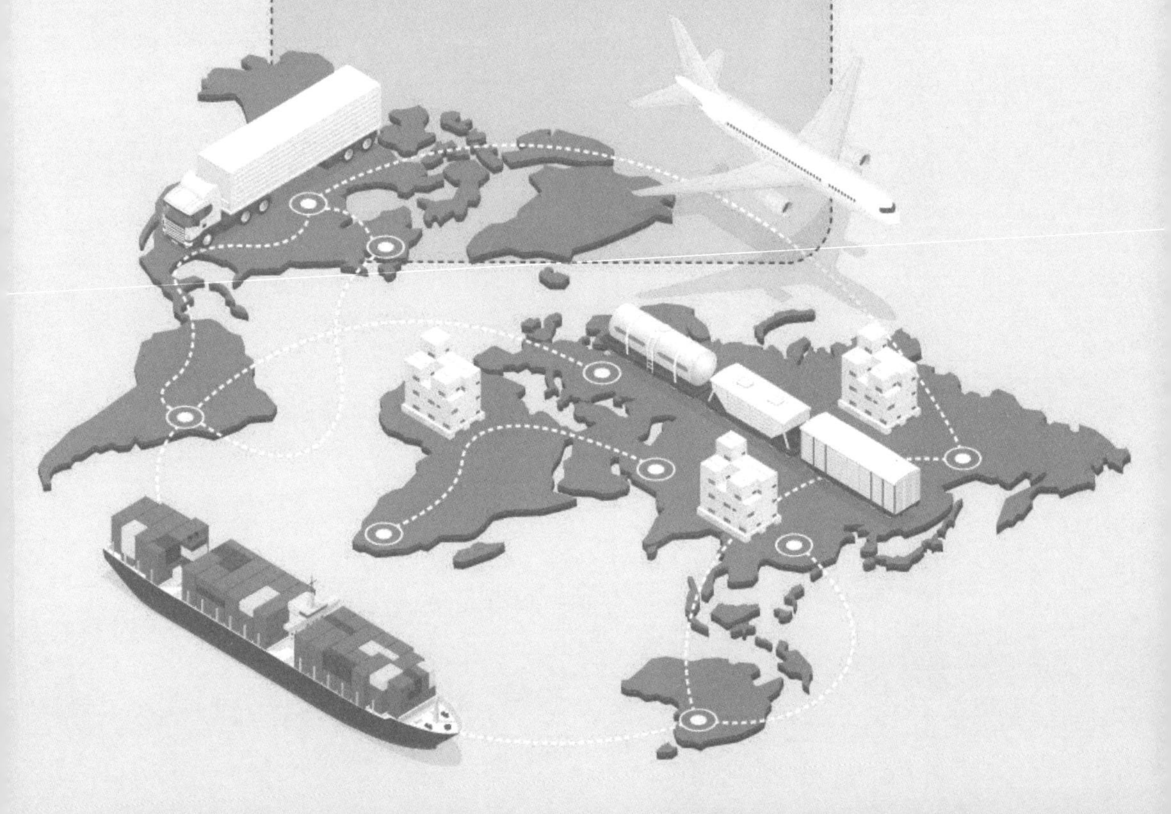

제1장

관세법 총칙

1. 관세법 목적

1) 관세의 개념

관세란 관세선(관세영역)을 출입하는 수입물품에 대하여 부과 및 징수하는 반대급부가 없는 국세이다. 여기서 관세영역이란 관세선에 둘러싸여 있는 지역으로 관세법이 적용되는 영역을 의미한다. 현행 우리나라의 관세법에서는 수입물품에는 관세를 부과한다고 규정하여 관세 부과의 대상이 수입물품임을 명확히 하고 있다.

2) 관세의 기능

관세의 부과로 한 나라의 경제는 동종 외국산 물품의 수입이 억제될 수 있다. 따라서 대부분 국가에서는 자국 산업 보호 목적으로 관세를 부과한다. 그리고 관세의 부과로 인한 정부의 세입이 증대되는 현상이 발생하기 때문에 개발도상국에서는 재정수입 확보 수단으로 관세에 상당히 의존한다.

[그림 1－1]은 어떤 상품에 관해 일국의 수요곡선 DD, 공급곡선 SS, 외국의 수출공급곡선 FF를 나타내고 있다. 자유무역하에서는(관세 부과 전의 상태), 가격 PO,

국내소비 OR, 국내생산 OQ이며, 국내소비가 국내생산을 초과하는 부분은 외국으로부터의 수입 QR로 메워진다. 여기서는 국제가격과 국내가격이 일치하고 있다. 지금 정부가 수입에 대해 t%의 종가세를 부과하면 국내가격은 국제가격보다 관세만큼 상승하며, 따라서 국내가격에 대응하는 외국의 수출공급곡선은 관세만큼 상방으로 이동한다. 그것이 F′F′이다. 국제가격은 관세 부과 전과 마찬가지로 PO이지만 국내가격은 P′O로 된다. 그 차액 P′P가 관세이다. 국내가격 P′O에서 국내소비는 O′R, 국내생산은 O′Q로 되며 따라서 수입은 Q′R′로 된다.

관세 부과로 얻어진 결과는 다음과 같다. 관세를 부과함에 따라, 첫째로 국내가격은 관세만큼 국제가격보다 상승하며(가격효과), 둘째로 국내소비가 감소하며(소비효과), 셋째로 국내생산이 증가하며(수입품과 경쟁 관계에 있는 국내산업이 보호받는 보호 효과), 넷째로 그 결과 수입이 감소하며(국제수지개선 효과), 다섯째로 정부는 관세수입 A′B′HG를 얻게 된다(수입 효과).

그림 1-1 | 관세의 효과

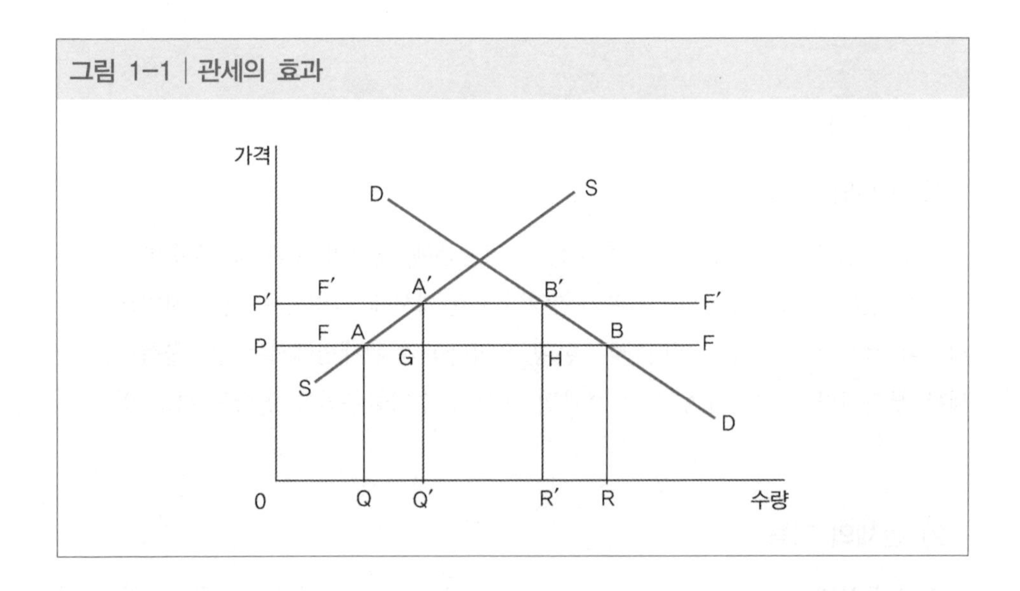

3) 관세법의 목적

관세는 조세이기 때문에 국가의 재정수입을 목적으로 한다. 그러나, 1949년 관세법의 공포 이후 우리나라의 관세는 국제협력을 통한 교역의 확대 등을 목적으로 지속적으로 인하되어 국가재정에서 관세가 차지하는 비중은 60년대에 비하여 크게 줄었으나, 관세 부과의 원초적인 목적은 국가재정수입의 확보에 있다고 말할 수 있다. 현행 관세법에서는 그 목적을 관세의 부과와 징수 및 수출입물품의 통관을 적정하게 하고 관세수입을 확보함으로써 국민경제의 발전에 이바지함을 규정하고 있다.

4) 관세법의 체계

관세법은 관세행정의 기본법이다. 관세가 국세의 하나이기는 하나, 국세에 관한 기본법인 국세기본법이나 국세징수법은 관세행정에 관하여는 관세법에서 특별히 준용하는 경우를 제외하고는 적용하지 아니한다. 관세법은 관세법 시행에 필요한 사항, 관세법에서 위임한 사항을 규정한 대통령령인 관세법시행령과 관세법과 동 시행령의 시행에 필요한 사항과 관세법시행령이 위임한 사항을 규정한 기획재정부령인 관세법시행규칙으로 체계를 이루고 있다.

2. 용어의 정의(법 제2조)

1) 수입

관세법상 수입이란 "외국물품을 우리나라에 반입(보세구역을 경유하는 것은 보세구역으로부터 반입하는 것을 말한다)하거나 우리나라에서 소비 또는 사용하는 것(우리나라의 운송수단 안에서의 소비 또는 사용을 포함하며, 제239조 각호의 1에 해당하는 소비 또는 사용을 제외한다)을 말한다."라고 규정되어 있다.

> ☞ **제239조(수입으로 보지 아니하는 소비 또는 사용)**
> 외국물품의 소비나 사용이 다음 각 호의 어느 하나에 해당하는 경우에는 이를 수입으로 보지 아니한다.
> 1. 선박용품 · 항공기용품 또는 차량용품을 운송수단 안에서 그 용도에 따라 소비하거나 사용하는 경우
> 2. 선박용품 · 항공기용품 또는 차량용품을 관세청장이 정하는 지정보세구역에서 「출입국관리법」에 따라 출국심사를 마치거나 우리나라에 입국하지 아니하고 우리나라를 경유하여 제3국으로 출발하려는 자에게 제공하여 그 용도에 따라 소비하거

나 사용하는 경우
3. 여행자가 휴대품을 운송수단 또는 관세통로에서 소비하거나 사용하는 경우
4. 이 법에서 인정하는 바에 따라 소비하거나 사용하는 경우

2) 수출 및 반송

관세법상의 수출이라 함은 내국물품을 외국으로 반출하는 것을 말하며, "반송"이란 국내에 도착한 외국물품이 수입통관절차를 거치지 아니하고 다시 외국으로 반출되는 것을 말한다.

3) 외국물품

"외국물품"이란 다음 각 목의 어느 하나에 해당하는 물품을 말한다.

① 외국으로부터 우리나라에 도착한 물품[외국의 선박 등이 공해(공해, 외국의 영해가 아닌 경제수역을 포함한다. 이하 같다)에서 채집하거나 포획한 수산물 등을 포함한다]으로서 제241조제1항에 따른 수입의 신고(이하 "수입신고"라 한다)가 수리(受理)되기 전의 것

② 제241조제1항에 따른 수출의 신고(이하 "수출신고"라 한다)가 수리된 물품

4) 내국물품

"내국물품"이란 다음 각 목의 어느 하나에 해당하는 물품을 말한다.

① 우리나라에 있는 물품으로서 외국물품이 아닌 것

② 우리나라의 선박 등이 공해에서 채집하거나 포획한 수산물 등

③ 제244조제1항에 따른 입항전 수입신고(이하 "입항전수입신고"라 한다)가 수리된 물품

④ 제252조에 따른 수입신고수리 전 반출승인을 받아 반출된 물품

⑤ 제253조제1항에 따른 수입신고 전 즉시반출신고를 하고 반출된 물품

5) 국제무역선(기)

① "국제무역선"이란 무역을 위하여 우리나라와 외국 간을 운항하는 선박을 말한다.

② "국제무역기"란 무역을 위하여 우리나라와 외국 간을 운항하는 항공기를 말한다.

③ "국내운항선"(內航船)이란 국내에서만 운항하는 선박을 말한다.

④ "국내운항기"(內航機)란 국내에서만 운항하는 항공기를 말한다.

6) 국내운항선(기)

국내에서만 운항하는 선박(항공기)을 말한다. 국내운항선(기)이란 연안무역을 위하여 국내연안만 운항하는 선박을 말하는 것으로 국내운항선(기)는 특별한 경우 이외에는 세관의 감시와 규제대상이 되지 않는다.

7) 선박(항공기)용품

① "선박용품"(船用品)이란 음료, 식품, 연료, 소모품, 밧줄, 수리용 예비부분품 및 부속품, 집기, 그 밖에 이와 유사한 물품으로서 해당 선박에서만 사용되는 것을 말한다.

② "항공기용품"(機用品)이란 선박용품에 준하는 물품으로서 해당 항공기에서만 사용되는 것을 말한다.

③ "차량용품"이란 선박용품에 준하는 물품으로서 해당 차량에서만 사용되는 것을 말한다.

8) 통관

통관이란 이 법의 규정에 의한 절차를 이행하여 물품을 수출·수입 또는 반송하는 것을 말한다. 반송은 외국으로부터 우리나라에 도착한 외국물품을 수입신고 수리절차를 밟지 않고 외국물품 상태로 두었다가 다시 외국으로 반출하는 것을 말한다.

9) 환적

환적이란 동일한 세관관할구역 안에서 입국 또는 입항하는 운송수단에서 출국 또는 출항하는 운송수단으로 물품을 옮겨 싣는 것을 말한다.

10) 복합환적

입국 또는 입항하는 운송수단의 물품을 다른 세관의 관할구역으로 운송하여 출국 또는 출항하는 운송수단으로 옮겨 싣는 것을 말한다.

11) 운영인

"운영인"이란 다음의 어느 하나에 해당하는 자를 말한다.

① 특허보세구역의 설치·운영에 관한 특허를 받은 자

② 종합보세사업장의 설치·운영에 관한 신고를 한 자

12) 세관공무원

"세관공무원"이란 다음 각 목의 사람을 말한다.

① 관세청장, 세관장 및 그 소속 공무원

② 그 밖에 관세청 소속기관의 장 및 그 소속 공무원

13) 탁송품

"탁송품"(託送品)이란 상업서류, 견본품, 자가사용물품, 그 밖에 이와 유사한 물품으로서 국제무역선·국제무역기 또는 국경출입차량을 이용한 물품의 송달을 업으로 하는 자(물품을 휴대하여 반출입하는 것을 업으로 하는 자는 제외한다)에게 위탁하여 우리나라에 반입하거나 외국으로 반출하는 물품을 말한다.

3. 관세징수의 우선(제3조)

① 관세를 납부하여야 하는 물품에 대하여는 다른 조세, 그 밖의 공과금 및 채권에 우선하여 그 관세를 징수한다.

② 국세징수의 예에 따라 관세를 징수하는 경우 강제징수의 대상이 해당 관세를 납부하여야 하는 물품이 아닌 재산인 경우에는 관세의 우선순위는 「국세기본법」에 따른 국세와 동일하게 한다.

4. 내국세 등의 부과 · 징수(제4조)

① 수입물품에 대하여 세관장이 부과·징수하는 부가가치세, 지방소비세, 담배소비세, 지방교육세, 개별소비세, 주세, 교육세, 교통·에너지·환경세 및 농어촌특별세(이하 "내국세 등"이라 하되, 내국세 등의 가산세 및 강제징수비를 포함한다)의 부과·징수·환급 등에 관하여 「국세기본법」, 「국세징수법」, 「부가가치세법」, 「지방세법」, 「개별소비세법」, 「주세법」, 「교육세법」, 「교통·에너지·환경세법」 및 「농어촌특별세법」의 규정과 이 법의 규정이 상충되는 경우에는 이 법의 규정을 우선하여 적용한다.

② 수입물품에 대하여 세관장이 부과·징수하는 내국세 등의 체납이 발생하였을 때에는 징수의 효율성 등을 고려하여 필요하다고 인정되는 경우 대통령령으로 정하는 바에 따라 납세의무자의 주소지(법인의 경우 그 법인의 등기부에 따른 본점이나 주사무소의 소재지)를 관할하는 세무서장이 체납세액을 징수할 수 있다.

③ 이 법에 따른 가산세 및 강제징수비의 부과·징수·환급 등에 관하여는 이 법 중 관세의 부과·징수·환급 등에 관한 규정을 적용한다.

④ 수입물품에 대하여 세관장이 부과·징수하는 내국세 등에 대한 담보제공 요구, 국세충당, 담보해제, 담보금액 등에 관하여는 이 법 중 관세에 대한 담보 관련 규정을 적용한다.

5. 법 적용의 원칙 등

관세법상의 법 해석의 기준 및 소급과세 금지 규정은 국민의 재산권 보장 및 조세의 세목과 세율은 법률로 정한다는 헌법상의 규정에 대한 조세법의 해석과 적용에 관한 원칙을 정한 훈시적인 규정으로서, 다른 여타의 조세법도 이 규정은 준용되고 있다.

1) 법 해석의 기준과 소급과세의 금지

(1) 법 해석의 기준

이 법을 해석하고 적용할 때에는 과세의 형평과 해당 조항의 합목적성에 비추어 납세자의 재산권을 부당하게 침해하지 아니하도록 하여야 한다. 여기서 과세의 형평이란 과세자와 납세자 간의 형평뿐만 아니라 서로 다른 납세자 간의 형평도 포함하는 것이다.

두 번째 기준은 합목적성의 원칙인데, 합목적성의 원칙이란 개개 조항의 형식이나 법조문의 문리해석에만 집착하지 말고, 당해 법조항이 추구하고자 하는 목적에 비추어서 해석 · 적용하여야 한다는 것이다.

(2) 소급과세금지의 원칙

관세법에는 '관세법의 해석 또는 관행이 일반적으로 납세자에게 받아들여진 후에는 그 해석 또는 관행에 의한 행위 또는 계산은 정당한 것으로 보며, 새로운 해석 또는 관행에 의하여 소급하여 과세되지 아니한다.'라고 규정하고 있다.

국민의 재산권을 침해하는 조세의 부과 및 징수는 법률에 의해서만 가능한데, 이를 조세법률주의라고 한다. 이러한 조세법률주의의 내용에는 과거에 소급하여 과세할 수 있는 법률을 만드는 것, 즉 소급과세입법을 금지하는 것까지 포함하고 있다.

2) 신의성실

납세자가 그 의무를 이행할 때에는 신의에 따라 성실하게 하여야 한다. 세관공무원이 그 직무를 수행함에 있어서도 또한 같다.

3) 세관공무원의 재량의 한계

세관공무원은 그 재량에 의하여 직무를 수행하는 데 있어서 과세의 형평과 이 법의 목적에 비추어 일반적으로 타당하다고 인정되는 한계를 엄수하여야 한다.

6. 관세의 납부기한

① 관세의 납부기한은 이 법에서 달리 규정하는 경우를 제외하고는 다음 각 호의 구분에 따른다.

1. 제38조제1항에 따른 납세신고를 한 경우: 납세신고 수리일부터 15일 이내
2. 제39조제3항에 따른 납부고지를 한 경우: 납부고지를 받은 날부터 15일 이내
3. 제253조제1항에 따른 수입신고 전 즉시반출신고를 한 경우: 수입신고일부터 15일 이내

② 납세의무자는 제1항에도 불구하고 수입신고가 수리되기 전에 해당 세액을 납부할 수 있다.

③ 세관장은 납세실적 등을 고려하여 관세청장이 정하는 요건을 갖춘 성실납세자가 대통령령으로 정하는 바에 따라 신청을 할 때에는 제1항 제1호 및 제3호에도 불구하고 납부기한이 동일한 달에 속하는 세액에 대하여는 그 기한이 속하는 달의 말일까지 한꺼번에 납부하게 할 수 있다. 이 경우 세관장은 필요하다고 인정하는 경우에는 납부할 관세에 상당하는 담보를 제공하게 할 수 있다.

④ 납부기한이 동일한 달에 속하는 세액을 월별로 일괄하여 납부(이하 "월별납부"라 한다)하고자 하는 자는 납세실적 및 수출입실적에 관한 서류 등 관세청장이 정하는 서류를 갖추어 세관장에게 월별납부의 승인을 신청하여야 한다. 세관장은 납세의무자가 다음 각 호의 어느 하나에 해당하게 된 때에는 제2항에 따른 월별납부의 승인을 취소할 수 있다. 이 경우 세관장은 월별납부의 대상으로 납세신고된 세액에 대해서는 15일 이내의 납부기한을 정하여 납부고지해야 한다.

1. 관세를 납부기한이 경과한 날부터 15일 이내에 납부하지 아니하는 경우

2. 월별납부를 승인받은 납세의무자가 법 제9조제3항의 규정에 의한 관세청장이 정한 요건을 갖추지 못하게 되는 경우
3. 사업의 폐업, 경영상의 중대한 위기, 파산선고 및 법인의 해산 등의 사유로 월별납부를 유지하기 어렵다고 세관장이 인정하는 경우

7. 기한의 연장

세관장은 천재지변이나 그 밖에 대통령령으로 정하는 사유(다음의 하나에 해당하는 사유)로 이 법에 따른 신고, 신청, 청구, 그 밖의 서류의 제출, 통지, 납부 또는 징수를 정하여진 기한까지 할 수 없다고 인정되는 경우에는 1년을 넘지 아니하는 기간을 정하여 대통령령으로 정하는 바에 따라 그 기한을 연장할 수 있다. 이 경우 세관장은 필요하다고 인정하는 경우에는 납부할 관세에 상당하는 담보를 제공하게 할 수 있다.

① 전쟁, 화재 등
② 사업에 현저한 손실을 입은 경우
③ 사업이 중대한 위기에 처한 경우
④ 기타 세관장이 인정하는 경우
⑤ 납부기한 종료 전에 세관장에게 신청
⑥ 세관장이 납세고지를 하며 담보 제공을 요구할 수 있다.

8. 납부고지서의 송달

① 관세 납부고지서의 송달은 납세의무자에게 직접 발급하는 경우를 제외하고는 인편(人便), 우편 또는 제327조에 따른 전자송달의 방법으로 한다.
② 세관장은 관세의 납세의무자의 주소, 거소(居所), 영업소 또는 사무소가 모두 분명하지 아니하여 관세의 납부고지서를 송달할 수 없을 때에는 해당 세관의 게시판이나 그 밖의 적당한 장소에 납부고지사항을 공시(公示)할 수 있다.
③ 납부고지사항을 공시하였을 때에는 공시일부터 14일이 지나면 관세의 납세의무자에게 납부고지서가 송달된 것으로 본다.

9. 신고서류의 보관기간

이 법에 따라 가격신고, 납세신고, 수출입 신고, 반송신고, 보세화물반출입신고, 보세운송신고를 하거나 적재화물목록을 제출한 자는 신고 또는 제출한 자료(신고필증을 포함한다)를 신고 또는 제출한 날부터 5년의 범위에서 대통령령으로 정하는 기간 동안 보관하여야 한다.

① 다음 각 목의 어느 하나에 해당하는 서류: 해당 신고에 대한 수리일부터 5년
   1. 수입신고필증
   2. 수입거래관련 계약서 또는 이에 갈음하는 서류
   3. 제237조에 따른 지식재산권의 거래에 관련된 계약서 또는 이에 갈음하는 서류
   4. 수입물품 가격결정에 관한 자료

② 다음 각 목의 어느 하나에 해당하는 서류: 해당 신고에 대한 수리일부터 3년
   1. 수출신고필증
   2. 반송신고필증
   3. 수출물품·반송물품 가격결정에 관한 자료
   4. 수출거래·반송거래 관련 계약서 또는 이에 갈음하는 서류

③ 다음 각 목의 어느 하나에 해당하는 서류: 해당 신고에 대한 수리일부터 2년
   1. 보세화물반출입에 관한 자료
   2. 적재화물목록에 관한 자료
   3. 보세운송에 관한 자료

제2장

과세가격과 관세의 부과 · 징수 등

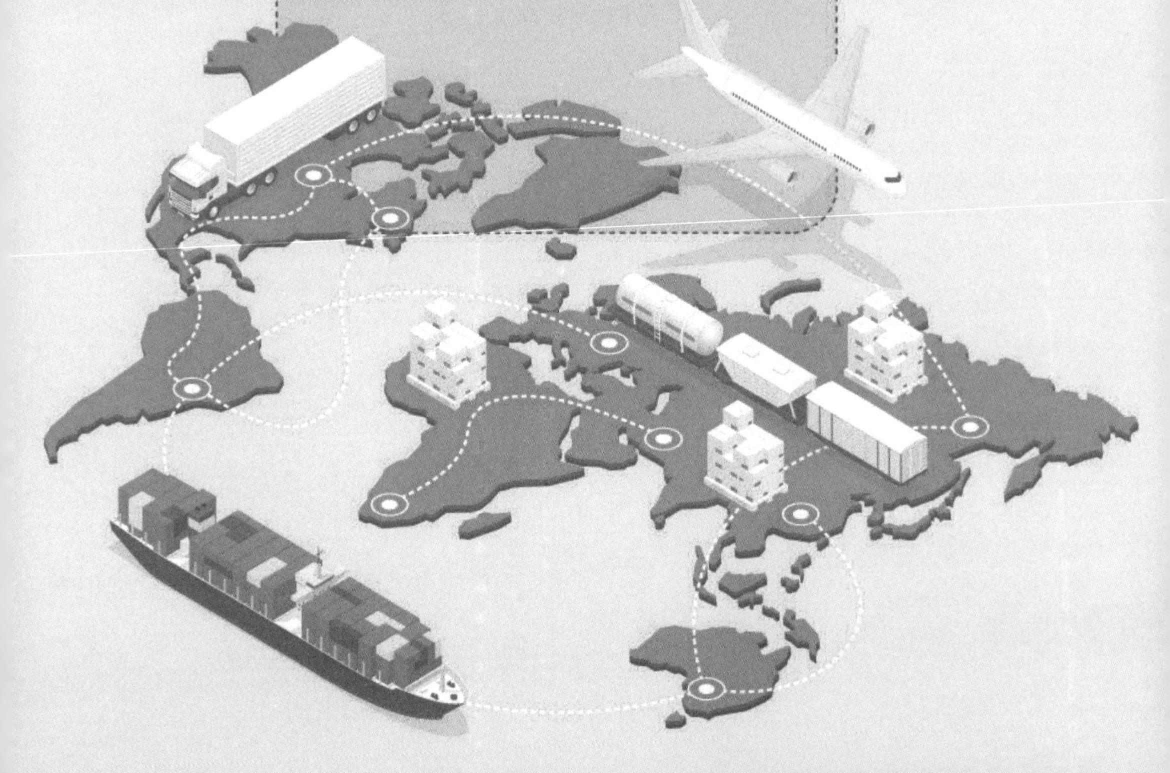

제2장

과세가격과 관세의 부과·징수 등

1. 과세요건

세금을 부과하는 데 갖추어야 할 몇 가지 조건을 과세요건이라고 한다. 관세법을 비롯한 모든 세법에는 과세요건에 관한 규정이 있으며, 이러한 과세요건을 갖추지 아니하면 세금을 부과할 수 없다. 관세의 과세요건은 일반적으로 4대 요건이라 하여 과세물건, 납세의무자, 세율 및 과세표준이 이에 해당된다. 관세의 조세채권이 성립하려면 이 네 가지 과세요건이 갖추어져야 한다.

1) 과세물건

(1) 과세물건

과세물건이란 과세의 대상이 되는 목적물, 즉 조세가 부과되는 객체를 말한다. 현행 우리나라의 관세법에서는 "수입물품에는 관세를 부과한다."고 규정하고 있다. 즉, 다시 말하면 관세의 과세물건은 수입물품인데 그 이유는 우리나라의 경우 수출세나 통과세는 부과하지 않기 때문이다.

(2) 과세물건의 확정시기

관세는 수입신고(입항전 수입신고를 포함한다. 이하 이 조에서 같다)를 하는 때의 물품의 성질과 그 수량에 따라 부과한다. 다만, 다음 각 호의 어느 하나에 해당하는 물품에 대하여는 각 해당 호에 규정된 때의 물품의 성질과 그 수량에 따라 부과한다.

① 선박(항공기)용품을 허가대로 적재하지 않아 관세를 추징하는 경우에는 그 하역허가를 받은 때

② 보세구역장치 물품의 멸실·폐기에 따라 관세를 추징하는 경우에는 해당 물품이 멸실되거나 폐기된 때

③ 보세공장 외 작업기간을 경과한 보세공장물품에 대해 관세를 추징하는 경우(보세건설장 외 작업 또는 종합보세구역 외 작업 포함)에는 보세공장 외 작업의 허가를 받은 때(보세건설장 외 작업 또는 종합보세구역 외 작업을 허가받거나 신고한 때)

④ 보세구역 밖에서 하는 보수작업을 승인받은 물품이 역외 보수작업 기간을 경과하여 관세를 징수하는 경우에는 보세구역 밖에서 하는 보수작업을 승인받은 때의 외국물품의 성질·수량에 의거 과세한다.

⑤ 보세운송기간 경과물품에 대해 관세를 추징하는 경우에는 보세운송 신고를 하거나 승인을 얻은 때

⑥ 수입신고가 수리되기 전에 소비하거나 사용하는 물품(제239조에 따라 소비 또는 사용을 수입으로 보지 아니하는 물품은 제외한다)의 경우에는 해당 물품을 소비하거나 사용한 때

⑦ 우편에 의하여 수입되는 물품은 통관우체국에 도착된 때

⑧ 도난물품이나 분실물품에 대해서는 도난되거나 분실된 때

⑨ 관세법에 의하여 매각된 물품에 대하여는 매각된 때

⑩ 수입신고를 하지 아니하고 수입된 물품 중 전술한 내용에 해당하지 않는 물품에 대하여는 수입된 때

⑪ 수입신고 전 즉시반출신고를 하고 반출한 물품의 경우에는 수입신고 전 즉시반출신고를 한 때의 그 물품의 성질·수량에 의거 세액을 산출한다.

(3) 적용 법령

① 관세는 수입신고 당시의 법령에 따라 부과한다. 다만, 다음 각호의 하나에 해

당되는 것은 그날에 시행되는 법령에 의하여 부과한다.

1. 선박(항공기)용품을 허가대로 적재하지 않아 관세를 추징하는 경우에는 그 하역허가를 받은 때
2. 보세구역장치 물품의 멸실·폐기에 따른 관세를 추징하는 경우에는 해당 물품이 멸실되거나 폐기된 때
3. 보세공장 외 작업기간을 경과한 보세공장물품에 대해 관세를 추징하는 경우(보세건설장 외 작업 또는 종합보세구역 외 작업 포함)에는 보세공장 외 작업의 허가를 받은 때(보세건설장 외 작업 또는 종합보세구역 외 작업을 허가받거나 신고한 때)
4. 보세구역 밖에서 하는 보수작업을 승인받은 물품이 역외 보수작업 기간을 경과하여 관세를 징수하는 경우에는 보세구역 밖에서 하는 보수작업을 승인받은 때
5. 보세운송기간 경과물품에 대해 관세를 추징하는 경우에는 보세운송 신고를 하거나 승인을 얻은 때
6. 수입신고가 수리되기 전에 소비하거나 사용하는 물품(제239조에 따라 소비 또는 사용을 수입으로 보지 아니하는 물품은 제외한다)의 경우에는 해당 물품을 소비하거나 사용한 때
7. 우편에 의하여 수입되는 물품은 통관우체국에 도착된 때
8. 도난물품이나 분실물품에 대해서는 도난되거나 분실된 때
9. 관세법에 의하여 매각된 물품에 대하여는 매각된 때
10. 수입신고를 하지 아니하고 수입된 물품 중 전술한 내용에 해당하지 않는 물품에 대하여는 수입된 때
11. 수입신고 전 즉시반출신고를 하고 반출한 물품의 경우에는 수입신고 전 즉시반출신고를 한 때

② 보세건설장에 반입된 물품은 일반수입물품과는 달리 수입신고가 수리된 날에 시행되는 법령에 의하여 부과한다.

(4) 과세환율

과세가격을 결정하는 경우 외국통화로 표시된 가격을 내국통화로 환산할 때에는 제17조(적용법령)에 따른 날(보세건설장에 반입된 물품의 경우에는 수입신고를 한 날을

말한다)이 속하는 주의 전주(前週)의 기준환율 또는 재정환율을 평균하여 관세청장이 그 율을 정한다.

2) 과세표준

과세물건이 확정되면 과세표준을 결정하여야 하는데 관세의 과세표준이란 세액결정에 기준이 되는 수입물품의 가격과 수량을 말한다. 수입물품의 가격을 과세표준으로 과세하는 경우를 종가세라 하고 수입물품의 수량을 과세표준으로 하여 과세하는 경우를 종량세라고 한다.

현행 우리나라의 관세법은 원칙적으로 종가세를 채택하고 있으며, 일부 예외적인 경우에 한하여 종량세를 채택하고 있는데, 대부분이 종가세 대상품목이고, HS 3706의 영화용 필름과 HS 8523.29－2231의 녹화된 비디오테이프(폭이 6.5밀리미터를 초과하는 것. 20원/표준속도. 매분)에 대하여는 종량세를 적용하고 있다.

3) 납세의무자

납세의무자란 직접적으로 법률상 납세의무를 부담하는 자를 말한다. 납세의무자와 담세자는 상이하다. 즉 소득세와 같은 직접세인 경우는 납세의무자와 담세자가 일치한다. 그러나 관세와 같은 간접세인 경우는 납세의무자에게 부과된 세금은 실제의 담세자에게 전가하기 때문에 납세의무자와 담세자는 상이하다.

① 다음 각 호의 어느 하나에 해당하는 자는 관세의 납세의무자가 된다.

1. 수입신고를 한 물품인 경우에는 그 물품을 수입신고하는 때의 화주(화주가 불분명할 때에는 다음 각 목의 어느 하나에 해당하는 자를 말한다. 이하 이 조에서 같다). 다만, 수입신고가 수리된 물품 또는 제252조에 따른 수입신고수리 전 반출승인을 받아 반출된 물품에 대하여 납부하였거나 납부하여야 할 관세액이 부족한 경우 해당 물품을 수입신고하는 때의 화주의 주소 및 거소가 분명하지 아니하거나 수입신고인이 화주를 명백히 하지 못하는 경우에는 그 신고인이 해당 물품을 수입신고하는 때의 화주와 연대하여 해당 관세를 납부하여야 한다.

   가. 수입을 위탁받아 수입업체가 대행수입한 물품인 경우: 그 물품의 수입

을 위탁한 자

나. 수입을 위탁받아 수입업체가 대행수입한 물품이 아닌 경우: 대통령령으로 정하는 상업서류에 적힌 물품수신인

다. 수입물품을 수입신고 전에 양도한 경우: 그 양수인

2. 선박(항공기)용품을 허가대로 적재하지 않아 관세를 추징하는 경우에 따라 관세를 징수하는 물품인 경우에는 하역허가를 받은 자
3. 제158조제7항에 따라 관세를 징수하는 물품인 경우에는 보세구역 밖에서 하는 보수작업을 승인받은 자
4. 제160조제2항에 따라 관세를 징수하는 물품인 경우에는 운영인 또는 보관인
5. 제187조제7항(제195조제2항 또는 제202조제3항에 따라 준용되는 경우를 포함한다)에 따라 관세를 징수하는 물품인 경우에는 보세공장 외 작업, 보세건설장 외 작업 또는 종합보세구역 외 작업을 허가받거나 신고한 자
6. 제217조에 따라 관세를 징수하는 물품인 경우에는 보세운송을 신고하였거나 승인을 받은 자
7. 수입신고가 수리되기 전에 소비하거나 사용하는 물품(제239조에 따라 소비 또는 사용을 수입으로 보지 아니하는 물품은 제외한다)인 경우에는 그 소비자 또는 사용자
8. 제253조제4항에 따라 관세를 징수하는 물품인 경우에는 해당 물품을 즉시 반출한 자
9. 우편으로 수입되는 물품인 경우에는 그 수취인
10. 도난물품이나 분실물품인 경우에는 다음 각 목에 규정된 자

가. 보세구역의 장치물품(藏置物品): 그 운영인 또는 제172조제2항에 따른 화물관리인(이하 "화물관리인"이라 한다)

나. 보세운송물품: 보세운송을 신고하거나 승인을 받은 자

다. 그 밖의 물품: 그 보관인 또는 취급인

11. 이 법 또는 다른 법률에 따라 따로 납세의무자로 규정된 자
12. 제1호부터 제11호까지 외의 물품인 경우에는 그 소유자 또는 점유자

② 제1항제1호에 따른 화주 또는 신고인과 제1항제2호부터 제11호까지에 규정된 자가 경합되는 경우에는 제1항제2호부터 제11호까지에 규정된 자를 납세의무자로 한다.

③ 이 법 또는 다른 법령, 조약, 협약 등에 따라 관세의 납부를 보증한 자는 보증액의 범위에서 납세의무를 진다.

④ 법인이 합병하거나 상속이 개시된 경우에는 「국세기본법」 제23조 및 제24조를 준용하여 관세·가산세 및 강제징수비의 납세의무를 승계한다.

⑤ 다음 중 어느 하나를 업으로 하는 자(이하 "구매대행업자"라 한다)가 화주로부터 수입물품에 대하여 납부할 관세 등에 상당하는 금액을 수령하고, 수입신고인 등에게 과세가격 등의 정보를 거짓으로 제공한 경우: 구매대행업자와 수입신고하는 때의 화주

1. 자가사용물품을 수입하려는 화주의 위임에 따라 해외 판매자로부터 해당 수입물품의 구매를 대행하는 것
2. 사이버몰(컴퓨터 등과 정보통신설비를 이용하여 재화 등을 거래할 수 있도록 설정된 가상의 영업장을 말한다. 이하 같다) 등을 통하여 해외로부터 구매 가능한 물품의 정보를 제공하고 해당 물품을 자가사용물품으로 수입하려는 화주의 요청에 따라 그 물품을 구매해서 판매하는 것

⑥ 다음 각 호의 어느 하나에 해당되는 경우 「국세기본법」 제25조제2항부터 제4항까지의 규정을 준용하여 분할되는 법인이나 분할 또는 분할합병으로 설립되는 법인, 존속하는 분할합병의 상대방 법인 및 신회사가 관세·가산세 및 강제징수비를 연대하여 납부할 의무를 진다.

1. 법인이 분할되거나 분할합병되는 경우
2. 법인이 분할 또는 분할합병으로 해산하는 경우
3. 법인이 「채무자 회생 및 파산에 관한 법률」 제215조에 따라 신회사를 설립하는 경우

⑦ 이 법에 따라 관세·가산세 및 강제징수비를 연대하여 납부할 의무에 관하여는 「민법」 제413조부터 제416조까지, 제419조, 제421조, 제423조 및 제425조부터 제427조까지의 규정을 준용한다.

⑧ 관세의 징수에 관하여는 「국세기본법」 제38조부터 제41조까지의 규정을 준용한다.

⑨ 제8항에 따라 준용되는 「국세기본법」 제38조부터 제41조까지의 규정에 따른 제2차 납세의무자는 관세의 담보로 제공된 것이 없고 납세의무자와 관세의 납부를 보증한 자가 납세의무를 이행하지 아니하는 경우에 납세의무를 진다.

⑩ 납세의무자(관세의 납부를 보증한 자와 제2차 납세의무자를 포함한다. 이하 이 조에서 같다)가 관세·가산세 및 강제징수비를 체납한 경우 그 납세의무자에게 「국세기본법」 제42조제3항에 따른 양도담보재산이 있을 때에는 그 납세의무자의 다른 재산에 대하여 강제징수를 하여도 징수하여야 하는 금액에 미치지 못한 경우에만 「국세징수법」 제7조를 준용하여 그 양도담보재산으로써 납세의무자의 관세·가산세 및 강제징수비를 징수할 수 있다. 다만, 그 관세의 납세신고일 전에 담보의 목적이 된 양도담보재산에 대해서는 그러하지 아니한다.

4) 관세율

세율이란 세액을 결정하기 위하여 과세표준에 대하여 적용되는 비율(과세표준 × 세율 = 세액)을 말한다. 그러므로 세율은 과세표준과 같이 세액을 결정하는 가장 중요한 요인 중의 하나가 된다. 종가세의 경우는 백분율로, 종량세의 경우는 1단위 수량당 금액으로 나타난다.

2. 납세의무의 소멸 등

1) 납부의무의 소멸

관세 또는 강제징수비를 납부하여야 하는 의무는 다음 각 호의 어느 하나에 해당되는 때에는 소멸한다.

① 관세를 납부하거나 관세에 충당한 때
② 관세부과가 취소된 때
③ 제척기간이 만료된 때
④ 관세징수권의 소멸시효가 완성된 때

2) 관세부과의 제척기간

제척기간이란 관세채권을 확정할 수 있는 기간으로 관세는 해당 관세를 부과할 수 있는 날부터 5년이 지나면 부과할 수 없다. 다만, 부정한 방법으로 관세를 포탈하였거나 환급 또는 감면받은 경우에는 관세를 부과할 수 있는 날부터 10년이 지나면 부과할 수 없다.

① 다음 각 목의 어느 하나에 해당하는 경우: 그 결정·판결이 확정된 날부터 1년

1. 이의신청, 심사청구 또는 심판청구에 대한 결정이 있은 경우
2. 「감사원법」에 따른 심사청구에 대한 결정이 있은 경우
3. 「행정소송법」에 따른 소송에 대한 판결이 있은 경우
4. 압수물품의 반환결정이 있은 경우

② 이 법과 「자유무역협정의 이행을 위한 관세법의 특례에 관한 법률」 및 조약·협정 등에서 정하는 바에 따라 양허세율의 적용여부 및 세액 등을 확정하기 위하여 원산지증명서를 발급한 국가의 세관이나 그 밖에 발급권한이 있는 기관에게 원산지증명서 및 원산지증명서확인자료의 진위 여부, 정확성 등의 확인을 요청한 경우: 다음 각 목의 날 중 먼저 도래하는 날부터 1년

1. 해당 요청에 따라 회신을 받은 날
2. 이 법과 「자유무역협정의 이행을 위한 관세법의 특례에 관한 법률」 및 조약·협정 등에서 정한 회신기간이 종료된 날

③ 다음 각 목의 어느 하나에 해당하는 경우: 경정청구일 또는 결정통지일부터 2개월

1. 경정청구가 있는 경우
2. 제38조의4 제4항에 따른 조정 신청(국세의 정상가격과 관세의 과세가격 간의 조정을 신청)에 대한 결정통지가 있는 경우

3) 관세징수권 등의 소멸시효

① 관세의 징수권은 이를 행사할 수 있는 날부터 다음 각 호의 구분에 따른 기간 동안 행사하지 아니하면 소멸시효가 완성된다.

1. 5억원 이상의 관세(내국세를 포함한다. 이하 이 항에서 같다): 10년
2. 상기 외의 관세: 5년

② 납세자의 과오납금 또는 그 밖의 관세의 환급청구권은 그 권리를 행사할 수 있는 날부터 5년간 행사하지 아니하면 소멸시효가 완성된다.

③ 관세의 징수권과 과오납금 또는 그 밖의 관세의 환급청구권을 행사할 수 있

는 날은 대통령령으로 정한다.

4) 시효의 중단 및 정지

시효의 중단이란 시효가 진행되다가 시효의 기초인 사실상태와 부합되지 않은 사실의 발생으로 인하여 시효의 진행을 중지하는 것을 말하는데, 이 제도는 징수권의 확보, 환급권의 확보 등으로 권리자를 보호하는 데 목적이 있다. 따라서 시효가 중단되면 중단사유가 발생한 날까지의 시효는 효력이 소멸되고, 당해 중단사유가 끝난 날부터 시효가 다시 진행이 되어 당해 사유가 끝난 날의 다음 날이 시효의 기산일이 된다.

① 관세징수권의 소멸시효의 중단

1. 납세고지
2. 경정처분
3. 납세독촉(납부최고를 포함한다)
4. 통고처분
5. 고발
6. 특정범죄가중처벌 등에 관한 법률의 규정에 의한 공소제기
7. 교부청구
8. 압류

② 환급청구권의 소멸시효는 환급청구권의 행사로 인하여 중단된다.

③ 관세징수권의 소멸시효는 관세의 분할납부기간 · 징수유예기간 · 체납처분유예기간 또는 사해행위 취소소송의 기간 중에는 진행하지 아니한다.

④ 사해행위 취소소송으로 인한 시효정지의 효력은 소송이 각하 · 기각 또는 취하된 경우에는 효력이 없다.

⑤ 관세징수권과 환급청구권의 소멸시효에 관하여 관세법에 규정이 있는 것을 제외하고는 민법의 규정을 준용한다.

3. 납세담보

1) 담보제도

(1) 담보의 개념

관세채권의 확보를 위한 공법상 제도로 납세의무자의 납부 불이행에 대한 대비책이다. 관세법상에서는 담보제도 이외에 관세채권 확보를 위하여 관세징수의 우선, 납세의무의 확장, 관세의 강제징수 등을 규정하고 있다.

(2) 담보의 종류

① 금전: 현금을 말한다. 가장 가치가 있는 담보물이나 제공자의 부담이 크기 때문에 신고수리 전 반출의 담보와 같은 경우 이외에는 별로 이용이 안 된다.

② 국채 또는 지방채: 제공할 담보가 국가가 발행한 채권 및 증권인 경우에는 당해 채권 및 증권에 관하여 모든 권리를 행사할 수 있는 자의 위임장을 담보제공서에 첨부하여야 한다.

③ 세관장이 인정하는 유가증권

④ 납세보증보험증권: 세관장의 요청이 있는 경우에는 특정인이 납부하여야 할 금액을 일정기일 이후에는 언제든지 세관장에게 지급한다는 내용을 기재한 보험회사의 보증서를 말한다.

⑤ 토지

⑥ 보험에 든 등기 또는 등록된 건물·공장재단·광업재단·선박·항공기나 건설기계

⑦ 세관장이 인정하는 보증인의 납세보증서

(3) 포괄담보

① 담보를 포괄하여 제공하고자 하는 자는 그 기간 및 담보의 최고액과 담보제공자의 전년도 수출입실적 및 예상수출입물량을 기재한 신청서를 세관장에게 제출하여야 한다.

② 담보를 포괄하여 제공할 수 있는 요건, 그 담보의 종류 기타 필요한 사항은 관세청장이 정한다.

(4) 담보의 관세충당

① 세관장은 담보를 제공한 납세의무자가 그 납부기한까지 해당 관세를 납부하지 아니하면 기획재정부령으로 정하는 바에 따라 그 담보를 해당 관세에 충당할 수 있다. 이 경우 담보로 제공된 금전을 해당 관세에 충당할 때에는 납부기한이 지난 후에 충당하더라도 제42조를 적용하지 아니한다.

② 세관장은 제1항에 따라 담보를 관세에 충당하고 남은 금액이 있을 때에는 담보를 제공한 자에게 이를 돌려주어야 하며, 돌려줄 수 없는 경우에는 이를 공탁할 수 있다.

③ 세관장은 관세의 납세의무자가 아닌 자가 관세의 납부를 보증한 경우 그 담보로 관세에 충당하고 남은 금액이 있을 때에는 그 보증인에게 이를 직접 돌려주어야 한다.

(5) 담보 등이 없는 경우의 관세징수

① 담보 제공이 없거나 징수한 금액이 부족한 관세의 징수에 관하여는 이 법에 규정된 것을 제외하고는 「국세기본법」과 「국세징수법」의 예에 따른다.

② 세관장은 관세의 강제징수를 할 때에는 재산의 압류, 보관, 운반 및 공매에 드는 비용에 상당하는 강제징수비를 징수할 수 있다.

③ 세관장은 납세담보의 제공을 받은 관세 및 강제징수비가 납부되었을 때에는 지체 없이 담보해제의 절차를 밟아야 한다.

2) 담보제공이 필요한 경우

전술한 바와 같이 감면세를 받거나 외국물품이 보세구역을 벗어나는 경우 등에 있어서는 관세채권의 확보를 위하여 특별히 관세의 담보를 받고 있는데 그 경우를 열거하면 다음과 같다.

① 덤핑방지관세 잠정조치의 경우

② 상계관세 잠정조치의 경우

③ 조건부 감면의 경우

④ 관세의 분할납부 허용의 경우

⑤ 보세구역 외 보수작업승인의 경우

⑥ 보세구역 외 장치 허가 시(타소장치 허가)

⑦ 보세운송 신고 및 승인의 경우(조난물품의 운송 포함)

⑧ 월별 납부의 경우

⑨ 천재지변 등으로 인한 납부기한 연장의 경우

⑩ 지식재산권보호를 위한 신고수리 보류요청

⑪ 수입신고 수리 전 반출승인의 경우

⑫ 수입신고 전 즉시반출를 하고 반출하는 경우

⑬ 관세미납물품에 대한 수입신고 수리 시

4. 과세가격의 신고 및 결정

1) 가격신고

(1) 가격신고

① 관세의 납세의무자는 수입신고를 할 때 대통령령으로 정하는 바에 따라 세관장에게 해당 물품의 가격에 대한 신고(이하 "가격신고"라 한다)를 하여야 한다. 다만, 통관의 능률을 높이기 위하여 필요하다고 인정되는 경우에는 대통령령으로 정하는 바에 따라 물품의 수입신고를 하기 전에 가격신고를 할 수 있다.

② 가격신고를 할 때에는 대통령령으로 정하는 바에 따라 과세가격의 결정과 관계되는 자료(이하 "과세가격결정자료"라 한다)를 제출하여야 한다.

③ 과세가격을 결정하기가 곤란하지 아니하다고 인정하여 기획재정부령으로 정하는 물품에 대하여는 가격신고를 생략할 수 있다.

(2) 가격신고 생략물품

관세의 납세의무자는 부과고지대상 물품을 제외하고는 수입신고를 하는 경우 세관장에게 당해 물품의 가격에 대한 신고를 하여야 하나, 과세가격의 결정에 곤란이 없다고 인정되는 물품에 대하여는 가격신고를 생략할 수 있다.

① 방위산업용 기계와 동 부분품 및 원재료

② 정부 또는 지방자치단체가 수입하는 물품

③ 정부조달물품

④ 수출용 원재료

⑤ 특정연구기관이 수입하는 물품
⑥ 관세 및 내국세 등이 부과되지 않는 물품
⑦ 공공기관이 수입하는 물품
⑧ 과세가격이 미화 1만불 이하인 물품으로 관세청장이 정하는 물품
⑨ 관세청장이 인정하는 물품

(3) 가격신고 생략 불가물품

① 부과고지 대상물품
② 관세를 체납하고 있는 자가 신고하는 물품
③ 불성실 신고인이 신고하는 물품
④ 과세가격을 결정함에 있어서 금액을 가산하여야 하는 물품
⑤ 잠정가격신고 대상물품
⑥ 물품의 가격변동이 크거나 기타 수입신고 수리 후에 세액을 심사하는 것이 적합하지 아니하다고 인정하여 관세청장이 정하는 물품
⑦ 과세가격을 결정함에 있어서 법 제30조제1항제1호 내지 제5호의 규정에 의한 금액을 가산하여야 하는 물품

(4) 잠정가격신고

1. 잠정가격신고

① 납세의무자는 가격신고를 할 때 신고하여야 할 가격이 확정되지 아니한 경우로서 대통령령으로 정하는 경우에는 잠정가격으로 가격신고를 할 수 있다.

☞ **대통령령으로 정하는 잠정가격신고대상**
① 거래관행상 거래가 성립된 때부터 일정기간이 경과된 후에 가격이 정하여지는 물품
② 수입물품의 가격에 가산 조정하여야 할 금액이 수입신고일부터 일정기간이 경과된 후에 정하여지는 경우
③ 특수관계가 있는 자들 간에 거래되는 물품으로 사전심사를 신청한 경우
④ 계약특성상 잠정가격신고가 불가피한 경우

② 잠정가격으로 가격신고를 한 자는 2년의 범위 안에서 구매자와 판매자 간의 거래계약의 내용 등을 고려하여 세관장이 지정하는 기간 내에 확정된 가격

(이하 이 조에서 “확정가격”이라 한다)을 신고하여야 한다. 이 경우 잠정가격으로 가격신고를 한 자는 관세청장이 정하는 바에 따라 전단에 따른 신고기간이 끝나기 30일 전까지 확정가격의 계산을 위한 가산율을 산정해 줄 것을 요청할 수 있다.

③ 세관장은 납세의무자가 ②항에 따른 기간 내에 확정된 가격을 신고하지 아니하는 경우에는 해당 물품에 적용될 가격을 확정할 수 있다. 다만, 납세의무자가 폐업, 파산신고, 법인해산 등의 사유로 확정된 가격을 신고하지 못할 것으로 인정되는 경우에는 ②항에 따른 기간 중에도 해당 물품에 적용될 가격을 확정할 수 있다.

④ 세관장은 ②항에 따라 확정된 가격을 신고받거나 ③항에 따라 가격을 확정하였을 때에는 대통령령으로 정하는 바에 따라 잠정가격을 기초로 신고납부한 세액과 확정된 가격에 따른 세액의 차액을 징수하거나 환급하여야 한다.

2. 가격조사 보고 등

① 기획재정부장관 또는 관세청장은 과세가격을 결정하기 위하여 필요하다고 인정되는 경우에는 수출입업자, 경제단체 또는 그 밖의 관계인에게 과세가격 결정에 필요한 자료를 제출할 것을 요청할 수 있다. 이 경우 그 요청을 받은 자는 정당한 사유가 없으면 이에 따라야 한다.

② 관세청장은 다음 각 호의 어느 하나에 해당하는 경우 국민 생활에 긴요한 물품으로서 국내물품과 비교 가능한 수입물품의 평균 신고가격이나 반입 수량에 관한 자료를 대통령령으로 정하는 바에 따라 집계하여 공표할 수 있다.

1. 원활한 물자수급을 위하여 특정물품의 수입을 촉진시킬 필요가 있는 경우
2. 수입물품의 국내가격을 안정시킬 필요가 있는 경우

2) 관세평가제도

(1) 관세평가의 의의

현행 우리나라 관세법에서는 종가세를 원칙으로 하고 일부 예외적인 경우에 한하여 종량세를 적용하고 있다. 관세율은 법령에 의하여 정해지지만 과세가격은 그때그때의 과세물건에 의거하여 결정되기 때문에 관세행정에 있어 과세가격의 결정

은 대단히 중요한 사항이다.

종가세 대상 물품의 경우 관세액을 산출하기 위한 과세표준은 수입물품의 가격인데, 이 가격을 과세표준으로 하는 수입물품에 대하여 정하여진 원칙에 따라 관세의 과세가격을 결정하는 일련의 절차를 관세평가라 한다.

현재 우리나라의 관세평가제도는 국제적으로 합의된 공정한 방법에 의하여 과세가격을 결정하도록 되어 있다. 관세평가, 즉 과세가격결정 방법은 다음과 같은 목적이 있다.

1. 무역 장애 요소의 제거

현재 WTO회원국들은 각국의 관세평가방법을 WTO관세평가협약에 의하여 통일시켜 적용하고 있다. 과거 국제적으로 통일된 관세평가제도가 없을 때에는 각국이 수입물품에 대한 가격을 자국에 유리한 방향으로 운용하여 왔는데, 이러한 관세평가행정의 국제적 불일치는 무역확대의 장애요인이 되어 왔으며, 무역 분쟁의 대상이 되기도 하였다.

2. 저가신고 방지를 통한 관세수입확보

과세당국이 수입물품의 가격을 포착하는 명확한 기준이 없다면 동일한 물품의 가격을 다르게 파악할 수 있다. 실례로 수입자가 수입물품의 가격을 고의로 낮게 신고하고 그것을 과세당국이 밝혀내지 못하거나, 가격결정기준에 관하여 분쟁이 발생한다면 관세포탈이 발생하거나 행정력의 낭비가 초래될 것이다. 따라서 과세당국이나 납세의무자 모두가 합리적으로 수용할 수 있는 명확한 기준을 가지고 수입물품의 가격을 결정하면 저가신고로 인한 관세포탈을 미연에 방지할 수 있다.

3. 고가신고방지를 통한 외화유출 및 불공정무역의 방지

외화를 불법유출할 목적으로 수입자가 외국의 수출자와 결탁하여 수입물품의 가격을 고가로 신고하여 수입하였다면 그 수입의 대가로 국내에서 해외로 지불하는 외화금액은 그 물품의 진정한 가치보다 더 많은 금액이므로 외화가 불법적으로 해외로 유출될 수 있으며, 합법적 무역을 가장한 불법적인 자금세탁행위가 발생할 수 있다.

(2) 과세가격의 형태

1. 발송가격(FOB가격)

이는 과세가격이 낮아 관세부담이 적고, 이로 인한 수입가격의 인하효과가 있으며, 근거리 수입품이나 장거리 수입품이 똑같은 조건으로 과세되어 수입선 전환효과가 있으며, 관세를 산출하기 위해 운임이나 보험료를 합산하는 시간과 절차가 없어지므로 관세액을 쉽게 계산할 수 있어 신속 통관의 장점을 가지나, 도착가격주의(CIF가격주의)에 비해 관세수입이 적다는 단점이 있다.[1] 이 형태는 미국·호주·캐나다·뉴질랜드 등에서 채택하고 있다.

2. 도착가격(CIF가격)

CIF가격은 FOB가격에 목적항에 물품을 운송함에 소요되는 운임과 보험료를 가산한 것이다.[2] 이는 FOB가격에 비하여 과세가격이 높아 납세자의 관세부담이 커지기 때문에 재정수입의 증대에 기여하지만, 운임과 보험료가 적게 드는 근거리 수입품이 원거리 수입품보다 적게 과세되어 근거리 수입이 조장되는 결과를 초래한다. 우리나라, 일본, 태국, 대만, 중국 등 대다수 국가들의 관세평가는 CIF가격주의를 채택하고 있다.

3. 법정가격

법정가격은 어느 기간 중에 국내시장의 평균가격을 조사하여 그 가격을 과세가격으로 정하는 것으로 과세가격 결정이 간편한 반면 과거 일정기간 내의 평균가격을 기초로 하기 때문에 실제 수입 당시의 가격과는 차이가 생기며, 그 결과 과세의 공평을 기할 수 없다는 단점이 있다.

4. 시가역산가격(도착지시장가격)

이는 수입물품과 동종·동질 물품의 도착지의 국내 도매시장 가격에서 수입제세와 수입관련비용, 수입 후 판매할 때까지의 정상판매비용과 정상이윤을 공제한 것을 과세가격으로 하는 방법을 말한다. 우리나라도 여행자 휴대품 등의 과세가격 평가에서 시가역산가격을 사용하는 경우도 있다.

---

1) 신동수, 『관세법』, 법경사, 1996, p216.

2) 강원진, 국제상무론, 법문사, 2007, p127.

3) 과세가격의 결정에 관한 관세법 규정

(1) 해당물품의 거래가격을 기초로 한 과세가격의 결정

제1방법은 해당 물품의 거래가격을 기초로 하여 과세가격을 결정하는 방법으로서 가장 기본적이고 원칙적인 방법이다. 이 경우 거래가격이라 함은 수입국에 수출·판매되는 물품에 대하여 구매자가 판매자 또는 판매자를 위하여 직접 또는 간접으로 실제로 지급하였거나 지급할 금액에 수입항까지의 운임·보험료 등의 가산요소와 연불이자 등의 공제요소를 조정한 가격을 말하며 조건·사정 등에 영향을 받지 않는 등 거래가격 성립요건을 갖춘 가격을 과세가격으로 결정하는 방법이다.

☞ **가산요소 금액**

1. 수수료 및 중개료: 구매자가 부담하는 금액(구매수수료 제외)
2. 생산지원비용: 수입물품의 생산 및 수출거래를 위하여 구매자가 판매자에게 제공하는 무료 또는 인하된 가격의 물품과 용역, 인하된 가격으로 제공할 경우 차액 및 무상으로 공급하는 해외 위탁가공용 원료의 가액 등
3. 특허권 등 권리의 대가(로얄티): 수입물품과 관련되고 수입물품의 거래조건으로 지급하는 로얄티의 금액으로서 구매자가 수입물품에 대한 구매선택권이 없는 경우
4. 사후귀속 이익금액: 수입물품의 판매, 처분, 사용에 따른 이익의 일부가 직접 또는 간접으로 판매자에게 귀속되는 금액
5. 운임, 보험료 및 운송관련비용: 수입물품이 수입항에 도착할 때(수입항에 도착하여 본선하역준비가 완료될 때)까지 실제 소용되는 운임, 보험료, 및 기타 운송관련 비용

※ 보험료는 수입물품에 대하여 실제로 보험에 부보된 경우에만 과세가격 포함.

☞ **공제요소금액**

1. 수입항 도착 이후 발생한 운송비용: 해당 수입물품의 운임에 포함되어 있고 그 금액이 명백하게 구분표시 되어 있는 경우
2. 공제받은 선적항 조출료: 수입통관 시에 그 금액을 확인할 수 있는 경우
3. 실제 지급금액에 다음에 해당하는 금액이 포함되어 있고 이를 구분할 수 있는 경우
   - 수입항 도착 후에 해당 수입물품의 건설, 설치, 조립, 유지보수에 필요한 비용
   - 수입항 도착 후에 해당 수입물품의 운송에 필요한 운임, 보험료 및 기타 운송관련 비용
   - 연불수입 조건의 경우 해당 수입물품에 대한 연불이자

(2) 동종 · 동질물품의 거래가격을 기초로 한 과세가격의 결정

과세가격으로 인정된 사실이 있는 동종·동질물품의 거래가격을 해당 수입물품의 과세가격으로 결정하는 방법을 말한다. 여기에서 동종·동질물품(Identical Goods)이라 함은 동일한 국가에서 생산된 것으로서 물리적 특성, 품질 및 소비자의 평판 등 모든 면에서 동일한 것을 말하며 가격의 비교시점은 평가하고자 하는 물품과 거의 같은 시기에 선적된 것이어야 하고, 거래단계, 거래수량, 운송거리, 운송형태에 차이가 있는 때에는 객관적인 자료에 의해 조정하여 과세가격으로 결정하는 방법이다.

(3) 유사물품의 거래가격을 기초로 한 과세가격의 결정

과세가격으로 인정된 사실이 있는 유사물품의 거래가격을 해당 수입물품의 과세가격으로 결정하는 방법을 말한다. 여기에서 유사물품이란 동일한 국가에서 생산된 것으로서 모든 면에서 동일하지는 않더라도 동일한 기능을 수행하고 대체사용이 가능할 정도로 비슷한 특성과 구성요소를 가진 물품을 말하며, 가격의 비교시점은 평가하고자 하는 물품과 거의 같은 시기에 선적된 것이어야 하고, 거래단계, 거래수량, 운송거리, 운송형태에 차이가 있는 때에는 객관적인 자료에 의해 조정하여 과세가격으로 결정하는 방법이다.

(4) 국내판매가격을 기초로 한 과세가격의 결정

제1방법 내지 제3방법에 의거 과세가격을 결정할 수 없는 때에는 제4방법을 적용하는데 제4방법이란 해당 수입물품, 동종·동질물품, 유사물품이 국내에서 판매되는 가격에서 통상의 이윤 및 일반경비, 수입항 도착 후 운임·보험료, 기타 운송관련비용, 납부할 관세나 제세 공과금 등을 공제한 가격을 과세가격으로 결정한다.

(5) 산정가격을 기초로 한 과세가격의 결정

제5방법은 외국생산자의 원가계산서를 검토하여 과세가격을 결정하는 방법이다. 이 방법을 적용하기 위해서는 해당물품 수출국의 생산자가 수입국 세관에 원가계산서를 제출하여야 하며 세관에서 의문이 있는 경우에는 외교경로를 통하여 수출자의 동의를 받고 현지에 출장하여 확인할 수도 있다. 원가계산서의 검토내용은 수입물품의 생산에 사용된 원자재비용 및 조립 기타 가공비용 및 가격과 해당물품과 동종 또는 동류의 물품을 수입국에 판매시 통상적으로 계산하는 이윤 및 일반경비

금액, 수출국에서 수입항까지의 운임·보험료 기타 운송관련 비용을 합산한 금액을 과세가격으로 하는 방법이다.

(6) 합리적 기준에 따른 과세가격의 결정

제1방법 내지 제5방법에 의거 과세가격을 결정할 수 없는 때에는 제1방법 내지 제5방법의 적용요건을 확대해석하여 합리적[3]이라고 판단되는 기준에 따라 과세가격을 결정한다.

예를 들면 수입물품의 가격에 영향을 미친 사유가 있고 그 금액을 확정할 수 있는 자료가 없는 때에는 제1방법을 적용할 수는 없으나 제6방법을 적용하는 때에는 이러한 불명확한 요소를 합리적이라고 인정되는 범위 내에서 추정, 계산할 수 있다. 또한 제2방법 및 제3방법을 확대 적용하는 경우에는 다른 생산국의 동종·동질, 유사물품의 거래가격도 적용가능하고, 거래의 시기도 해당물품 선적일 전후 90일 이내까지 확대적용이 가능하다.

(7) 특수한 거래에 해당하는 경우(이전가격)

① 신고 전 변질·손상된 물품

② 여행자 휴대품

③ 임차수입물품 또는 중고물품(중고자동차)

④ 범칙물품

⑤ 제품과세에 있어 외국물품으로 보는 물품 등

4) 과세가격 결정방법 등의 통보

세관장은 납세의무자가 서면으로 요청하면 과세가격을 결정하는 데에 사용한 방법과 과세가격 및 그 산출근거를 그 납세의무자에게 서면으로 통보하여야 한다.

---

3) 여기서, 합리적인 기준이란 전술한 과세가격 결정방법을 적용함에 있어서 신축성을 부여하여 당해 규정들을 탄력적으로 해석 및 적용하는 것을 의미한다. 윤광운·신정환, 『관세법』, 삼영사, 2000, p172.

5) 과세가격 결정방법의 사전심사

① 납세신고를 하여야 하는 자는 과세가격 결정과 관련하여 의문이 있을 때에는 가격신고를 하기 전에 관세청장에게 미리 심사하여 줄 것을 신청할 수 있다.

② 제1항에 따른 신청을 받은 관세청장은 과세가격의 결정방법을 심사한 후 그 결과를 신청인에게 통보하여야 한다.

③ 결과를 통보받은 자가 그 결과에 이의가 있는 경우에는 그 결과를 통보받은 날부터 30일 이내에 대통령령으로 정하는 바에 따라 관세청장에게 재심사를 신청할 수 있다. 이 경우 재심사의 기간 및 결과의 통보에 관하여는 제2항을 준용한다.

5. 부과와 징수

1) 세액의 확정

(1) 신고납부제도

1. 신고납부제도의 의의

신고납부방식이란 납세의무자 스스로가 세액을 결정하는 방식으로서 납세자가 스스로 세액을 결정하여 신고하고 스스로 납부한다는 의미에서 자진신고납부제도라고도 한다. 현재 부과고지방식은 일부 예외적인 경우에만 이용되고 신고납부방식에 의한 관세의 부과징수를 원칙으로 하고 있다.

2. 납세신고

① 세관장은 납세신고를 받으면 수입신고서에 기재된 사항과 이 법에 따른 확인사항 등을 심사하되, 신고한 세액에 대하여는 수입신고를 수리한 후에 심사한다. 다만, 신고한 세액에 대하여 관세채권을 확보하기가 곤란하거나, 수입신고를 수리한 후 세액심사를 하는 것이 적당하지 아니하다고 인정하여 기획재정부령으로 정하는 물품의 경우에는 수입신고를 수리하기 전에 이를 심사한다.

② 세관장은 납세실적과 수입규모 등을 고려하여 관세청장이 정하는 요건을 갖춘 자가 신청할 때에는 납세신고한 세액을 자체적으로 심사(이하 “자율심사”라

한다)하게 할 수 있다. 이 경우 해당 납세의무자는 자율심사한 결과를 세관장에게 제출하여야 한다.

③ 납세신고한 세액을 납부하기 전에 과부족이 있는 것을 안 때에는 세액을 정정할 수 있다. 이 경우 납부기한은 당초의 납부기한으로 한다(납세신고 수리 후 15일 이내).

(2) 보정

① 납세의무자는 신고납부한 세액이 부족하다는 것을 알게 되거나 세액산출의 기초가 되는 과세가격 또는 품목분류 등에 오류가 있는 것을 알게 되었을 때에는 신고납부한 날부터 6개월 이내(이하 "보정기간"이라 한다)에 해당 세액을 보정(補正)하여 줄 것을 세관장에게 신청할 수 있다.

② 세관장은 신고납부한 세액이 부족하다는 것을 알게 되거나 세액산출의 기초가 되는 과세가격 또는 품목분류 등에 오류가 있다는 것을 알게 되었을 때에는 대통령령으로 정하는 바에 따라 납세의무자에게 해당 보정기간에 보정신청을 하도록 통지할 수 있다. 이 경우 세액보정을 신청하려는 납세의무자는 세관장에게 신청하여야 한다.

③ 납세의무자가 부족한 세액에 대한 세액의 보정을 신청한 경우에는 해당 보정신청을 한 날의 다음 날까지 해당 관세를 납부하여야 한다.

④ 세관장은 신청에 따라 세액을 보정한 결과 부족한 세액이 있을 때에는 제42조에도 불구하고 납부기한(제9조에 따른 납부기한을 말한다) 다음 날부터 보정신청을 한 날까지의 기간과 금융회사의 정기예금에 대하여 적용하는 이자율을 고려하여 대통령령으로 정하는 이율에 따라 계산한 금액을 더하여 해당 부족세액을 징수하여야 한다. 다만, 다음 각 호의 어느 하나에 해당하는 경우에는 그러하지 아니하다.

1. 국가 또는 지방자치단체가 직접 수입하는 물품 등 대통령령으로 정하는 물품의 경우
2. 신고납부한 세액의 부족 등에 대하여 납세의무자에게 대통령령으로 정하는 정당한 사유가 있는 경우

⑤ 납세의무자가 부당한 방법으로 과소신고한 후 신청을 한 경우에는 세관장은 가산세를 징수하여야 한다.

(3) 수정 및 경정

① 납세의무자는 신고납부한 세액이 부족한 경우에는 대통령령으로 정하는 바에 따라 수정신고(보정기간이 지난 날부터 제21조제1항에 따른 기간이 끝나기 전까지로 한정한다)를 할 수 있다. 이 경우 납세의무자는 수정신고한 날의 다음 날까지 해당 관세를 납부하여야 한다.

② 납세의무자는 신고납부한 세액이 과다한 것을 알게 되었을 때에는 최초로 납세신고를 한 날부터 5년 이내에 신고한 세액의 경정을 세관장에게 청구할 수 있다.

③ 납세의무자는 최초의 신고 또는 경정에서 과세표준 및 세액의 계산근거가 된 거래 또는 행위 등이 그에 관한 소송에 대한 판결(판결과 같은 효력을 가지는 화해나 그 밖의 행위를 포함한다)에 의하여 다른 것으로 확정되는 등 납부한 세액이 과다한 것을 알게 되었을 때에는 그 사유가 발생한 것을 안 날부터 2개월 이내에 납부한 세액의 경정을 세관장에게 청구할 수 있다.

④ 세관장은 경정의 청구를 받은 날부터 2개월 이내에 세액을 경정하거나 경정하여야 할 이유가 없다는 뜻을 그 청구를 한 자에게 통지하여야 한다.

⑤ 경정을 청구한 자가 2개월 이내에 통지를 받지 못한 경우에는 그 2개월이 되는 날의 다음 날부터 이의신청, 심사청구, 심판청구 또는 「감사원법」에 따른 심사청구를 할 수 있다.

⑥ 세관장은 납세의무자가 신고납부한 세액, 납세신고한 세액 또는 경정청구한 세액을 심사한 결과 과부족하다는 것을 알게 되었을 때에는 대통령령으로 정하는 바에 따라 그 세액을 경정하여야 한다.

(4) 부과고지

1. 의의

부과고지의 대상은 과세가격 결정에 관한 자료가 미비한 무환수입물품이나 심사에 신중을 요하는 탄력관세 적용물품 등의 특수한 경우에 한하고 있는데, 이러한 물품들에 대하여는 납세의무자가 정확한 세액결정을 할 수 없는 것으로 간주하여 처음부터 세관에서 세액을 결정하여 고지하는 것이다.

2. 대상

① 예외적 과세물건확정시기에 해당하는 물품

※ 수입신고 전 즉시반출물품의 경우 수입신고기한 내에 수입신고해야 하는 신고납부대상

② 보세건설장에서 건설된 시설로서 수입신고가 수리되기 전에 가동된 경우

③ 보세구역에 반입된 물품이 수입신고가 수리되기 전에 반출된 경우

④ 납세의무자가 관세청장이 정하는 사유로 과세가격·관세율 등을 결정하기 곤란하여 부과고지를 요청하는 경우

⑤ 수입신고 전 즉시 반출한 물품을 기간 내에 수입신고를 하지 아니하여 관세를 징수하는 경우

⑥ 휴대품, 우편물, 별송품

(5) 징수금액의 최저한

세관장은 납세의무자가 납부하여야 하는 세액이 대통령령으로 정하는 금액 미만인 경우에는 이를 징수하지 아니한다.

(6) 가산세

① 세관장은 납세의무자가 제9조에 따른 납부기한(이하 이 조에서 "법정납부기한"이라 한다)까지 납부하지 아니한 관세액(이하 이 조에서 "미납부세액"이라 한다)을 징수하거나 부족한 관세액(이하 이 조에서 "부족세액"이라 한다)을 징수할 때에는 다음 각 호의 금액을 합한 금액을 가산세로 징수한다.

1. 부족세액의 100분의 10
2. 다음 각 목의 금액을 합한 금액
   가. 미납부세액 또는 부족세액 × 법정납부기한의 다음 날부터 납부일까지의 기간(납부고지일부터 납부고지서에 따른 납부기한까지의 기간은 제외한다) × 금융회사 등이 연체대출금에 대하여 적용하는 이자율 등을 고려하여 정하는 이자율
   나. 법정납부기한까지 납부하여야 할 세액 중 납부고지서에 따른 납부기한까지 납부하지 아니한 세액 × 100분의 3(관세를 납부고지서에 따른 납부기한까지 완납하지 아니한 경우에 한정한다)

② 납세자가 부당한 방법(납세자가 관세의 과세표준 또는 세액계산의 기초가 되는 사실의 전부 또는 일부를 은폐하거나 가장하는 것에 기초하여 관세의 과세표준 또는 세액의 신고의무를 위반하는 것)으로 과소신고한 경우에는 세관장은 부족세액의 100분의 40에 상당하는 금액과 제1항제2호의 금액을 합한 금액을 가산세로 징수한다.

③ 세관장은 물품에 대하여 관세를 부과·징수할 때에는 다음 각 호의 금액을 합한 금액을 가산세로 징수한다. 다만, 가산세를 징수하는 경우와 천재지변 등 수입신고를 하지 아니하고 수입한 데에 정당한 사유가 있는 것으로 세관장이 인정하는 경우는 제외한다.

1. 해당 관세액의 100분의 20(제269조의 죄에 해당하여 처벌받거나 통고처분을 받은 경우에는 100분의 40)
2. 다음 각 목의 금액을 합한 금액
   가. 해당 관세액 × 수입된 날부터 납부일까지의 기간(납부고지일부터 납부고지서에 따른 납부기한까지의 기간은 제외한다) × 금융회사 등이 연체대출금에 대하여 적용하는 이자율 등을 고려하여 대통령령으로 정하는 이자율
   나. 해당 관세액 중 납부고지서에 따른 납부기한까지 납부하지 아니한 세액 × 100분의 3(관세를 납부고지서에 따른 납부기한까지 완납하지 아니한 경우에 한정한다)

④ 납부고지서에 따른 납부기한의 다음 날부터 납부일까지의 기간이 5년을 초과하는 경우에는 그 기간은 5년으로 한다.

⑤ 체납된 관세(세관장이 징수하는 내국세가 있을 때에는 그 금액을 포함한다)가 150만원 미만인 경우에는 제1항제2호 가목 및 제3항제2호 가목의 가산세를 적용하지 아니한다.

⑥ 가산세(이하 "납부지연가산세"라 한다) 중 납부고지서에 따른 납부기한 후의 납부지연가산세를 징수하는 경우에는 납부고지서를 발급하지 아니할 수 있다.

(7) 관세의 현장 수납

① 다음의 어느 하나에 해당하는 물품에 대한 관세는 그 물품을 검사한 공무원이 검사 장소에서 수납할 수 있다.

1. 여행자의 휴대품

2. 조난 선박에 적재된 물품으로서 보세구역이 아닌 장소에 장치된 물품

② 물품을 검사한 공무원이 관세를 수납할 때에는 부득이한 사유가 있는 경우를 제외하고는 다른 공무원을 참여시켜야 한다.

③ 출납공무원이 아닌 공무원이 제1항에 따라 관세를 수납하였을 때에는 지체 없이 출납공무원에게 인계하여야 한다.

④ 출납공무원이 아닌 공무원이 선량한 관리자로서의 주의를 게을리하여 제1항에 따라 수납한 현금을 잃어버린 경우에는 변상하여야 한다.

2) 강제징수 등

(1) 압류 · 매각의 유예

① 세관장은 재산의 압류나 압류재산의 매각을 유예함으로써 사업을 정상적으로 운영할 수 있게 되어 체납액의 징수가 가능하다고 인정되는 경우에는 그 체납액에 대하여 강제징수에 의한 재산의 압류나 압류재산의 매각을 대통령령으로 정하는 바에 따라 유예할 수 있다.

② 세관장은 유예하는 경우에 필요하다고 인정하면 이미 압류한 재산의 압류를 해제할 수 있다.

③ 세관장은 재산의 압류를 유예하거나 압류한 재산의 압류를 해제하는 경우에는 그에 상당하는 납세담보의 제공을 요구할 수 있다.

④ 세관장은 압류 또는 매각의 유예 결정일 기준으로 최근 3년 이내에 이 법, 「자유무역협정의 이행을 위한 관세법의 특례에 관한 법률」, 「수출용 원재료에 대한 관세 등 환급에 관한 특례법」 또는 「조세범 처벌법」 위반으로 처벌받은 사실이 없는 체납자로부터 체납액 납부계획서를 제출받고 그 납부계획의 타당성을 인정하는 경우에는 납세담보의 제공을 요구하지 아니할 수 있다.

⑤ 세관장은 압류 또는 매각의 유예를 받은 체납자가 다음 각 호의 어느 하나에 해당하는 경우에는 그 압류 또는 매각의 유예를 취소하고, 유예에 관계되는 체납액을 한꺼번에 징수할 수 있다. 다만, 정당한 사유가 있는 것으로 세관장이 인정하는 경우에는 압류 또는 매각의 유예를 취소하지 아니할 수 있다.

1. 체납액을 분납계획에 따라 납부하지 아니한 경우

2. 담보의 변경이나 그 밖에 담보 보전에 필요한 세관장의 명령에 따르지 아니한 경우
3. 재산상황이나 그 밖의 사정의 변화로 유예할 필요가 없다고 인정될 경우
4. 다음 각 목 중 어느 하나의 경우에 해당되어 그 유예한 기한까지 유예에 관계되는 체납액의 전액을 징수할 수 없다고 인정될 경우
   가. 국세·지방세 또는 공과금의 체납으로 강제징수 또는 체납처분이 시작된 경우
   나. 「민사집행법」에 따른 강제집행·담보권 실행 등을 위한 경매가 시작된 경우
   다. 「어음법」 및 「수표법」에 따른 어음교환소에서 거래정지처분을 받은 경우
   라. 「채무자 회생 및 파산에 관한 법률」에 따른 파산선고를 받은 경우
   마. 법인이 해산된 경우
   바. 관세의 체납이 발생되거나 관세를 포탈하려는 행위가 있다고 인정되는 경우

⑥ 세관장은 압류 또는 매각을 유예하였거나 압류 또는 매각의 유예를 취소하였을 때에는 체납자에게 그 사실을 통지하여야 한다.

⑦ 세관장은 다음 각 호의 어느 하나에 해당하는 경우에는 제1항에 따라 압류 또는 매각의 유예를 받은 체납액에 대하여 유예기간이 지난 후 다시 압류 또는 매각의 유예를 할 수 있다.

1. 제5항 각 호 외의 부분 단서에 따라 압류 또는 매각의 유예를 취소하지 아니한 경우
2. 압류 또는 매각의 유예를 취소한 경우

⑧ 관세청장은 법 위반 사실을 확인하기 위하여 관계 기관의 장에게 범죄경력자료(이 법, 「자유무역협정의 이행을 위한 관세법의 특례에 관한 법률」, 「수출용 원재료에 대한 관세 등 환급에 관한 특례법」 또는 「조세범 처벌법」 위반에 한정한다)의 조회를 요청할 수 있으며, 그 요청을 받은 관계 기관의 장은 정당한 사유가 없으면 이에 따라야 한다.

⑨ 이상에서 규정한 사항 외에 압류 또는 매각의 유예 신청, 통지 및 유예기간 등 압류 또는 매각의 유예에 필요한 세부사항은 대통령령으로 정한다.

(2) 체납자료의 제공

① 세관장은 관세징수 또는 공익목적을 위하여 필요한 경우로서 「신용정보의 이용 및 보호에 관한 법률」 제2조제6호에 따른 신용정보집중기관, 그 밖에 대통령령으로 정하는 자가 다음 각 호의 어느 하나에 해당하는 체납자의 인적사항 및 체납액에 관한 자료(이하 "체납자료"라 한다)를 요구한 경우에는 이를 제공할 수 있다. 다만, 체납된 관세 및 내국세 등과 관련하여 이 법에 따른 이의신청 · 심사청구 또는 심판청구 및 행정소송이 계류 중인 경우나 그 밖에 대통령령으로 정하는 경우에는 체납자료를 제공하지 아니한다.

1. 체납 발생일부터 1년이 지나고 체납액이 대통령령으로 정하는 금액 이상인 자
2. 1년에 3회 이상 체납하고 체납액이 대통령령으로 정하는 금액 이상인 자

② 체납자료의 제공 절차 등에 필요한 사항은 대통령령으로 정한다.

③ 체납자료를 제공받은 자는 이를 업무 목적 외의 목적으로 누설하거나 이용하여서는 아니 된다.

3) 관세환급금의 환급

(1) 관세환급금의 환급

① 세관장은 납세의무자가 관세 · 가산세 또는 강제징수비의 과오납금 또는 이 법에 따라 환급하여야 할 환급세액의 환급을 청구할 때에는 대통령령으로 정하는 바에 따라 지체 없이 이를 관세환급금으로 결정하고 30일 이내에 환급하여야 하며, 세관장이 확인한 관세환급금은 납세의무자가 환급을 청구하지 아니하더라도 환급하여야 한다.

② 세관장은 관세환급금을 환급하는 경우에 환급받을 자가 세관에 납부하여야 하는 관세와 그 밖의 세금, 가산세 또는 강제징수비가 있을 때에는 환급하여야 하는 금액에서 이를 충당할 수 있다.

③ 납세의무자의 관세환급금에 관한 권리는 대통령령으로 정하는 바에 따라 제3자에게 양도할 수 있다.

④ 관세환급금의 환급은 「국가재정법」 제17조에도 불구하고 대통령령으로 정하는 바에 따라 「한국은행법」에 따른 한국은행의 해당 세관장의 소관 세입금에서 지급한다.

(2) 과다환급관세의 징수

① 세관장은 관세환급금의 환급에 있어서 그 환급액이 과다한 것을 알게 되었을 때에는 해당 관세환급금을 지급받은 자로부터 과다지급된 금액을 징수하여야 한다.

② 세관장은 관세환급금의 과다환급액을 징수할 때에는 과다환급을 한 날의 다음 날부터 징수결정을 하는 날까지의 기간에 대하여 대통령령으로 정하는 이율에 따라 계산한 금액을 과다환급액에 더하여야 한다.

(3) 관세환급가산금

세관장은 관세환급금을 환급하거나 충당할 때에는 대통령령으로 정하는 관세환급가산금 기산일부터 환급결정 또는 충당결정을 하는 날까지의 기간과 대통령령으로 정하는 이율에 따라 계산한 금액을 관세환급금에 더하여야 한다. 다만, 국가 또는 지방자치단체가 직접 수입하는 물품 등 대통령령으로 정하는 물품에 대하여는 그러하지 아니하다.

무/역/관/계/법

제3장

세율 및 품목분류

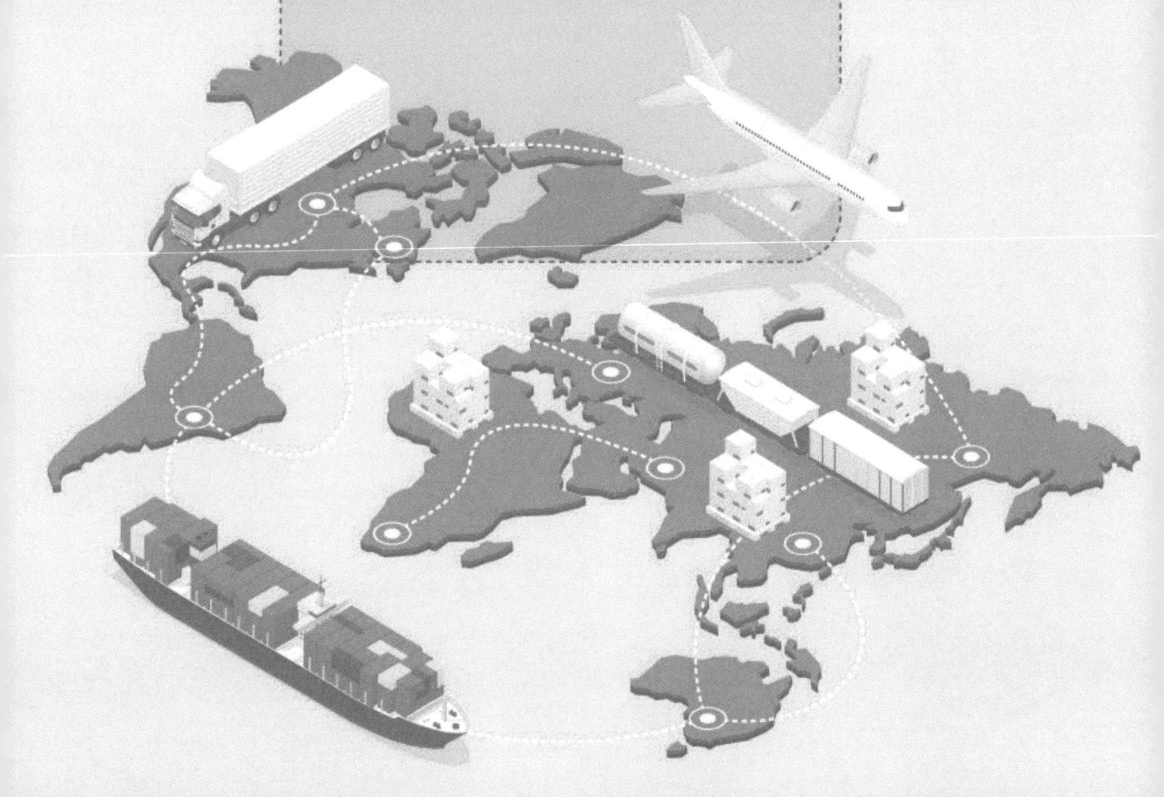

제3장

세율 및 품목분류

1. 관세율

현행 우리나라의 관세율은 국정관세율과 협정관세율로 구분된다.

1) 국정관세율

국정관세율이란 우리나라가 독자적으로 정한 세율로서 다음과 같은 종류가 있다.

① 기본관세율: 관세법의 별표인 관세율표상의 기본세율을 말한다.

② 잠정세율: 이는 관세율표상의 기본세율과 함께 표시되어 있는데, 이는 특정품목에 대하여 기본세율과는 다른 세율을 잠정적으로 적용하기 위하여 마련되어 있는 것이다. 기본세율을 적용할 수 없는 사유가 있을 때 잠정세율을 적용하게 되고, 사유종료 시에는 기본세율로 환원된다.

③ 탄력관세율: 관세법 규정에 의한 대통령령으로 정한 세율, 즉 덤핑방지관세, 보복관세, 긴급관세, 조정관세, 상계관세, 편익관세, 계절관세, 할당관세 등에 적용되는 세율을 의미한다.

④ 환급에 갈음하는 관세 등의 세율인하: 수출 등에 제공되는 물품의 제조·가공에 주로 사용하기 위하여 수입되는 물품에 대하여는 그 수출 등에 제공되는 비율을 참작하여 관세 등의 세율을 인하할 수 있는데, 이 경우 세율을 인하하는 물품과 세율은 대통령령으로 정한다.

⑤ 간이세율: 관세, 부가가치세, 개별소비세, 주세, 교육세 등 제세가 부과되는데 시간이 많이 소요되므로, 일부 대상에 대하여 단일세율을 적용하여 과세의 간소화를 도모하는 데 그 의의가 있다.

⑥ 합의에 의한 세율: 신고인의 요청이 있는 경우 품목별 세율 중 가장 높은 세율을 모든 품목에 적용하여 과세통관 할 수 있도록 하고 있다. 과세편의와 신속 통관을 도모하는 데 목적이 있다.

⑦ 용도세율: 동일한 물품이라도 당해 물품의 용도에 따라 관세율이 상이한 경우 용도에 따라 세율을 달리하는 세율 중에서 낮은 세율을 적용하는 것으로 사후관리가 수반되며 사후관리로 용도세율의 적용을 받은 물품은 수입신고수리일로부터 3년의 범위 안에서 관세청장이 정하는 기간 내에는 용도 외 사용이 불가능하고, 용도 외 사용 시 차액을 즉시 징수한다.

2) 협정관세율

협정세율이란 통상과 대외무역증진을 위하여 필요하다고 인정되는 경우에 특정국가 또는 국제기구와의 조약 또는 행정협정 등으로 정한 세율을 말한다. 협정세율은 협정의 종류에 따라 WTO협정 일반양허관세율, 개발도상국 간 무역특혜제도(GSTP)의 양허관세율, FTA협정관세율, 특정국가와 관세협상에 따른 국제협력관세 등이 있다.

[별표 2] <개정 2017. 3. 27.>

간이세율(제96조 관련)

품명	세율(%)
1. 다음 각 목의 어느 하나에 해당하는 물품 중 개별소비세가 과세되는 물품	
가. 투전기, 오락용 사행기구 그 밖의 오락용품, 수렵용 총포류	55
나. 보석·진주·별갑·산호·호박 및 상아와 이를 사용한 제품, 귀금속 제품	92만 6천원 + 463만원을 초과하는 금액의 50
다. 고급 시계, 고급 가방	37만 4백원 + 185만 2천원을 초과하는 금액의 50
라. 삭제 <2017. 3. 27.>	
2. 수리선박(관세가 무세인 것을 제외한다)	2.5
3. 다음 각 목의 어느 하나에 해당하는 물품 중 기본관세율이 10 퍼센트 이상인 것으로서 개별소비세가 과세되지 아니하는 물품	
가. 모피의류, 모피의류의 부속품 그 밖의 모피제품	30
나. 가죽제 또는 콤포지션레더제의 의류와 그 부속품, 방직용 섬유와 방직용 섬유의 제품, 신발류	25
다. 녹용	32
4. 다음 각 목의 어느 하나에 해당하는 물품. 다만, 고급모피와 그 제품, 고급융단, 고급가구, 승용자동차, 주류 및 담배를 제외한다.	20
가. 제1호부터 제3호까지에 해당하지 아니하는 물품	
나. 제1호 및 제3호에 불구하고 여행자가 휴대수입하는 물품으로 1인당 과세대상 물품가격의 합산총액이 미화 1천불 이하인 물품	

3) 관세율 적용순서

표 세율 적용 우선 순위

순위	관세율의 종류	비고
1	덤핑방지관세, 상계관세, 보복관세 긴급관세, 특정국물품긴급관세	가장 우선 적용 (다른 것에 추가로 적용)
2	FTA 협정관세	3-7보다 낮은 경우 우선 적용
3	국제협력관세, 편익관세, WTO 양허관세	4-7보다 낮은 경우 우선 적용
	농림축산물에 대한 양허관세	세율이 높은 경우에도 6, 7보다 우선 적용
4	조정관세, 계절관세	5, 6, 7보다 우선 적용
	할당관세	6, 7보다 우선 적용 5보다 낮은 경우 우선 적용
5	일반특혜관세(GSP)	6, 7보다 우선 적용
6	잠정관세	7보다 우선 적용
7	기본관세	

※ 같은 순위에서 경합 시 낮은 세율이 우선 적용된다.

2. 세율의 조정

1) 덤핑방지관세

덤핑방지관세란 외국상품이 덤핑한 가격으로 국내시장을 침범하려 할 때 이것을 방지하기 위하여 부과되는 관세이다. 외국의 물품이 정상가격 이하로 수입(이하 "덤핑"이라 한다)되어 국내산업이 실질적인 피해를 받거나 받을 우려가 있거나 또는 국내산업의 확립이 실질적으로 지연(이하 "실질적인 피해 등"이라 한다)되었음이 조사를 통하여 확인되고 당해 국내산업을 보호할 필요가 있다고 인정될 때에는 그 물품과 공급자 또는 공급국을 지정하여 당해 물품에 대하여 관세 외에 정상가격과 덤핑가격과의 차액(이하 "덤핑차액"이라 한다)에 상당하는 금액이하의 관세(이하 "덤핑방지관세"라 한다)를 추가하여 부과할 수 있다.

2) 상계관세

상계관세란 수출국에서 장려금이나 보조금을 지급받은 물품이 수입되어 국내산업을 저해하는 경우에 이러한 물품의 수입을 억제하기 위하여 관세를 추가하여 부과하는 것을 말한다. 외국에서 제조·생산 또는 수출에 관하여 직접·간접으로 보조금 또는 장려금(이하 "보조금 등"이라 한다)을 받은 물품의 수입으로 국내산업이 실질적인 피해를 받거나 받을 우려가 있거나 또는 국내산업 개발이 실질적으로 지연(이하 "실질적인 피해 등"이라 한다)되었음이 조사를 통하여 확인되고 당해 국내산업을 보호할 필요가 있다고 인정될 때에는 기획재정부령으로 그 물품과 수출자 또는 수출국을 지정하여 당해 물품에 대하여 관세 외에 당해 보조금 등의 금액 이하의 관세(이하 "상계관세"라 한다)를 추가하여 부과할 수 있다.

3) 보복관세

다른 나라가 우리나라의 수출품 및 선박 또는 항공기에 대하여 불리한 대우를 하는 경우에 그 나라로부터 수입되는 물품에 대하여 보복적으로 관세를 할증 부과하는 제도를 보복관세라 한다. 일국이 보복관세를 취하면 상대방 국가도 이에 대응하여 보복관세를 부과하게 되어 마침내는 이른바 관세전쟁에까지 번져 갈 가능성이 있어 이를 전쟁관세라고도 한다. 그렇기 때문에 보복관세의 발동은 좀처럼 되지 않으며 제도를 두고 있다는 자체만으로 위협적인 시위가 되고 있는 것이다.

4) 긴급관세

긴급관세란 국내산업의 보호를 위하여 긴급한 조치가 필요하거나 긴급히 어떤 물품의 수입을 억제하려 할 때 특정수입품의 관세율을 높여서 부과하는 관세이다.

특정물품의 수입증가로 인하여 동종물품 또는 직접적인 경쟁 관계에 있는 물품을 생산하는 국내산업(이하 "국내산업"이라 한다)이 심각한 피해를 받거나 받을 우려(이하 "심각한 피해 등"이라 한다)가 있음이 조사를 통하여 확인되고 당해 국내산업을 보호할 필요가 있다고 인정될 때에는 당해 심각한 피해 등을 방지하거나 치유하고 조정을 촉진(이하 "피해의 구제"라 한다)하는 데 필요한 범위 안에서 관세(이하

“긴급관세”라 한다)를 추가하여 부과할 수 있다.

긴급관세의 부과 및 잠정긴급관세의 부과는 각각의 부과조치결정 시행일 이후 수입되는 물품에 한하여 적용한다. 긴급관세의 부과기간은 4년을 초과할 수 없으며, 잠정긴급관세는 200일을 초과하여 부과할 수 없다. 다만, 재심사의 결과에 따라 부과 기간을 연장하는 경우에는 잠정긴급관세의 부과 기간, 긴급관세의 부과기간 또는 수입수량제한 등의 적용 기간 및 그 연장기간을 포함한 총 적용 기간은 8년을 초과할 수 없다.

5) 농림축산물 특별긴급관세

WTO 마라케시 협정의 농업협정문은 관세화 대상품목의 수입이 급증하거나, 세계시장가격이 기준가격 이하로 하락할 경우 추가관세를 부과할 수 있도록 한 특별긴급구제조치를 인정하고 있는바, 이를 관세법에 수용한 것이 특별긴급관세이다. 특별긴급수입제한조치는 WTO 체제의 긴급수입제한조치와 달리 피해의 유무나 상응하는 보상 등이 불필요하다는 점에서 차이가 난다.

6) 조정관세

조정관세란 정부의 개방정책실시에 따라 그 부작용을 관세정책면에서 이를 시정·보정하려는 목적에서 1984년부터 실시된 제도이다. 즉, 국내산업의 국제경쟁력을 높이고 국내 소비자를 보호하기 위하여 수입자유화정책을 채택하면서 수입자동승인품목을 대폭 늘리는 한편 수입물품에 대한 관세율을 대폭 낮추도록 하였는바, 이러한 정책 전환은 충분한 여건조성이 미진한 경우 일부 자유화된 품목의 수입이 급증하여 국내 산업을 해치거나 국민소비생활을 어지럽힐 가능성이 많기 때문에 무역계획상으로는 자유화시켰지만 수용태세가 충분히 갖추어질 때까지 일정기간 동안 관세율을 상향 조정하는 등으로 관세장벽에 의하여 수입을 억제하려는 것이 이 제도의 목적이다.

7) 할당관세

할당관세란 관세율의 조작에 의하여 수입수량을 규제하는 제도로서, 특정물품의 수입에 대하여 일정한 수량의 쿼터를 설정하여 놓고 그 수량 또는 금액만큼 수입되는 분에 대하여는 무세 내지 저세율을 적용하고 일정수량 또는 금액을 초과하여 수입될 때에는 고세율의 관세를 부과하는 제도로서 일종의 이중관세율제도이다. 이 제도는 특정물품에 대하여 그 수입을 억제하려는 국내 생산자 측의 요청과 이 물품을 싼 값으로 수입하려는 수요자 측의 상반되는 요청이 공존하고 더욱이 그 물품의 국내총생산량이 총수요량에 따르지 못할 경우에 이중관세율에 의거 양자의 요청을 동시에 충족시키려는 취지에서 시행되는 것이다.

8) 계절관세

현행 관세법에서는 가격이 계절에 따라 현저하게 차이가 있는 물품으로서 동종물품·유사물품 또는 대체물품의 수입으로 국내시장이 교란되거나 생산기반이 붕괴할 우려가 있는 경우에는 계절 구분에 따라 당해 물품의 국내외 가격차에 상당한 율의 범위 안에서 기본세율보다 높게 관세를 부과하거나 기본세율에 100분의 40을 감한 율의 범위 안에서 기본세율보다 낮게 관세를 부과할 수 있음을 규정하고 있으며, 이 규정의 적용을 받는 물품·세율 및 적용시한 등은 기획재정부령으로 정하고 있다.

계절관세는 농산물과 자연산품 등 계절에 따라 가격이 많이 변하는 물품의 경우에 있어 그러한 가격변동이 심한 물품의 수입으로 임하여 국내물가에 영향을 미치는 것을 관세율의 조정에 의거 제거하고자 하는 목적에서 실시된다.

9) 편익관세

관세에 관한 조약에 의한 편익을 받지 아니하는 나라의 생산물로서 수입되는 것은 대통령령으로 그 나라와 물품을 지정하여 기존 외국과의 조약의 규정에 의한 편익의 한도 내에서 관세에 관한 편익을 부여할 수 있다. 이와 같이 타국에 대하여 일방적으로 관세상의 편익을 부여하는 것은 그 나라의 정치적 또는 경제적 유대관계를 위한 목적으로 실시한다. 따라서 편익관세란 최혜국대우와 내용이 비슷하지만 이를 비교해 보면 최혜국대우는 타국과의 조약에 의하여 편익을 부여하는 것인 반면에 편익관세는 자국이 일방적으로 최혜국의 범위 내에서 편익을 주는 것이고, 상대방 국가는 권리로서 그 편익을 주장할 수 없다는 점이 다르다.

3. 품목분류

1) 품목분류

전 세계에서 거래되는 각종 물품을 세계관세기구(WCO)가 정한 국제통일상품분류체계(HS)에 의거 하나의 품목번호(Heading)에 분류하는 것으로서 국제통일상품분류체계에 관한 국제협약(The International Convention on the Harmonized Commodity Description and Coding System: HS 협약)에 의해 체약국은 HS 체계에서 정한 원칙에 따라 품목분류업무를 수행한다.

2) HS의 중요성

국제통일상품분류체계(HS)는 관세, 무역통계, 운송, 보험 등과 같은 다양한 목적에 사용될 수 있도록 만든 다목적 상품분류제도로서 이러한 HS 제정의 목적은 상품분류 체계의 통일을 기하여 국제무역을 원활히 하고 관세율 적용의 일관성을 유지하기 위한 것이다.

3) 관세와 품목분류와의 관계

수입물품에 대한 관세는 해당 품목번호마다 적용되는 관세율이 미리 정해져 있으므로, 정확한 품목 분류가 선행되어야 납부할 관세액이 정확하게 산정될 수 있다. 따라서 정확한 관세를 납부하기 위해서는 수입신고 시 올바른 품목분류를 하는 것이 매우 중요하다.

4) HS의 구조

HS(Harmonized Commodity Description and Coding System) 부호란 수출입물품에 대해 HS 협약에 의해 부여되는 상품분류 코드로서 6자리까지는 국제적으로 공통으로 사용하는 코드이며, 7자리부터는 각 나라에서 6단위 소호의 10자리까지 사용할 수 있다. 우리나라에서는 10자리까지 사용하며 이를 HSK(HS of Korea)라 한다(EU는 8, 일본은 9자리 사용).

5) 품목분류체계의 수정

기획재정부장관은 「통일상품명 및 부호체계에 관한 국제협약」에 따른 관세협력이사회의 권고 또는 결정이나 새로운 상품의 개발 등으로 별표 관세율표 또는 대통령령으로 정한 품목분류를 변경할 필요가 있는 경우 그 세율이 변경되지 아니하는 경우에는 대통령령으로 정하는 바에 따라 새로 품목분류를 하거나 다시 품목분류를 할 수 있다.

6) 품목분류의 적용기준 등

① 관세청장은 대통령령으로 정하는 바에 따라 품목분류를 적용하는 데에 필요한 기준을 정할 수 있다.

② 다음 각 호의 사항을 심의하기 위하여 관세청에 관세품목분류위원회를 둔다.

1. 품목분류의 적용기준
2. 특정물품에 적용될 품목분류의 사전심사
3. 특정물품에 적용될 품목분류의 변경
4. 그 밖에 품목분류에 관하여 관세청장이 분류위원회에 부치는 사항

7) 특정물품에 적용될 품목분류의 사전심사

① 물품을 수출입하려는 자, 수출할 물품의 제조자 및 「관세사법」에 따른 관세사·관세법인 또는 통관취급법인(관세사 등)은 수출입 신고를 하기 전에 대통

령령으로 정하는 서류를 갖추어 관세청장에게 해당 물품에 적용될 별표 관세율표상의 품목분류를 미리 심사하여 줄 것을 신청할 수 있다.

② 신청을 받은 관세청장은 해당 물품에 적용될 품목분류를 심사하여 이를 신청인에게 통지하여야 한다. 다만, 제출 자료의 미비 등으로 품목분류를 심사하기 곤란한 경우에는 그 뜻을 통지하여야 한다.

③ ②에 따라 통지를 받은 자는 통지받은 날부터 30일 이내에 대통령령으로 정하는 서류를 갖추어 관세청장에게 재심사를 신청할 수 있다. 이 경우 재심사의 기간 및 결과의 통지에 관하여는 ②를 준용한다.

④ 관세청장은 ②의 본문에 따라 품목분류를 심사한 물품 및 ③에 따른 재심사 결과 적용할 품목분류가 변경된 물품에 대하여는 해당 물품에 적용될 품목분류와 품명, 용도, 규격, 그 밖에 필요한 사항을 고시 또는 공표하여야 한다. 다만, 신청인의 영업 비밀을 포함하는 등 해당 물품에 적용될 품목분류를 고시 또는 공표하는 것이 적당하지 아니하다고 인정되는 물품에 대하여는 고시 또는 공표하지 아니할 수 있다.

⑤ 세관장은 수출입 신고가 된 물품이 ②의 본문 및 ③에 따라 통지한 물품과 같을 때에는 그 통지 내용에 따라 품목분류를 적용하여야 한다. 이 경우 ③에 따른 재심사 결과 적용할 품목분류가 변경되었을 때에는 신청인이 변경 내용을 통지받은 날과 ④에 따른 고시 또는 공표일 중 빠른 날(이하 "변경일"이라 한다)부터 변경된 품목분류를 적용하되, 다음의 기준에 따라 달리 적용할 수 있다.

1. 변경일부터 30일이 지나기 전에 우리나라에 수출하기 위하여 선적된 물품에 대하여 변경 전의 품목분류를 적용하는 것이 수입신고인에게 유리한 경우: 변경 전의 품목분류 적용
2. 다음 각 목의 어느 하나에 해당하는 경우: 변경일 전에 수출입 신고가 수리된 물품에 대해서도 소급하여 변경된 품목분류 적용
   가. 거짓자료 제출 등 신청인에게 책임 있는 사유로 품목분류가 변경된 경우
   나. 다음의 어느 하나에 해당하는 경우로서 수출입 신고인에게 유리한 경우
   1) ① 및 ③에 따른 신청인에게 자료제출 미비 등의 책임 있는 사유가 없는 경우

2) ① 및 ③에 따른 신청인이 아닌 자가 관세청장이 결정하여 고시하거나 공표한 품목분류에 따라 수출입 신고를 한 경우

⑥ 관세청장은 사전심사에 따라 품목분류를 심사하기 위하여 해당 물품에 대한 구성재료의 물리적·화학적 분석이 필요한 경우에는 해당 품목분류를 심사하여 줄 것을 신청한 자에게 기획재정부령으로 정하는 수수료를 납부하게 할 수 있다.

⑦ 통지받은 사전심사 결과의 유효기간은 해당 통지를 받은 날부터 3년으로 한다. 다만, 재심사 결과 품목분류가 변경된 경우에는 해당 통지를 받은 날부터 유효기간을 다시 기산한다.

8) 특정물품에 적용되는 품목분류의 변경 및 적용

① 품목분류사전심사제도는 수출입하고자 하는 물품에 대하여 관세율표의 어떤 품목번호에 해당되는지 분명하지 않아 수출입 신고 전에 세율과 수출입제한 사항을 미리 알아두고자 할 경우에 관세청장에게 당해물품에 대한 품목분류를 신청할 수 있다.

② 관세청장이 품목분류의 사전심사신청을 받고 품목분류를 정하여 통지 및 고시한 물품에 대해서도 다음의 사유가 있는 경우 품목분류가 변경될 수 있으며 이때 신청인은 이를 통지받게 된다.

1. 품목분류를 변경할 필요가 있는 경우
2. 관세법령의 개정에 따라 당해 물품의 품목분류가 변경된 경우
3. 품목분류가 변경된 경우 또는 신청인의 허위자료 제출로 품목분류에 중대한 착오가 있는 경우

③ 품목분류가 변경되었을 때에는 신청인이 변경 내용을 통지받은 날과 상기 7)의 ④에 따른 고시 또는 공표일 중 빠른 날(이하 "변경일"이라 한다)부터 변경된 품목분류를 적용하되, 다음 각 호의 기준에 따라 달리 적용할 수 있다.

1. 변경일부터 30일이 지나기 전에 우리나라에 수출하기 위하여 선적된 물품에 대하여 변경 전의 품목분류를 적용하는 것이 수입신고인에게 유리한 경우: 변경 전의 품목분류 적용
2. 다음 각 목의 어느 하나에 해당하는 경우: 변경일 전에 수출입 신고가 수

리된 물품에 대해서도 소급하여 변경된 품목분류 적용

가. 거짓자료 제출 등 신청인에게 책임 있는 사유로 품목분류가 변경된 경우

나. 다음의 어느 하나에 해당하는 경우로서 수출입 신고인에게 유리한 경우 (관계법령의 개정이나 품목분류체계의 수정에 따라 품목분류를 변경한 경우에는 이하를 적용하지 아니한다)

1) 상기 7)의 ① 및 ③에 따른 신청인에게 자료제출 미비 등의 책임 있는 사유가 없는 경우

2) 상기 7)의 ① 및 ③에 따른 신청인이 아닌 자가 관세청장이 결정하여 고시하거나 공표한 품목분류에 따라 수출입 신고를 한 경우

제4장

감면 · 환급 및 분할납부 등

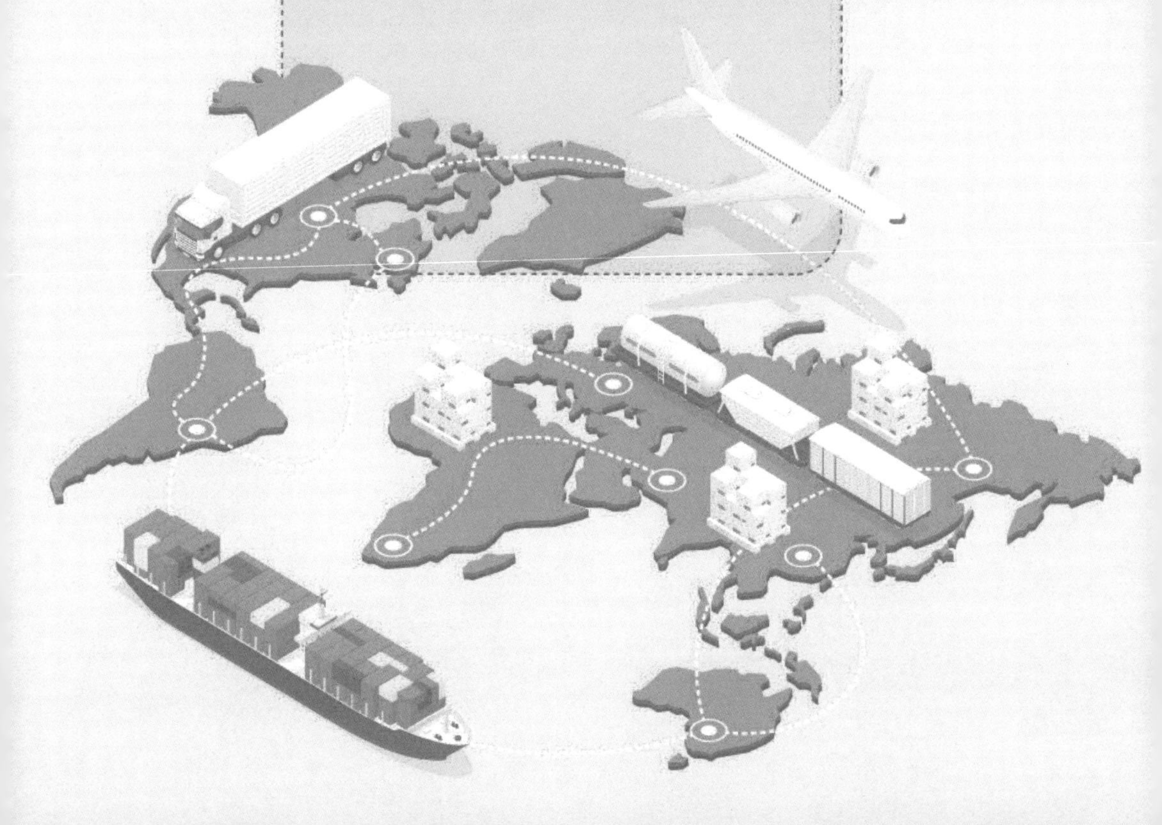

제4장

감면 · 환급 및 분할납부 등

1. 감면제도

관세의 감면세란 관세의 납부의무를 특정의 경우에 무조건 또는 일정 조건하에 관세의 일부 또는 전부 면제하는 것을 말한다. 감면제도는 여러 가지의 정책적인 목적을 실현하는 수단으로 이용되고 있다. 관세의 재정수입 목적을 희생하면서까지 관세를 감면하려는 데에는 그만한 이유가 있어야 된다. 그 목적을 크게 나누어 보면 경제 정책적 목적, 문화 정책적 목적, 사회 정책적 목적 등을 들 수 있다.

1) 외교관용 물품 등의 면세

다음의 어느 하나에 해당하는 물품이 수입될 때에는 그 관세를 면제한다.

① 우리나라에 있는 외국의 대사관 · 공사관 기타 이에 준하는 기관의 업무용품

② 우리나라에 주재하는 외국의 대사 · 공사 기타 이에 준하는 사절 및 그 가족이 사용하는 물품

③ 우리나라에 있는 외국의 영사관 기타 이에 준하는 기관의 업무용품

④ 우리나라에 있는 외국의 대사관 · 공사관 · 영사관 기타 이에 준하는 기관의 직

원과 그 가족이 사용하는 물품

⑤ 정부와의 사업계약을 수행하기 위하여 외국계약자가 계약조건에 따라 수입하는 업무용품

⑥ 국제기구 또는 외국정부로부터 정부에 파견된 고문관·기술단원 기타 기획재정부령이 정하는 자가 사용하는 물품

⑦ 수입신고수리일로부터 3년의 범위 내에서 관세청장이 정하는 기간 내에 용도 외의 다른 용도에 사용하기 위하여 이를 양수할 수 없다(예외: 세관장의 사전 승인을 얻은 경우).

⑧ 기간 내에 용도 외 사용하기 위해 양수한 때에는 양수자로부터 면제된 관세를 즉시 징수한다.

외교관 면세를 받은 물품 중 기획재정부령으로 정하는 물품을 수입신고수리일부터 3년의 범위 안에서 대통령령이 정하는 기준에 따라 관세청장이 정하는 기간 내에 용도 외에 사용하기 위하여 이를 양수할 수 없다. 다만, 대통령령이 정하는 바에 의하여 미리 세관장의 승인을 얻은 때에는 그러하지 아니하다. 기획재정부령으로 정한 양수를 제한하는 물품은 다음과 같다.

① 자동차(자동 삼륜차와 자동 이륜차를 포함한다)

② 선박

③ 피아노

④ 전자오르간과 파이프오르간

⑤ 엽총

양수가 제한된 외교관 면세물품을 수입신고수리일로부터 3년의 범위 내에서 대통령령이 정하는 기준에 따라 관세청장이 정하는 기간 내에 용도 외에 사용하기 위하여 양수한 때에는 그 양수자로부터 면제된 관세를 즉시 징수한다.

2) 세율불균형물품의 면세

① 세율불균형을 시정하기 위하여 「조세특례제한법」 제5조제1항에 따른 중소기업이 대통령령으로 정하는 바에 따라 세관장이 지정하는 공장에서 다음 각

호의 어느 하나에 해당하는 물품을 제조 또는 수리하기 위하여 사용하는 부분품과 원재료(수출한 후 외국에서 수리·가공되어 수입되는 부분품과 원재료의 가공수리분을 포함한다) 중 기획재정부령[4]으로 정하는 물품에 대하여는 그 관세를 면제할 수 있다.

㉠ 항공기(부분품을 포함한다)

㉡ 반도체 제조용 장비(부속기기를 포함한다)

② 관세를 감면받고자 하는 자는 제조할 물품의 품명·규격·수량 및 가격, 제조개시 및 완료예정연월일과 지정제조공장의 명칭 및 소재지를 신청서에 기재하고, 원자재소요량증명서 또는 이에 갈음할 서류를 첨부하여 세관장에게 제출하여야 한다. 다만, 세관장이 필요없다고 인정하는 때에는 원자재소요량증명서 등의 첨부를 생략할 수 있다.

③ 수입신고수리일부터 지정 기간은 3년 이내로 하되, 지정을 받은 자의 신청에 의하여 연장할 수 있다.

3) 학술연구용품의 감면세

학술연구용품 감면세제도는 교육과 학술의 진흥 및 연구·개발을 촉진하기 위하여 수입되는 물품에 대한 감면세제도인데, 이러한 물품에 대하여는 관세를 전액 또는 일부 면제하는 한편 감면받은 물품이 당해 용도에 사용되지 않을 경우에는 면제된 관세를 징수하도록 하고 있다.

① 국가기관·지방자치단체와 기획재정부령이 정하는 기관에서 사용할 학술연구용품·교육용품 및 실험실습용품으로 기획재정부령이 정하는 물품

② 학교·공공의료기관·공공직업훈련원·박물관 기타 이에 준하는 기획재정부령이 정하는 기관에서 사용할 표본, 참고품, 도서, 음반, 녹음된 테이프, 녹화된 슬라이드, 촬영된 필름, 시약류 기타 이와 유사한 물품 및 자료

③ ②의 기관에서 학술연구용·교육용·훈련용·실험실습용 및 과학기술연구용으

---

4) 동법 제35조(세율불균형물품에 대한 관세의 면세) 법 제89조제1항 각 호 외의 부분에 따라 관세가 면세되는 물품은 다음 각 호와 같다. 1. 항공기 제조업자 또는 수리업자가 항공기와 그 부분품의 제조 또는 수리에 사용하기 위하여 수입하는 부분품 및 원재료 2. 장비제조업자 또는 수리업자가 반도체 제조용 장비의 제조 또는 수리에 사용하기 위하여 수입하는 부분품 및 원재료 중 산업통상자원부장관 또는 그가 지정하는 자가 추천하는 물품

로 사용할 물품 중 기획재정부령이 정하는 물품

④ ②의 기관에서 사용할 학술연구용품·교육용품·실험실습용품 및 과학기술연구용품으로 외국으로부터 기증되는 물품

⑤ 기획재정부령이 정하는 자가 산업기술의 연구·개발에 사용하기 위하여 수입하는 물품

4) 종교용품 · 자선용품 · 장애인용품 등의 면세

① 교회·사원 등 종교단체의 예배용품 및 식전용품으로서 외국으로부터 기증되는 물품. 다만, 기획재정부령으로 정하는 물품은 제외한다.

② 자선 또는 구호의 목적으로 기증되는 물품 및 자선·구호시설 또는 사회복지시설에 기증되는 물품으로서 당해 용도에 직접 사용하는 물품. 다만, 기획재정부령으로 정하는 물품은 제외한다.

③ 국제적십자사·외국적십자사 및 국제기구가 국제평화봉사/친선활동을 위하여 기증하는 물품

④ 시각·청각·언어의 장애인, 지체장애인, 만성신부전증환자 등을 위한 용도로 특수하게 제작 또는 제조된 물품

⑤ 장애인복지법규정에 의한 장애인의 재활의료를 목적으로 국가·지방자치단체 또는 사회복지법인이 운영하는 재활병원에서 사용하는 의료용구

5) 정부용품 등의 면세

정부용품 등 면세는 무조건 면세조항이기 때문에 면세조건이행 여부의 사후관리나 추징 등의 문제는 발생하지 않는다. 다음 각 호의 어느 하나에 해당하는 물품이 수입될 때에는 그 관세를 면제할 수 있다.

① 국가기관이나 지방자치단체에 기증된 물품으로서 공용으로 사용하는 물품. 다만, 기획재정부령으로 정하는 물품은 제외한다.

② 정부가 외국으로부터 수입하는 군수품(정부의 위탁을 받아 정부 외의 자가 수입하는 경우를 포함한다) 및 국가원수의 경호용으로 사용하는 물품. 다만, 기획재정부령으로 정하는 물품은 제외한다.

③ 외국에 주둔하는 국군이나 재외공관으로부터 반환된 공용품

④ 미래창조과학부장관이 국가의 안전보장을 위하여 긴요하다고 인정하여 수입하는 비상통신용 물품 및 전파관리용 물품

⑤ 정부가 직접 수입하는 간행물, 음반, 녹음된 테이프, 녹화된 슬라이드, 촬영된 필름, 그 밖에 이와 유사한 물품 및 자료

⑥ 국가나 지방자치단체(이들이 설립하였거나 출연 또는 출자한 법인을 포함한다)가 환경오염(소음 및 진동을 포함한다)을 측정하거나 분석하기 위하여 수입하는 기계·기구 중 기획재정부령으로 정하는 물품

⑦ 상수도 수질을 측정하거나 이를 보전·향상하기 위하여 국가나 지방자치단체(이들이 설립하였거나 출연 또는 출자한 법인을 포함한다)가 수입하는 물품으로서 기획재정부령으로 정하는 물품

⑧ 국가정보원장 또는 그 위임을 받은 자가 국가의 안전보장 목적의 수행상 긴요하다고 인정하여 수입하는 물품

6) 특정물품의 면세 등

다음 각 호의 어느 하나에 해당하는 물품이 수입될 때에는 그 관세를 면제할 수 있다.

① 동식물의 번식·양식 및 종자개량을 위한 물품 중 기획재정부령으로 정하는 물품[5]

② 박람회, 국제경기대회, 그 밖에 이에 준하는 행사 중 기획재정부령으로 정하는 행사에 사용하기 위하여 그 행사에 참가하는 자가 수입하는 물품 중 기획재정부령으로 정하는 물품[6]

---

5) 사료작물 재배용 종자(호밀·귀리 및 수수에 한한다)로 한다.

6) 다음 각 호의 어느 하나에 해당하는 물품으로 한다. 1. 「포뮬러원 국제자동차경주대회 지원법」에 따른 포뮬러원 국제자동차경주대회에 참가하는 자가 해당 대회와 관련하여 사용할 목적으로 수입하는 물품으로서 같은 법 제4조에 따른 포뮬러원국제자동차경주대회조직위원회가 확인하는 물품 2. 「2023 새만금 세계스카우트잼버리 지원 특별법」에 따른 2023 새만금 세계스카우트잼버리에 참가하는 세계스카우트연맹, 각국 스카우트연맹이 그 소속 대원·지도자·운영요원 등 구성원이나 다른 참가단체의 소속 대원·지도자·운영요원 등 구성원 또는 같은 법 제5조제1항에 따라 설립된 2023 새만금 세계스카우트잼버리조직위

③ 핵사고 또는 방사능 긴급사태 시 그 복구지원과 구호를 목적으로 외국으로부터 기증되는 물품으로서 기획재정부령으로 정하는 물품

④ 우리나라 선박이 외국 정부의 허가를 받아 외국의 영해에서 채집하거나 포획한 수산물(이를 원료로 하여 우리나라 선박에서 제조하거나 가공한 것을 포함한다. 이하 이 조에서 같다)

⑤ 우리나라 선박이 외국의 선박과 협력하여 기획재정부령으로 정하는 방법으로 채집하거나 포획한 수산물로서 해양수산부장관이 추천하는 것

⑥ 해양수산부장관의 허가를 받은 자가 기획재정부령으로 정하는 요건에 적합하게 외국인과 합작하여 채집하거나 포획한 수산물 중 해양수산부장관이 기획재정부장관과 협의하여 추천하는 것

⑦ 우리나라 선박 등이 채집하거나 포획한 수산물과 제5호 및 제6호에 따른 수산물의 포장에 사용된 물품으로서 재사용이 불가능한 것 중 기획재정부령으로 정하는 물품

⑧ 「중소기업기본법」 제2조에 따른 중소기업이 해외구매자의 주문에 따라 제작한 기계·기구가 해당 구매자가 요구한 규격 및 성능에 일치하는지를 확인하기 위하여 하는 시험생산에 필요한 원재료로서 기획재정부령으로 정하는 요건에 적합한 물품

⑨ 우리나라를 방문하는 외국의 원수와 그 가족 및 수행원의 물품

⑩ 우리나라의 선박이나 그 밖의 운송수단이 조난으로 인하여 해체된 경우 그 해체재(解體材) 및 장비

⑪ 우리나라와 외국 간에 건설될 교량, 통신시설, 해저통로, 그 밖에 이에 준하는 시설의 건설 또는 수리에 필요한 물품

⑫ 우리나라 수출물품의 품질, 규격, 안전도 등이 수입국의 권한 있는 기관이 정하는 조건에 적합한 것임을 표시하는 수출물품에 붙이는 증표로서 기획재정부령으로 정하는 물품

⑬ 우리나라의 선박이나 항공기가 해외에서 사고로 발생한 피해를 복구하기 위하여 외국의 보험회사 또는 외국의 가해자의 부담으로 하는 수리 부분에 해당하는 물품

원회에 제공하는 등 해당 행사와 관련하여 사용할 목적으로 수입하는 물품으로서 2023 새만금 세계스카우트잼버리조직위원회가 확인하는 물품

⑭ 우리나라의 선박이나 항공기가 매매계약상의 하자보수 보증기간 중에 외국에서 발생한 고장에 대하여 외국의 매도인의 부담으로 하는 수리 부분에 해당하는 물품
⑮ 국제올림픽 · 장애인올림픽 · 농아인올림픽 및 아시아운동경기 · 장애인아시아운동경기 종목에 해당하는 운동용구(부분품을 포함한다)로서 기획재정부령으로 정하는 물품
⑯ 국립묘지의 건설 · 유지 또는 장식을 위한 자재와 국립묘지에 안장되는 자의 관 · 유골함 및 장례용 물품
⑰ 피상속인이 사망하여 국내에 주소를 둔 자에게 상속되는 피상속인의 신변용품
⑱ 보석의 원석(原石) 및 나석(裸石)으로서 기획재정부령으로 정하는 것

7) 소액물품 등의 면세

① 우리나라의 거주자에게 수여된 훈장 · 기장 또는 이에 준하는 표창장 및 상패
② 기록문서 또는 기타의 서류
③ 상용견품 또는 광고용품으로서 다음의 하나에 해당하는 물품
  ㉠ 물품이 천공 또는 절단되었거나 통상적인 조건으로 판매할 수 없는 상태로 처리되어 견품으로 사용될 것으로 인정되는 물품
  ㉡ 판매 또는 임대를 위한 물품의 상품목록 · 가격표 및 교역안내서 등
  ㉢ 과세가격이 미화 250달러 이하인 물품으로서 견품으로 사용될 것으로 인정되는 물품
  ㉣ 물품의 형상 · 성질 및 성능으로 보아 견품으로 사용될 것으로 인정되는 물품
④ 우리나라 거주자가 수취하는 소액물품으로서 다음의 하나에 해당하는 물품
  ㉠ 당해 물품의 총과세가격이 미화 150달러 이하의 물품으로서 자가사용 물품으로 인정되는 것. 다만, 반복 또는 분할하여 수입되는 물품으로서 관세청장이 정하는 기준에 해당하는 것을 제외한다.
  ㉡ 박람회 기타 이에 준하는 행사에 참가하는 자가 행사장 안에서 관람자에게 무상으로 제공하기 위하여 수입하는 물품(전시할 기계의 성능을 보여주기 위한 원료를 포함한다). 다만, 관람자 1인당 제공량의 정상도착가격이

미화 5달러 상당액 이하의 것으로서 세관장이 타당하다고 인정하는 것에 한한다.

8) 환경오염방지물품 등에 대한 감면세

① 다음 각 호의 어느 하나에 해당하는 물품으로서 국내에서 제작하기 곤란한 물품이 수입될 때에는 그 관세를 감면할 수 있다.

㉠ 오염물질(소음 및 진동을 포함한다)의 배출 방지 또는 처리를 위하여 사용하는 기계·기구·시설·장비로서 기획재정부령으로 정하는 것

㉡ 폐기물 처리(재활용을 포함한다)를 위하여 사용하는 기계·기구로서 기획재정부령으로 정하는 것

㉢ 기계·전자기술 또는 정보처리기술을 응용한 공장 자동화 기계·기구·설비(그 구성기기를 포함한다) 및 그 핵심부분품으로서 기획재정부령으로 정하는 것

② 관세를 감면하는 경우 그 감면기간과 감면율은 기획재정부령으로 정한다.

9) 여행자휴대품 · 이사물품 등의 면세

① 여행자의 휴대품 또는 별송품으로서 여행자의 입국사유·체재기간·직업 기타의 사정을 고려하여 세관장이 타당하다고 인정하는 물품

② 우리나라로 거주를 이전하기 위하여 입국하는 자가 입국하는 때에 수입하는 이사물품으로서 거주이전의 사유, 거주기간, 직업, 가족 수, 기타의 사정을 고려하여 세관장이 인정하는 물품

③ 국제무역선(기)의 승무원이 휴대하여 수입하는 물품으로서 항행일수·체재기간 기타의 사정을 고려하여 세관장이 타당하다고 인정하는 물품

④ 여행자가 휴대품 또는 별송품(제1항에 해당하는 물품은 제외한다)을 기획재정부령으로 정하는 방법으로 자진신고하는 경우에는 15만원을 넘지 아니하는 범위에서 해당 물품에 부과될 관세의 100분의 30에 상당하는 금액을 경감할 수 있다.

10) 재수출면세

재수출면세란 우리나라에 수입된 물품에 대하여 단기간 내에 다시 수출되는 것을 조건으로 면세하는 제도이다. "수입신고수리일부터 1년의 범위 안에서 대통령령이 정하는 기준에 따라 세관장이 정하는 기간(기획재정부령이 정하는 물품으로서 부득이한 사유가 있다고 인정하여 세관장이 승인한 물품에 대하여는 세관장이 지정하는 기간) 내에 다시 수출하는 물품에 대하여는 그 관세를 면제할 수 있다. 다만, 세관장은 부득이한 사유가 있다고 인정할 때에는 1년의 범위 안에서 그 기간을 연장할 수 있다."고 규정하고 있다.

① 수입신고수리일부터 다음 각 호의 1의 기간 내에 다시 수출하는 물품에 대하여는 그 관세를 면제할 수 있다.
   ㉠ 기획재정부령이 정하는 물품: 1년의 범위 내에서 대통령령이 정하는 기준에 따라 세관장이 정하는 기간. 다만, 세관장은 부득이한 사유가 있다고 인정되는 때에는 1년의 범위 내에서 그 기간을 연장할 수 있다.
   ㉡ 1년을 초과하여 수출해야 할 부득이한 사유가 있는 물품으로서 기획재정부령이 정하는 물품: 세관장이 정하는 기간
② 관세의 면제를 받은 물품은 사후 기간 내에 동항에서 정한 용도 외의 다른 용도에 사용하거나 양도할 수 없다. 다만, 대통령령이 정하는 바에 의하여 미리 세관장의 승인을 얻은 때에는 그러하지 아니하다.
③ 관세를 면제받은 물품을 규정된 기간 내에 수출하지 아니한 경우 또는 정한 용도 외의 다른 용도에 사용하거나 당해 용도 외의 다른 용도에 사용하고자 하는 자에게 양도한 경우에는 수출을 하지 아니한 자, 용도 외에 사용한 자 또는 그 양도를 한 자로부터 면제된 관세를 즉시 징수하며, 양도인으로부터 당해 관세를 징수할 수 없는 때에는 그 양수인으로부터 면제된 관세를 즉시 징수한다. 다만, 재해 기타 부득이한 사유로 멸실되었거나 미리 세관장의 승인을 얻어 폐기한 때에는 그러하지 아니하다.
④ 세관장은 관세의 면세를 받은 물품 중 기획재정부령이 정하는 물품을 동항에 규정된 기간 내에 수출하지 아니한 때에는 500만원을 초과하지 아니하는 범위 안에서 관세의 100분의 20에 상당하는 금액을 가산세로서 징수한다.

11) 재수출감면세

장기간에 걸쳐 사용할 수 있는 물품으로서 그 수입이 임대차계약에 의하거나 도급계약 또는 수출계약의 이행과 관련하여 국내에서 일시적으로 사용하기 위하여 수입하는 물품 중 기획재정부령으로 정하는 물품이 그 수입신고수리일부터 2년(장기간의 사용이 부득이한 물품으로서 기획재정부령으로 정하는 것 중 수입하기 전에 세관장의 승인을 받은 것은 4년의 범위에서 대통령령으로 정하는 기준에 따라 세관장이 정하는 기간을 말한다) 이내에 재수출되는 것에 대해서는 다음 각 호의 구분에 따라 그 관세를 경감할 수 있다. 다만, 외국과 체결한 조약·협정 등에 따라 수입되는 것에 대해서는 상호조건에 따라 그 관세를 면제한다.

① 재수출기간이 6월 이내인 경우 당해 물품에 대한 관세액의 100분의 85

② 재수출기간이 6월 초과 1년 이내인 경우 당해 물품에 대한 관세액의 100분의 70

③ 재수출기간이 1년 초과 2년 이내인 경우 당해 물품에 대한 관세액의 100분의 55

④ 재수출기간이 2년 초과 3년 이내인 경우 당해 물품에 대한 관세액의 100분의 40

⑤ 재수출기간이 3년 초과 4년 이내인 경우 당해 물품에 대한 관세액의 100분의 30

⑥ 외국과의 조약·협정 등에 의하여 수입되는 때에는 상호조건에 따라 그 관세를 면제한다.

12) 재수입면세

다음 각 호의 어느 하나에 해당하는 물품이 수입될 때에는 그 관세를 면제할 수 있다.

① 우리나라에서 수출(보세가공수출을 포함한다)된 물품으로서 해외에서 제조·가공·수리 또는 사용(장기간에 걸쳐 사용할 수 있는 물품으로서 임대차계약 또는 도급계약 등에 따라 해외에서 일시적으로 사용하기 위하여 수출된 물품이나 박람회, 전시회, 품평회, 국제경기대회, 그 밖에 이에 준하는 행사에 출품 또는 사용된

물품 등 기획재정부령으로 정하는 물품의 경우는 제외한다)되지 아니하고 수출신고수리일부터 2년 내에 다시 수입(이하 이 조에서 "재수입"이라 한다)되는 물품. 다만, 다음 각 목의 어느 하나에 해당하는 경우에는 관세를 면제하지 아니한다.

㉠ 해당 물품 또는 원자재에 대하여 관세를 감면받은 경우

㉡ 이 법 또는 「수출용 원재료에 대한 관세 등 환급에 관한 특례법」에 따른 환급을 받은 경우

㉢ 이 법 또는 「수출용 원재료에 대한 관세 등 환급에 관한 특례법」에 따른 환급을 받을 수 있는 자 외의 자가 해당 물품을 재수입하는 경우. 다만, 재수입하는 물품에 대하여 환급을 받을 수 있는 자가 환급받을 권리를 포기하였음을 증명하는 서류를 재수입하는 자가 세관장에게 제출하는 경우는 제외한다.

㉣ 보세가공 또는 장치기간 경과물품을 재수출조건으로 매각함에 따라 관세가 부과되지 아니한 경우

② 수출물품의 용기로서 다시 수입하는 물품

③ 해외시험 및 연구를 목적으로 수출된 후 재수입되는 물품

13) 손상감세

손상감세란 수입신고한 물품이 수입신고수리 전에 변질 또는 손상한 때와 감면받은 물품에 대하여 관세를 추징하는 경우 그 물품이 변질 또는 손상되거나 사용으로 인하여 가치가 감소된 때에 관세의 일부를 경감하는 제도를 말한다.

14) 해외임가공물품 등의 감면

원재료 또는 부분품을 수출하여 재경부령이 정하는 물품으로 제조·가공한 후 수입할 때에는 대통령령이 정하는 바에 따라 그 관세를 경감할 수 있다.

상기의 규정에 의하여 경감하는 관세액은 수입물품의 제조·가공에 사용된 원재료 또는 부분품의 수출신고가격에 당해 수입물품에 적용되는 관세율을 곱한 금액으로 한다.

① 경감대상

㉠ 원재료 또는 부분품을 수출하여 별표 관세율표 제85류나 제90류 중 제9006호의 물품으로 제조·가공한 물품

㉡ 가공 또는 수리 목적으로 수출한 물품으로서 가공·수리 전후 물품의 품목분류상 10단위 품목번호와 일치하는 물품

② 감면 예외

㉠ 해당 물품 또는 원자재에 대하여 관세의 감면을 받은 경우

㉡ 관세법 또는 수출용 원재료에 대한 관세 등 환급에 관한 특례법에 따른 환급을 받은 경우

㉢ 보세가공/장치기간 경과물품을 재수출조건으로 매각함에 따라 관세가 부과되지 아니한 경우

15) 관세감면물품의 용도 외 사용

① 법령, 조약, 협정 등에 따라 관세를 감면받은 물품을 감면받은 용도 외의 다른 용도로 사용하거나 감면받은 용도 외의 다른 용도로 사용하려는 자에게 양도하는 경우(해당 물품을 다른 용도로 사용하는 자나 해당 물품을 다른 용도로 사용하기 위하여 양수하는 자가 그 물품을 다른 용도로 사용하기 위하여 수입하는 경우에는 그 물품에 대하여 법령 또는 조약, 협정 등에 따라 관세를 감면받을 수 있는 경우로 한정한다)에는 대통령령으로 정하는 바에 따라 징수하여야 하는 관세를 감면할 수 있다. 다만, 이 법 외의 법령, 조약, 협정 등에 따라 그 감면된 관세를 징수할 때에는 그러하지 아니하다.

② 관세를 감면받은 경우 그 사후관리기간은 당초의 수입신고수리일부터 계산한다.

16) 시설대여업자에 대한 감면 등

① 「여신전문금융업법」에 따른 시설대여업자(이하 이 조에서 "시설대여업자"라 한다)가 이 법에 따라 관세가 감면되거나 분할납부되는 물품을 수입할 때에는 제19조에도 불구하고 대여시설 이용자를 납세의무자로 하여 수입신고를 할

수 있다. 이 경우 납세의무자는 대여시설 이용자가 된다.

② 관세를 감면받거나 분할납부를 승인받은 물품에 대하여 관세를 징수하는 경우 납세의무자인 대여시설 이용자로부터 관세를 징수할 수 없을 때에는 시설대여업자로부터 징수한다.

2. 환급 및 분할납부제도

1) 환급

(1) 계약 내용과 다른 물품 등에 대한 관세 환급

① 수입신고가 수리된 물품이 계약 내용과 다르고 수입신고 당시의 성질이나 형태가 변경되지 아니한 경우 해당 물품이 수입신고수리일부터 1년 이내에 다음 각 호의 어느 하나에 해당하면 그 관세를 환급한다.

㉠ 외국으로부터 수입된 물품: 보세구역(제156조제1항에 따라 세관장의 허가를 받았을 때에는 그 허가받은 장소를 포함한다. 이하 이 조에서 같다)에 이를 반입하였다가 다시 수출하였을 것. 이 경우 수출은 수입신고수리일부터 1년이 지난 후에도 할 수 있다.

㉡ 보세공장에서 생산된 물품: 보세공장에 이를 다시 반입하였을 것

② 수입물품으로서 세관장이 환급세액을 산출하는 데에 지장이 없다고 인정하여 승인한 경우에는 그 수입물품의 일부를 수출하였을 때에도 제1항에 따라 그 관세를 환급할 수 있다.

③ 수입물품의 수출을 갈음하여 이를 폐기하는 것이 부득이하다고 인정하여 그 물품을 수입신고수리일부터 1년 내에 보세구역에 반입하여 미리 세관장의 승인을 받아 폐기하였을 때에는 그 관세를 환급한다.

④ 수입신고가 수리된 물품이 수입신고 수리 후에도 지정보세구역에 계속 장치되어 있는 중에 재해로 멸실되거나 변질 또는 손상되어 그 가치가 떨어졌을 때에는 대통령령으로 정하는 바에 따라 그 관세의 전부 또는 일부를 환급할 수 있다.

⑤ 해당 수입물품에 대한 관세의 납부기한이 종료되기 전이거나 징수유예 중 또는 분할납부기간이 끝나지 아니하여 해당 물품에 대한 관세가 징수되지 아니한 경우에는 세관장은 해당 관세의 부과를 취소할 수 있다.

⑥ 관세의 환급에 관하여는 제46조와 제47조를 준용한다.

(2) 수입한 상태 그대로 수출되는 자가사용물품 등에 대한 관세 환급

① 수입신고가 수리된 개인의 자가사용물품이 수입한 상태 그대로 수출되는 경우로서 다음 각 호의 어느 하나에 해당하는 경우에는 수입할 때 납부한 관세를 환급한다. 이 경우 수입한 상태 그대로 수출되는 경우의 기준은 대통령령으로 정한다.

㉠ 수입신고수리일부터 6개월 이내에 보세구역에 반입하였다가 다시 수출하는 경우

㉡ 수입신고수리일부터 6개월 이내에 관세청장이 정하는 바에 따라 세관장의 확인을 받고 다시 수출하는 경우

㉢ 수출신고가 생략되는 탁송품 또는 우편물로서 기획재정부령으로 정하는 금액 이하인 물품을 수입신고수리일부터 6개월 이내에 수출한 후 관세청장이 정하는 바에 따라 세관장의 확인을 받은 경우

② 여행자가 자진신고한 물품이 다음 각 호의 어느 하나에 해당하게 된 경우에는 자진신고할 때 납부한 관세를 환급한다.

㉠ 국제무역선 또는 국제무역기 안에서 구입한 물품이 환불된 경우

㉡ 보세판매장에서 구입한 물품이 환불된 경우

2) 분할납부

(1) 관세의 분할납부

① 세관장은 천재지변이나 그 밖에 대통령령이 정하는 사유로 인하여 신고, 신청, 청구 기타 서류의 제출, 통지, 납부 또는 징수를 정하여진 기한까지 할 수 없다고 인정되는 때에는 1년을 넘지 아니하는 기간을 정하여 관세를 분할하여 납부하게 할 수 있다.

② 다음 물품이 수입되는 때에는 세관장은 5년을 넘지 아니하는 기간을 정하여 관세의 분할납부를 승인할 수 있다(관세액이 30만원 미만인 경우 제외된다).

㉠ 시설기계류, 기초설비품, 건설용 재료 및 그 구조물과 공사용 장비로서 기획재정부장관이 고시하는 물품. 다만, 기획재정부령으로 정하는 업종에

소요되는 물품은 제외한다.

㉡ 정부 또는 지방자치단체가 수입하는 물품으로서 기획재정부령이 정하는 물품

㉢ 학교 또는 직업훈련원에서 수입하는 물품 및 비영리법인이 공익사업을 위하여 수입하는 물품으로서 기획재정부령이 정하는 물품

㉣ 의료기관 등 기획재정부령이 정하는 사회복지기관 및 시설에서 수입하는 물품 중 기획재정부장관이 고시하는 물품

㉤ 기획재정부령이 정하는 기업부설연구소·산업기술연구조합 및 비영리법인인 연구기관 기타 이와 유사한 연구기관에서 수입하는 기술개발연구용품 및 실험실습용품 중 기획재정부장관이 고시하는 물품

㉥ 기획재정부령이 정하는 중소제조업체가 직접 사용하기 위하여 수입하는 물품(법 기타 관세에 관한 법률 또는 조약에 의하여 관세의 감면을 받지 아니하여야 하며, 당해 관세액이 100만원 이상이며, 국내에서 제작이 곤란한 물품으로서 당해 물품의 생산에 관한 사무를 관장하는 주무부처의 장 또는 그 위임을 받은 기관의 장이 확인한 것일 것)

㉦ 기획재정부령이 정하는 기업부설 직업훈련원에서 직업훈련에 직접 사용하기 위하여 수입하는 교육용품 및 실험실습용품 중 국내제작이 곤란한 물품

③ 관세의 분할납부승인을 얻은 자가 당해 물품의 용도를 변경하거나 그 물품을 양도하고자 하는 때에는 미리 세관장의 승인을 얻어야 한다.

(2) 납세의무의 승계

① 관세의 분할납부승인을 얻은 물품을 동일한 용도에 사용할 자에게 양도한 때에는 그 양수인, 용도 외에 사용할 자에게 양도한 때에는 그 양도인이 관세를 납부하여야 하며, 양도인으로부터 당해 관세를 징수할 수 없을 때에는 그 양수인으로부터 이를 징수한다.

② 관세의 분할납부승인을 얻은 법인이 합병·분할·분할합병된 때에는 합병·분할·분할합병 후 존속하거나 합병·분할·분할합병으로 인하여 설립된 법인이 연대하여 관세를 납부하여야 한다.

③ 관세의 분할납부승인을 얻은 자가 파산선고를 받은 때에는 그 파산관재인이 관세를 납부하여야 하며, 관세의 분할납부승인을 얻은 법인이 해산한 때에는

그 청산인이 관세를 납부하여야 한다.

④ 다음 각 호의 어느 하나에 해당하는 경우에는 납부하지 아니한 관세의 전액을 즉시 징수한다.

㉠ 관세의 분할납부를 승인받은 물품을 분할납부승인기간에 해당 용도 외의 다른 용도로 사용하거나 해당 용도 외의 다른 용도로 사용하려는 자에게 양도한 경우

㉡ 관세를 지정된 기한까지 납부하지 아니한 경우. 다만, 관세청장이 부득이한 사유가 있다고 인정하는 경우는 제외한다.

㉢ 파산선고를 받은 경우

㉣ 법인이 해산한 경우

표 납세의무의 승계

사 유	승계인
동일 용도 사용자에게 양도	양수인
용도 외 사용자에게 양도	양도인 또는 양수인
사망한 경우	상속인
파산선고를 받은 경우	파산관재인
합병, 분할, 분할합병	사후 존속법인
법인이 해산한 경우	청산인

[시행규칙 별표 5]

관세분할납부 기간 및 방법

물품	기간	방법
1. 법 제107조제2항제1호의물품(제59조제3항에 따른 중소제조업체가 직접사용하기 위하여 수입하는 물품을 제외한다) 가. 분할납부승인액이 1억원 미만인 물품 나. 분할납부승인액이 1억원 이상 5억원 미만인 물품 다. 분할납부승인액이 5억원 이상인 물품 라. 임차선박	 분할납부승인일부터 2년 6월 분할납부승인일부터 3년 6월 분할납부승인일부터 4년 6월 가목 내지 다목의 기간 내에서 임차기간 내	분할납부승인액을 수입신고수리일부터 6월마다 균등하게 분할하여 납부하여야 한다. 다만, 제1차분은 수입신고수리일부터 15일 이내에 납부하여야 한다.
2. 법 제107조제2항제2호및 제3호의 물품	분할납부승인일부터 2년	분할납부승인액을 2등분하여 제1차분은 승인일부터 1년 이내에, 제2차분은 2년 이내에 납부하여야 한다.
3. 법 제107조제2항제4호의물품(별표4제3호다목의 규정에 의한 의료취약지구에 설립한 의료기관이 수입하는 물품을 제외한다)	분할납부승인일부터 1년 6월	분할납부승인액을 수입신고수리일부터 6월마다 균등하게 분할하여 납부하여야 한다. 다만, 제1차분은 수입신고수리일부터 15일 이내에 납부하여야 한다.
4. 별표4제3호다목의 규정에 의한 의료취약지구에 설립한 의료기관이 수입하는물품	분할납부승인일부터 4년 6월	분할납부승인액을 수입신고수리일부터 6월마다 균등하게 분할하여 납부하여야 한다. 다만, 제1차분은 수입신고수리일부터 15일 이내에 납부하여야 한다.
5. 법 제107조제2항제6호의 물품 및 법 제107조제2항제1호의 물품중 제59조제3항에 따른 중소제조업체가 직접 사용하기 위하여 수입하는 물품 가. 분할납부승인액이 2천만원 미만인 물품 나. 분할납부승인액이 2천만원 이상 5천만원 미만인 물품 다. 분할납부승인액이 5천만원 이상인 물품	 분할납부승인일부터 2년 6월 분할납부승인일부터 3년 6월 분할납부승인일부터 4년 6월	분할납부승인액을 수입신고수리일부터 6월마다 균등하게 분할하여 납부하여야 한다. 다만, 제1차분은 수입신고수리일부터 15일 이내에 납부하여야 한다.

3. 다른 법령 등에 따른 감면물품의 관세징수

① 이 법 외의 법령이나 조약·협정 등에 따라 관세가 감면된 물품을 그 수입신고수리일부터 3년 내에 해당 법령이나 조약·협정 등에 규정된 용도 외의 다른 용도로 사용하거나 양도하려는 경우에는 세관장의 확인을 받아야 한다. 다만, 해당 법령이나 조약·협정 등에 다른 용도로 사용하거나 양도한 경우에 해당 관세의 징수를 면제하는 규정이 있을 때에는 그러하지 아니하다.

② 세관장의 확인을 받아야 하는 물품에 대하여는 해당 용도 외의 다른 용도로 사용한 자 또는 그 양도를 한 자로부터 감면된 관세를 즉시 징수하여야 하며, 양도인으로부터 해당 관세를 징수할 수 없을 때에는 그 양수인으로부터 감면된 관세를 즉시 징수한다. 다만, 그 물품이 재해나 그 밖의 부득이한 사유로 멸실되었거나 미리 세관장의 승인을 받아 그 물품을 폐기하였을 때에는 예외로 한다.

제5장

납세자의 권리 및 불복절차

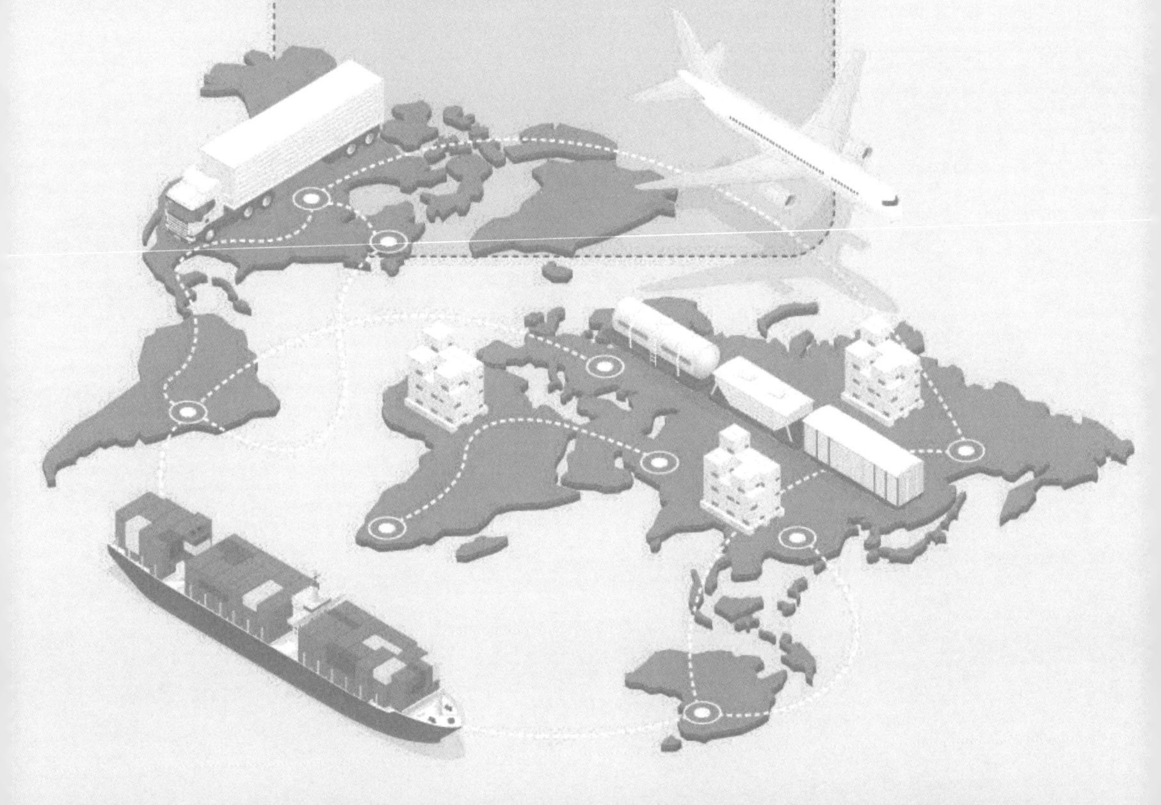

제5장

납세자의 권리 및 불복절차

1. 납세자의 권리

1) 납세자권리헌장의 제정 및 교부

① 관세청장은 납세자의 권리보호에 관한 사항을 포함하는 납세자권리헌장(이하 이 조에서 "납세자권리헌장"이라 한다)을 제정하여 고시하여야 한다.

② 세관공무원은 다음의 어느 하나에 해당하는 경우에는 납세자권리헌장의 내용이 수록된 문서를 납세자에게 내주어야 한다.

1. 관세포탈, 부정감면 또는 부정환급(「수출용 원재료에 대한 관세 등 환급에 관한 특례법」에 따른 부정환급을 포함한다)에 대한 범칙사건을 조사하는 경우
2. 관세의 과세표준과 세액의 결정 또는 경정을 위하여 납세자를 방문 또는 서면으로 조사(제110조의2에 따른 통합조사를 포함한다. 이하 이 절에서 "관세조사"라 한다)하는 경우
3. 그 밖에 대통령령으로 정하는 경우

③ 세관공무원은 납세자를 긴급히 체포·압수·수색하는 경우 또는 현행범인 납세자가 도주할 우려가 있는 등 조사목적을 달성할 수 없다고 인정되는 경우에는 납세자권리헌장을 내주지 아니할 수 있다.

2) 통합조사의 원칙

세관공무원은 특정한 분야만을 조사할 필요가 있는 등 대통령령으로 정하는 경우를 제외하고는 신고납부세액과 이 법 및 다른 법령에서 정하는 수출입 관련 의무이행과 관련하여 그 권한에 속하는 사항을 통합하여 조사하는 것을 원칙으로 한다.

3) 관세조사 대상자 선정

① 세관장은 다음 각 호의 어느 하나에 해당하는 경우에 정기적으로 신고의 적정성을 검증하기 위하여 대상을 선정(이하 "정기선정"이라 한다)하여 조사를 할 수 있다. 이 경우 세관장은 객관적 기준에 따라 공정하게 그 대상을 선정하여야 한다.

1. 관세청장이 수출입업자의 신고 내용에 대하여 정기적으로 성실도를 분석한 결과 불성실 혐의가 있다고 인정하는 경우
2. 최근 4년 이상 조사를 받지 아니한 납세자에 대하여 업종, 규모 등을 고려하여 대통령령으로 정하는 바에 따라 신고 내용이 적정한지를 검증할 필요가 있는 경우
3. 무작위추출방식으로 표본조사를 하려는 경우

② 세관장은 정기선정에 의한 조사 외에 다음 각 호의 어느 하나에 해당하는 경우에는 조사를 할 수 있다.

1. 납세자가 신고·신청, 과세자료의 제출 등의 납세협력의무를 이행하지 아니한 경우
2. 수출입업자에 대한 구체적인 탈세제보 등이 있는 경우
3. 신고내용에 탈세나 오류의 혐의를 인정할 만한 자료가 있는 경우

③ 세관장은 부과고지를 하는 경우 과세표준과 세액을 결정하기 위한 조사를 할 수 있다.

④ 세관장은 최근 2년간 수출입 신고 실적이 일정금액 이하인 경우 등 대통령령으로 정하는 요건을 충족하는 자에 대해서는 제1항에 따른 조사를 하지 아니할 수 있다. 다만, 객관적인 증거자료에 의하여 과소 신고한 것이 명백한 경우에는 그러하지 아니하다.

4) 관세조사권 남용 금지

① 세관공무원은 적정하고 공평한 과세를 실현하고 통관의 적법성을 보장하기 위하여 필요한 최소한의 범위에서 관세조사를 하여야 하며 다른 목적 등을 위하여 조사권을 남용하여서는 아니 된다.

② 세관공무원은 다음 각 호의 어느 하나에 해당하는 경우를 제외하고는 해당 사안에 대하여 이미 조사받은 자를 다시 조사할 수 없다.

1. 관세포탈 등의 혐의를 인정할 만한 명백한 자료가 있는 경우
2. 이미 조사받은 자의 거래상대방을 조사할 필요가 있는 경우
3. 이 법에 따른 이의신청·심사청구 또는 심판청구가 이유 있다고 인정되어 내려진 필요한 처분의 결정에 따라 조사하는 경우
4. 그 밖에 탈세혐의가 있는 자에 대한 일제조사 등 대통령령으로 정하는 경우

5) 관세조사의 경우 조력을 받을 권리

납세자는 세관공무원에게 조사를 받는 경우에 변호사, 관세사로 하여금 조사에 참여하게 하거나 의견을 진술하게 할 수 있다.

6) 납세자의 성실성 추정 등

① 세관공무원은 납세자가 이 법에 따른 신고 등의 의무를 이행하지 아니한 경우 또는 납세자에게 구체적인 관세포탈 등의 혐의가 있는 경우 등 대통령령으로 정하는 경우를 제외하고는 납세자가 성실하며 납세자가 제출한 신고서 등이 진실한 것으로 추정하여야 한다.

② 세관공무원이 납세자가 제출한 신고서 등의 내용에 관하여 질문을 하거나 신고한 물품에 대하여 확인을 하는 행위 등 대통령령으로 정하는 행위를 하는 것을 제한하지 아니한다.

7) 관세조사의 사전통지와 연기신청

① 세관공무원은 조사를 하기 위하여 해당 장부, 서류, 전산처리장치 또는 그 밖의 물품 등을 조사하는 경우에는 조사를 받게 될 납세자(그 위임을 받은 자를 포함한다. 이하 이 조에서 같다)에게 조사 시작 15일 전에 조사 대상, 조사 사유, 그 밖에 대통령령으로 정하는 사항을 통지하여야 한다. 다만, 다음 각 호의 어느 하나에 해당하는 경우에는 그러하지 아니하다.

1. 범칙사건에 대하여 조사하는 경우
2. 사전에 통지하면 증거인멸 등으로 조사 목적을 달성할 수 없는 경우

② 통지를 받은 납세자가 천재지변이나 그 밖에 대통령령으로 정하는 사유로 조사를 받기가 곤란한 경우에는 대통령령으로 정하는 바에 따라 해당 세관장에게 조사를 연기하여 줄 것을 신청할 수 있다.

8) 결과통지

세관공무원은 조사를 종료하였을 때에는 종료 후 20일 이내에 그 조사결과를 서면으로 납세자에게 통지하여야 한다. 다만, 납세자에게 통고처분을 하는 경우, 범칙사건을 고발하는 경우, 폐업한 경우, 납세자의 주소 및 거소가 불명하거나 그 밖의 사유로 통지를 하기 곤란하다고 인정되는 경우, 납세자가 폐업한 경우 등에는 그러하지 아니하다.

9) 고액 · 상습체납자의 명단 공개

① 관세청장은 체납발생일부터 1년이 지난 관세 및 내국세 등(이하 이 항에서 "체납관세 등"이라 한다)이 2억원 이상인 체납자에 대하여는 그 인적사항과 체납액 등을 공개할 수 있다. 다만, 체납관세 등에 대하여 이의신청·심사청구 등 불복청구가 진행 중이거나 체납액의 일정금액 이상을 납부한 경우 등 대통령령으로 정하는 사유에 해당하는 경우에는 그러하지 아니하다.

② 체납자의 인적사항과 체납액 등에 대한 공개 여부를 심의 또는 재심의하고 체납자에 대한 감치 필요성 여부를 의결하기 위하여 관세청에 관세정보위원

회(이하 이 조에서 "심의위원회"라 한다)를 둔다.

③ 관세청장은 심의위원회의 심의를 거친 공개대상예정자에게 체납자 명단 공개 대상예정자임을 통지하여 소명할 기회를 주어야 한다.

④ 관세청장은 통지한 날부터 6개월이 지나면 심의위원회로 하여금 체납액의 납부이행 등을 고려하여 체납자의 명단 공개 여부를 재심의하게 한다.

⑤ 공개는 관보에 게재하거나 관세청장이 지정하는 정보통신망 또는 관할 세관의 게시판에 게시하는 방법으로 한다.

10) 과세전 적부심사

① 세관장은 납부세액이나 납부하여야 하는 세액에 미치지 못한 금액을 징수하려는 경우에는 미리 납세의무자에게 그 내용을 서면으로 통지하여야 한다. 다만, 다음 각 호의 어느 하나에 해당하는 경우에는 그러하지 아니하다.

1. 통지하려는 날부터 3개월 이내에 관세부과의 제척기간이 만료되는 경우
2. 납세의무자가 확정가격을 신고한 경우
3. 수입신고 수리 전에 세액을 심사하는 경우로서 그 결과에 따라 부족세액을 징수하는 경우
4. 감면된 관세를 징수하는 경우
5. 관세포탈죄로 고발되어 포탈세액을 징수하는 경우
6. 그 밖에 관세의 징수가 곤란하게 되는 등 사전통지가 적당하지 아니한 경우로서 대통령령으로 정하는 경우

② 납세의무자는 통지를 받았을 때에는 그 통지를 받은 날부터 30일 이내에 기획재정부령으로 정하는 세관장에게 통지 내용이 적법한지에 대한 심사(이하 이 조에서 "과세전적부심사"라 한다)를 청구할 수 있다. 다만, 법령에 대한 관세청장의 유권해석을 변경하여야 하거나 새로운 해석이 필요한 경우 등 대통령령으로 정하는 경우에는 관세청장에게 이를 청구할 수 있다.

③ 과세전적부심사를 청구받은 세관장이나 관세청장은 그 청구를 받은 날부터 30일 이내에 관세심사위원회의 심사를 거쳐 결정을 하고, 그 결과를 청구인에게 통지하여야 한다. 다만, 과세전적부심사 청구기간이 지난 후 과세전적부심사청구가 제기된 경우 등 대통령령으로 정하는 사유에 해당하는 경우에는

관세심사위원회의 심사를 거치지 아니하고 결정할 수 있다.

④ 과세전적부심사 청구에 대한 결정은 다음 각 호의 구분에 따른다.

1. 청구가 이유 없다고 인정되는 경우: 채택하지 아니한다는 결정
2. 청구가 이유 있다고 인정되는 경우: 채택한다는 결정. 다만, 청구의 일부가 이유 있다고 인정되는 경우에는 일부를 채택하는 결정을 할 수 있다.
3. 청구기간이 지났거나 보정기간 내에 보정하지 아니하는 경우: 심사하지 아니한다는 결정

⑤ 제1항 각 호 외의 부분 본문에 따른 통지를 받은 자는 과세전적부심사를 청구하지 아니하고 통지를 한 세관장에게 통지받은 내용의 전부 또는 일부에 대하여 조기에 경정해 줄 것을 신청할 수 있다. 이 경우 해당 세관장은 즉시 신청받은 대로 세액을 경정하여야 한다.

11) 관세청장의 납세자 권리보호

① 관세청장은 직무를 수행할 때 납세자의 권리가 보호되고 실현될 수 있도록 성실하게 노력하여야 한다.

② 납세자의 권리보호를 위하여 관세청에 납세자 권리보호업무를 총괄하는 납세자보호관을 두고, 대통령령으로 정하는 세관(인천세관·서울세관·부산세관·대구세관 및 광주세관)에 납세자 권리보호업무를 수행하는 담당관을 각각 1명을 둔다.

③ 관세청장은 제2항에 따른 납세자보호관을 개방형직위로 운영하고 납세자보호관 및 담당관이 업무를 수행할 때 독립성이 보장될 수 있도록 하여야 한다. 이 경우 납세자보호관은 관세·법률·재정 분야의 전문지식과 경험을 갖춘 사람으로서 다음 각 호의 어느 하나에 해당하지 아니하는 사람을 대상으로 공개 모집한다.

1. 세관공무원
2. 세관공무원으로 퇴직한 지 3년이 지나지 아니한 사람

④ 관세청장은 납세자 권리보호업무의 추진실적 등의 자료를 일반 국민에게 정기적으로 공개하여야 한다.

⑤ 납세자보호관 및 담당관은 세금 관련 고충민원의 처리 등 대통령령으로 정하

는 직무 및 권한을 가지며, 납세자보호관 및 담당관의 자격 등 납세자보호관 제도의 운영에 필요한 사항은 대통령령으로 정한다.

2. 심사와 심판

1) 행정상 쟁송의 의의

국가의 행정조치에 하자가 있을 경우에, 하자 있는 행정의 시정방법으로 상급행정관청의 하급관청에 대한 행정감독에 의하는 방법과 권리 또는 이익의 침해를 당한 자의 쟁송에 의거 구제하는 방법의 두 가지가 있다. 그중 후자의 방법은 행정기관 내부에서 이루어지는 쟁송과 사법적 절차에 의하여 이루어지는 쟁송이 있는바, 행정기관 내부에서 이루어지는 쟁송절차를 행정상 쟁송 또는 행정구제제도라고 한다.

2) 불복의 신청

① 이 법이나 그 밖의 관세에 관한 법률 또는 조약에 따른 처분으로서 위법한 처분 또는 부당한 처분을 받거나 필요한 처분을 받지 못하여 권리나 이익을 침해당한 자는 이 절의 규정에 따라 그 처분의 취소 또는 변경을 청구하거나 필요한 처분을 청구할 수 있다. 다만, 다음 각 호의 처분에 대해서는 그러하지 아니하다.

1. 이 법에 따른 통고처분
2. 「감사원법」에 따라 심사청구를 한 처분이나 그 심사청구에 대한 처분
3. 이 법이나 그 밖의 관세에 관한 법률에 따른 과태료 부과처분

② 제1항 각 호 외의 부분 본문에 따른 처분이 관세청장이 조사·결정 또는 처리하거나 하였어야 할 것인 경우를 제외하고는 그 처분에 대하여 심사청구 또는 심판청구에 앞서 이 절의 규정에 따른 이의신청을 할 수 있다.

③ 심사청구 또는 심판청구에 대한 처분에 대해서는 이의신청, 심사청구 또는 심판청구를 제기할 수 없다. 재조사 결정에 따른 처분청의 처분에 대해서는 해당 재조사 결정을 한 재결청에 심사청구 또는 심판청구를 제기할 수 있다.

④ 이의신청에 대한 처분과 재조사 결정에 따른 처분청의 처분에 대해서는 이의

신청을 할 수 없다.

⑤ 심사청구는 그 처분을 한 것을 안 날(처분의 통지를 받았을 때에는 그 통지를 받은 날을 말한다)부터 90일 이내에 하여야 한다.

⑥ 심사청구를 거친 처분에 대한 행정소송은 「행정소송법」 제18조 제2항·제3항 및 같은 법 제20조에도 불구하고 그 심사청구에 대한 결정을 통지받은 날부터 90일 내에 처분청을 당사자로 하여 제기하여야 한다.

⑦ 수입물품에 부과하는 내국세등의 부과, 징수, 감면, 환급 등에 관한 세관장의 처분에 불복하는 자는 이 절에 따른 이의신청·심사청구 및 심판청구를 할 수 있다.

⑧ 동일한 처분에 대하여는 심사청구와 심판청구를 중복하여 제기할 수 없다.

3) 심사청구

(1) 심사청구기간

① 심사청구는 해당 처분을 한 것을 안 날(처분하였다는 통지를 받았을 때에는 통지를 받은 날을 말한다)부터 90일 이내에 제기하여야 한다.

② 이의신청을 거친 후 심사청구를 하려는 경우에는 이의신청에 대한 결정을 통지받은 날부터 90일 이내에 하여야 한다. 다만, 결정기간 내에 결정을 통지받지 못한 경우에는 결정을 통지받기 전이라도 그 결정기간이 지난 날부터 심사청구를 할 수 있다.

③ 기한 내에 우편으로 제출한 심사청구서가 청구기간이 지나 세관장 또는 관세청장에게 도달한 경우에는 그 기간의 만료일에 청구된 것으로 본다.

④ 심사청구인이 신고, 신청, 청구, 그 밖의 서류의 제출 및 통지에 관한 기한 연장 사유로 정한 기간 내에 심사청구를 할 수 없을 때에는 그 사유가 소멸한 날부터 14일 이내에 심사청구를 할 수 있다. 이 경우 심사청구인은 그 기간 내에 심사청구를 할 수 없었던 사유, 그 사유가 발생한 날과 소멸한 날, 그 밖에 필요한 사항을 적은 문서를 함께 제출하여야 한다.

(2) 심사청구절차

① 심사청구는 대통령령으로 정하는 바에 따라 불복하는 사유를 심사청구서에

적어 해당 처분을 하였거나 하였어야 하는 세관장을 거쳐 관세청장에게 하여야 한다.

② 심사청구기간을 계산할 때에는 제1항에 따라 해당 심사청구서가 세관장에게 제출된 때에 심사청구가 된 것으로 본다. 해당 심사청구서가 제1항에 따른 세관장 외의 세관장이나 관세청장에게 제출된 경우에도 또한 같다.

③ 해당 심사청구서를 제출받은 세관장은 이를 받은 날부터 7일 내에 그 심사청구서에 의견서를 첨부하여 관세청장에게 보내야 한다.

(3) 심사청구서의 보정

① 관세청장은 심사청구의 내용이나 절차가 이 절에 적합하지 아니하지만 보정할 수 있다고 인정되는 경우에는 20일 이내의 기간을 정하여 해당 사항을 보정할 것을 요구할 수 있다. 다만, 보정할 사항이 경미한 경우에는 직권으로 보정할 수 있다.

② 보정기간은 심사청구기간에 산입(算入)하지 아니한다.

(4) 심사청구 등이 집행에 미치는 효력

이의신청·심사청구 또는 심판청구는 법령에 특별한 규정이 있는 경우를 제외하고는 해당 처분의 집행에 효력을 미치지 아니한다. 다만, 해당 재결청이 필요하다고 인정할 때에는 그 처분의 집행을 중지하게 하거나 중지할 수 있다.

(5) 대리인

① 이의신청인, 심사청구인 또는 심판청구인은 변호사나 관세사를 대리인으로 선임할 수 있다.

② 이의신청인, 심사청구인 또는 심판청구인은 신청 또는 청구의 대상이 대통령령으로 정하는 금액 미만인 경우에는 배우자, 4촌 이내의 혈족 또는 배우자의 4촌 이내의 혈족을 대리인으로 선임할 수 있다.

③ 대리인의 권한은 서면으로 증명하여야 한다.

④ 대리인은 본인을 위하여 청구에 관한 모든 행위를 할 수 있다. 다만, 청구의 취하는 특별한 위임을 받은 경우에만 할 수 있다.

⑤ 대리인을 해임하였을 때에는 그 뜻을 서면으로 해당 재결청에 신고하여야 한다.

(6) 결정

① 심사청구에 대한 결정은 다음 각 호의 구분에 따른다.

1. 심사청구가 다음 각 목의 어느 하나에 해당하는 경우: 그 청구를 각하하는 결정
   가. 심판청구를 제기한 후 심사청구를 제기(같은 날 제기한 경우도 포함한다)한 경우
   나. 심사청구 기간이 지난 후에 심사청구를 제기한 경우
   다. 보정기간 내에 필요한 보정을 하지 아니한 경우
   라. 적법하지 아니한 심사청구를 제기한 경우
   마. 가목부터 라목까지의 규정에 따른 경우와 유사한 경우로서 대통령령으로 정하는 경우
2. 심사청구가 이유 없다고 인정되는 경우: 그 청구를 기각하는 결정
3. 심사청구가 이유 있다고 인정되는 경우: 그 청구의 대상이 된 처분의 취소·경정 또는 필요한 처분의 결정. 이 경우 취소·경정 또는 필요한 처분을 하기 위하여 사실관계 확인 등 추가적으로 조사가 필요한 경우에는 처분청으로 하여금 이를 재조사하여 그 결과에 따라 취소·경정하거나 필요한 처분을 하도록 하는 재조사 결정을 할 수 있다.

② 제1항에 따른 결정은 심사청구를 받은 날부터 90일 이내에 하여야 한다. 다만, 부득이한 사유가 있을 때에는 그러하지 아니하다.

③ 제1항에 따른 결정을 하였을 때에는 제2항의 결정기간 내에 그 이유를 적은 결정서를 심사청구인에게 통지하여야 한다.

④ 보정기간은 제2항에 따른 결정기간에 산입하지 아니한다.

⑤ 제1항제3호 후단에 따른 재조사 결정이 있는 경우 처분청은 재조사 결정일부터 60일 이내에 결정서 주문에 기재된 범위에 한정하여 조사하고, 그 결과에 따라 취소·경정하거나 필요한 처분을 하여야 한다. 이 경우 처분청은 대통령령으로 정하는 바에 따라 조사를 연기 또는 중지하거나 조사기간을 연장할 수 있다.

(7) 불복방법의 통지

① 이의신청·심사청구 또는 심판청구의 재결청은 결정서에 다음 각 호의 구분

에 따른 사항을 함께 적어야 한다.

1. 이의신청인 경우: 결정서를 받은 날부터 90일 이내에 심사청구 또는 심판청구를 제기할 수 있다는 뜻
2. 심사청구 또는 심판청구인 경우: 결정서를 받은 날부터 90일 이내에 행정소송을 제기할 수 있다는 뜻

② 이의신청·심사청구 또는 심판청구의 재결청은 해당 신청 또는 청구에 대한 결정기간이 지날 때까지 결정을 하지 못한 경우에는 지체 없이 신청인이나 청구인에게 다음 각 호의 사항을 서면으로 통지하여야 한다.

1. 이의신청인 경우: 결정을 통지받기 전이라도 그 결정기간이 지난 날부터 심사청구 또는 심판청구를 제기할 수 있다는 뜻
2. 심사청구 또는 심판청구인 경우: 결정을 통지받기 전이라도 그 결정기간이 지난 날부터 행정소송을 제기할 수 있다는 뜻

(8) 정보통신망을 이용한 불복청구

① 이의신청인, 심사청구인 또는 심판청구인은 관세청장 또는 조세심판원장이 운영하는 정보통신망을 이용하여 이의신청서, 심사청구서 또는 심판청구서를 제출할 수 있다.

② 이의신청서, 심사청구서 또는 심판청구서를 제출하는 경우에는 관세청장 또는 조세심판원장에게 이의신청서, 심사청구서 또는 심판청구서가 전송된 때에 이 법에 따라 제출된 것으로 본다.

표 관세에 관한 행정구제

	이 의 신 청(임의절차)	심 사 청 구 (행정소송의 전심절차)	심 판 청 구 (행정소송의 전심절차)
불복의 대상	관세에 관한 위법·부당한 처분 또는 필요한 처분의 부재로 인하여 권리·이익을 침해당한 경우 〔제외되는 경우〕 ①관세청장의 조사·결정·처리에 의한(할) 처분 ②심사청구·심판청구에 대한 처분 ③관세법상 통고처분 ④감사원법에 의한 심사청구를 한 처분이나 그 심사청구에 대한 결정	관세에 관한 위법·부당한 처분 또는 필요한 처분의 부재로 인하여 권리·이익을 침해당한 경우 〔제외되는 경우〕 ①심사청구·심판청구에 대한 처분 ②관세법상 통고처분 ③감사원법에 의한 심사청구를 한 처분이나 그 심사청구에 대한 결정	관세에 관한 위법·부당한 처분 또는 필요한 처분의 부재로 인하여 권리·이익을 침해당한 경우 〔제외되는 경우〕 ①심사청구·심판청구에 대한 처분 ②관세법상 통고처분 ③감사원법에 의한 심사청구를 한 처분이나 그 심사청구에 대한 결정
제기기간	처분이 있은 것을 안 날(처분의 통지를 받은 때는 그 통지를 받은 날)로부터 90일 내		
제기기관	처분한(할) 세관장	관세청장	조세심판원장
결정 또는 재결	각하·기각·용인	각하·기각·용인	각하·기각·용인
결정기간	받은 날로부터 30일 내. 다만, 부득이한 경우는 예외	받은 날로부터 90일 내. 다만, 부득이한 경우는 예외	받은 날로부터 90일 내
심의결정기관	해당 세관장	관세심사위원회의 심의 후 관세청장	조세심판관회의 의결 후 조세심판원장

제6장

운송수단

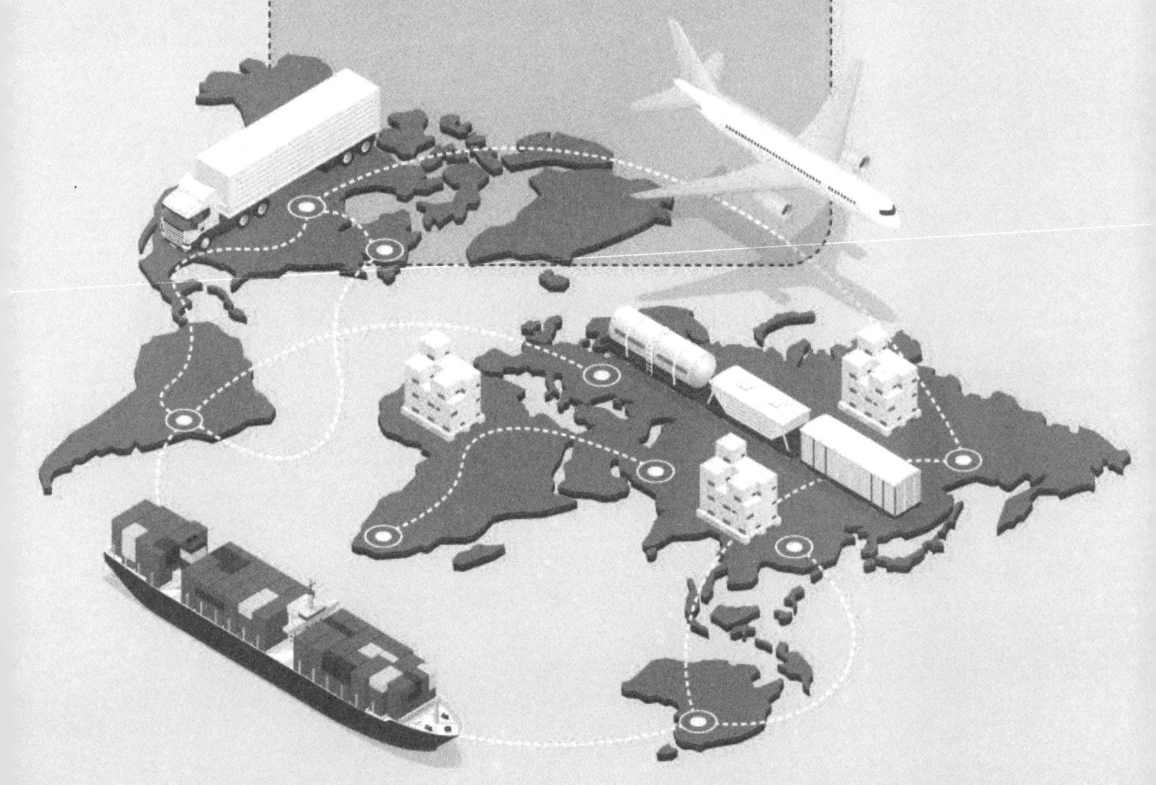

제6장

운송수단

1. 국제항

1) 관세법상 국제항

관세법상 국제항은 다음과 같다

구분	국제항명
항구	인천항, 부산항, 마산항, 여수항, 목포항, 군산항, 제주항, 동해·묵호항, 울산항, 통영항, 삼천포항, 장승포항, 포항항, 장항항, 옥포항, 광양항, 평택·당진항, 대산항, 삼척항, 진해항, 완도항, 속초항, 고현항, 경인항, 보령항
공항	인천공항, 김포공항, 김해공항, 제주공항, 청주공항, 대구공항, 무안공항, 양양공항

2) 국제항의 지정요건 등

① 국제항의 지정요건은 다음 각 호와 같다.

1. 「선박의 입항 및 출항 등에 관한 법률」 또는 「공항시설법」에 따라 국제무역선(기)이 항상 입출항할 수 있을 것
2. 국내선과 구분되는 국제선 전용통로 및 그 밖에 출입국업무를 처리하는 행정기관의 업무수행에 필요한 인력·시설·장비를 확보할 수 있을 것
3. 공항 및 항구의 여객수 또는 화물량 등에 관한 다음 각 목의 구분에 따른 기준을 갖출 것

   가. 공항의 경우: 다음의 어느 하나의 요건을 갖출 것

   1) 정기여객기가 주 6회 이상 입항하거나 입항할 것으로 예상될 것

   2) 여객기로 입국하는 여객수가 연간 4만명 이상일 것

   나. 항구의 경우: 국제무역선인 5천톤급 이상의 선박이 연간 50회 이상 입항하거나 입항할 것으로 예상될 것

② 관세청장 또는 관계 행정기관의 장은 국제항에 따른 지정요건을 갖추지 못하여 업무수행 등에 상당한 지장을 준다고 판단하는 경우에는 기획재정부장관에게 그 사실을 보고해야 한다. 이 경우 기획재정부장관은 관세청장 또는 국제항시설의 관리기관의 장과 국제항에 대한 현장점검을 할 수 있다.

③ 기획재정부장관은 보고 또는 현장점검 결과를 검토한 결과 시설 등의 개선이 필요한 경우에는 해당 국제항의 운영자에게 개선대책 수립, 시설개선 등을 명할 수 있으며 그 이행결과를 보고하게 할 수 있다.

3) 국제항 등에의 출입

① 국제무역선이나 국제무역기는 국제항에 한정하여 운항할 수 있다. 다만, 대통령령으로 정하는 바에 따라 국제항이 아닌 지역에 대한 출입의 허가를 받은 경우에는 그러하지 아니하다.

② 국제무역선의 선장이나 국제무역기의 기장은 제1항 단서에 따른 허가를 받으려면 기획재정부령으로 정하는 바에 따라 허가수수료를 납부하여야 한다.

③ 세관장은 허가의 신청을 받은 날부터 10일 이내에 허가 여부를 신청인에게

통지하여야 한다.

④ 세관장이 제3항에서 정한 기간 내에 허가 여부 또는 민원 처리 관련 법령에 따른 처리기간의 연장을 신청인에게 통지하지 아니하면 그 기간(민원 처리 관련 법령에 따라 처리기간이 연장 또는 재연장된 경우에는 해당 처리기간을 말한다)이 끝난 날의 다음 날에 허가를 한 것으로 본다.

2. 선박과 항공기

1) 입출항절차

(1) 입항절차

① 국제무역선이나 국제무역기가 국제항에 입항하였을 때에는 선장이나 기장은 대통령령으로 정하는 사항이 적힌 선박용품 또는 항공기용품의 목록, 여객명부, 승무원명부, 승무원 휴대품목록과 적재화물목록을 첨부하여 지체 없이 세관장에게 입항보고를 하여야 하며, 국제무역선은 선박국적증서와 최종 출발항의 출항허가증이나 이를 갈음할 서류를 제시하여야 한다. 다만, 세관장은 감시·단속에 지장이 없다고 인정될 때에는 선박용품 또는 항공기용품의 목록이나 승무원 휴대품목록의 첨부를 생략하게 할 수 있다.

② 세관장은 신속한 입항 및 통관절차의 이행과 효율적인 감시·단속을 위하여 필요할 때에는 관세청장이 정하는 바에 따라 입항하는 해당 선박 또는 항공기가 소속된 선박회사 또는 항공사(그 업무를 대행하는 자를 포함한다. 이하 같다)로 하여금 여객명부·적재화물목록 등을 입항하기 전에 제출하게 할 수 있다. 다만, 제222조제1항제2호에 따른 화물운송주선업자(제254조의2제1항에 따른 탁송품 운송업자로 한정한다. 이하 이 항에서 같다)로서 대통령령으로 정하는 요건을 갖춘 자가 작성한 적재화물목록은 관세청장이 정하는 바에 따라 해당 화물운송주선업자로 하여금 제출하게 할 수 있다.

(2) 출항절차

① 국제무역선이나 국제무역기가 국제항을 출항하려면 선장이나 기장은 출항하기 전에 세관장에게 출항허가를 받아야 한다.

② 선장이나 기장은 제1항에 따른 출항허가를 받으려면 그 국제항에서 적재화물

목록을 제출하여야 한다. 다만, 세관장이 출항절차를 신속하게 진행하기 위하여 필요하다고 인정하여 출항허가 후 7일의 범위에서 따로 기간을 정하는 경우에는 그 기간 내에 그 목록을 제출할 수 있다.

③ 세관장은 신속한 출항 및 통관절차의 이행과 효율적인 감시·단속을 위하여 필요한 경우에는 관세청장이 정하는 바에 따라 출항하는 해당 국제무역선 또는 국제무역기가 소속된 선박회사 또는 항공사로 하여금 적재화물목록을 출항허가 신청 전에 제출하게 할 수 있다.

④ 세관장은 허가의 신청을 받은 날부터 10일 이내에 허가 여부를 신청인에게 통지하여야 한다.

⑤ 세관장이 제4항에서 정한 기간 내에 허가 여부 또는 민원 처리 관련 법령에 따른 처리기간의 연장을 신청인에게 통지하지 아니하면 그 기간(민원 처리 관련 법령에 따라 처리기간이 연장 또는 재연장된 경우에는 해당 처리기간을 말한다)이 끝난 날의 다음 날에 허가를 한 것으로 본다.

(3) 간이 입출항절차

① 국제무역선이나 국제무역기가 국제항에 입항하여 물품(선박용품 또는 항공기용품과 승무원의 휴대품은 제외한다)을 하역하지 아니하고 입항한 때부터 24시간 이내에 출항하는 경우 세관장은 적재화물목록, 선박용품 또는 항공기용품의 목록, 여객명부, 승무원명부, 승무원 휴대품목록 또는 제136조에 따른 적재화물목록의 제출을 생략하게 할 수 있다.

② 세관장은 국제무역선이나 국제무역기가 국제항에 입항하여 절차를 마친 후 다시 우리나라의 다른 국제항에 입항할 때에는 서류제출의 생략 등 간소한 절차로 입출항하게 할 수 있다.

2) 재해나 그 밖의 부득이한 사유로 인한 면책 등

(1) 재해나 그 밖의 부득이한 사유로 인한 면책

① 입출항 절차 등의 규정은 재해나 그 밖의 부득이한 사유에 의한 경우에는 적용하지 아니한다.

② 제1항의 경우 선장이나 기장은 지체 없이 그 이유를 세관공무원이나 경찰공

무원(세관공무원이 없는 경우로 한정한다)에게 신고하여야 한다.

③ 신고를 받은 경찰공무원은 지체 없이 그 내용을 세관공무원에게 통보하여야 한다.

④ 선장이나 기장은 재해나 그 밖의 부득이한 사유가 종료되었을 때에는 지체 없이 세관장에게 그 경과를 보고하여야 한다.

(2) 임시 외국 정박 또는 착륙의 보고

재해나 그 밖의 부득이한 사유로 국내운항선이나 국내운항기가 외국에 임시 정박 또는 착륙하고 우리나라로 되돌아왔을 때에는 선장이나 기장은 지체 없이 그 사실을 세관장에게 보고하여야 하며, 외국에서 적재한 물품이 있을 때에는 그 목록을 제출하여야 한다.

3) 물품의 하역

(1) 물품의 하역

① 국제무역선이나 국제무역기는 제135조에 따른 입항절차를 마친 후가 아니면 물품을 하역하거나 환적할 수 없다. 다만, 세관장의 허가를 받은 경우에는 그러하지 아니하다.

② 세관장은 허가의 신청을 받은 날부터 10일 이내에 허가 여부를 신청인에게 통지하여야 한다.

③ 세관장이 제2항에서 정한 기간 내에 허가 여부 또는 민원 처리 관련 법령에 따른 처리기간의 연장을 신청인에게 통지하지 아니하면 그 기간(민원 처리 관련 법령에 따라 처리기간이 연장 또는 재연장된 경우에는 해당 처리기간을 말한다)이 끝난 날의 다음 날에 허가를 한 것으로 본다.

④ 국제무역선이나 국제무역기에 물품을 하역하려면 세관장에게 신고하고 현장에서 세관공무원의 확인을 받아야 한다. 다만, 세관공무원이 확인할 필요가 없다고 인정하는 경우에는 그러하지 아니하다.

⑤ 세관장은 감시·단속을 위하여 필요할 때에는 제4항에 따라 물품을 하역하는 장소 및 통로(이하 “하역통로”라 한다)와 기간을 제한할 수 있다.

⑥ 국제무역선이나 국제무역기에는 내국물품을 적재할 수 없으며, 국내운항선이

나 국내운항기에는 외국물품을 적재할 수 없다. 다만, 세관장의 허가를 받았을 때에는 그러하지 아니하다.

⑦ 세관장은 제4항에 따라 신고된 물품이 폐기물·화학물질 등 관세청장이 관계 중앙행정기관의 장과 협의하여 고시하는 물품으로서 하역 장소 및 통로, 기간을 제한하는 방법으로는 사회안전 또는 국민보건 피해를 방지하기 어렵다고 인정되는 경우에는 하역을 제한하고, 적절한 조치 또는 반송을 명할 수 있다.

(2) 외국물품의 일시양륙 등

다음의 어느 하나에 해당하는 행위를 하려면 세관장에게 신고를 하고, 현장에서 세관공무원의 확인을 받아야 한다. 다만, 관세청장이 감시·단속에 지장이 없다고 인정하여 따로 정하는 경우에는 간소한 방법으로 신고 또는 확인하거나 이를 생략하게 할 수 있다.

① 외국물품을 운송수단으로부터 일시적으로 육지에 내려 놓으려는 경우

② 해당 운송수단의 여객·승무원 또는 운전자가 아닌 자가 타려는 경우

③ 외국물품을 적재한 운송수단에서 다른 운송수단으로 물품을 환적 또는 복합환적하거나 사람을 이동시키는 경우

(3) 항외 하역

① 국제무역선이 국제항의 바깥에서 물품을 하역하거나 환적하려는 경우에는 선장은 세관장의 허가를 받아야 한다.

② 선장은 제1항에 따른 허가를 받으려면 기획재정부령으로 정하는 바에 따라 허가수수료를 납부하여야 한다.

③ 세관장은 허가의 신청을 받은 날부터 10일 이내에 허가 여부를 신청인에게 통지하여야 한다.

④ 세관장이 제3항에서 정한 기간 내에 허가 여부 또는 민원 처리 관련 법령에 따른 처리기간의 연장을 신청인에게 통지하지 아니하면 그 기간(민원 처리 관련 법령에 따라 처리기간이 연장 또는 재연장된 경우에는 해당 처리기간을 말한다)이 끝난 날의 다음 날에 허가를 한 것으로 본다.

(4) 선박용품 및 항공기용품 등의 하역 등

① 다음 각 호의 어느 하나에 해당하는 물품을 국제무역선·국제무역기 또는 「원양산업발전법」에 따른 조업에 사용되는 선박(이하 이 조에서 "원양어선"이라 한다)에 하역하거나 환적하려면 세관장의 허가를 받아야 하며, 하역 또는 환적 허가의 내용대로 하역하거나 환적하여야 한다.

1. 선박용품 또는 항공기용품
2. 국제무역선 또는 국제무역기 안에서 판매하는 물품
3. 「원양산업발전법」 제6조제1항, 제17조제1항 및 제3항에 따라 해양수산부장관의 허가·승인 또는 지정을 받은 자가 조업하는 원양어선에 무상으로 송부하기 위하여 반출하는 물품으로서 해양수산부장관이 확인한 물품

② 제1항 각 호의 어느 하나에 해당하는 물품이 외국으로부터 우리나라에 도착한 외국물품일 때에는 보세구역으로부터 국제무역선·국제무역기 또는 원양어선에 적재하는 경우에만 그 외국물품을 그대로 적재할 수 있다.

③ 제1항 각 호에 따른 물품의 종류와 수량은 선박이나 항공기의 종류, 톤수 또는 무게, 항행일수·운행일수 또는 조업일수, 여객과 승무원·선원의 수 등을 고려하여 세관장이 타당하다고 인정하는 범위이어야 한다.

④ 세관장은 허가의 신청을 받은 날부터 10일 이내에 허가 여부를 신청인에게 통지하여야 한다.

⑤ 세관장이 제4항에서 정한 기간 내에 허가 여부 또는 민원 처리 관련 법령에 따른 처리기간의 연장을 신청인에게 통지하지 아니하면 그 기간(민원 처리 관련 법령에 따라 처리기간이 연장 또는 재연장된 경우에는 해당 처리기간을 말한다)이 끝난 날의 다음 날에 허가를 한 것으로 본다.

⑥ 제2항에 따른 외국물품이 제1항에 따른 하역 또는 환적허가의 내용대로 운송수단에 적재되지 아니한 경우에는 해당 허가를 받은 자로부터 즉시 그 관세를 징수한다. 다만, 다음 각 호의 어느 하나에 해당하는 경우에는 그러하지 아니하다.

1. 세관장이 지정한 기간 내에 그 물품이 다시 보세구역에 반입된 경우
2. 재해나 그 밖의 부득이한 사유로 멸실된 경우
3. 미리 세관장의 승인을 받고 폐기한 경우

⑦ 허가를 받아야 하는 물품의 종류와 수량, 사용 또는 판매내역관리, 하역 또는

환적절차 등에 관하여 필요한 사항은 관세청장이 정하여 고시한다

4) 국제무역선의 국내운항선으로의 전환 등

(1) 국제무역선의 국내운항선으로의 전환 등

국제무역선 또는 국제무역기를 국내운항선 또는 국내운항기로 전환하거나, 국내운항선 또는 국내운항기를 국제무역선 또는 국제무역기로 전환하려면 선장이나 기장은 세관장의 승인을 받아야 한다.

(2) 그 밖의 선박 또는 항공기

① 다음 각 호의 어느 하나에 해당하는 선박이나 항공기는 국제무역선이나 국제무역기에 관한 규정을 준용한다. 다만, 대통령령으로 정하는 선박 및 항공기(군함 및 군용기, 국가원수 또는 정부를 대표하는 외교사절이 전용하는 선박 또는 항공기)에 대해서는 그러하지 아니하다.

1. 국제무역선 또는 국제무역기 외의 선박이나 항공기로서 외국에 운항하는 선박 또는 항공기
2. 외국을 왕래하는 여행자와 제241조제2항제1호의 물품을 전용으로 운송하기 위하여 국내에서만 운항하는 항공기(이하 "환승전용국내운항기"라 한다)

② 환승전용국내운항기에 대해서는 제143조제2항은 적용하지 아니하며 효율적인 통관 및 감시·단속을 위하여 필요한 사항은 대통령령으로 따로 정할 수 있다.

(3) 국경하천을 운항하는 선박

국경하천만을 운항하는 내국선박에 대해서는 국제무역선에 관한 규정을 적용하지 아니한다.

3. 차량

1) 관세통로

① 국경을 출입하는 차량(이하 "국경출입차량"이라 한다)은 관세통로를 경유하여야 하며, 통관역이나 통관장에 정차하여야 한다.

② 관세통로는 육상국경(陸上國境)으로부터 통관역에 이르는 철도와 육상국경으로부터 통관장에 이르는 육로 또는 수로 중에서 세관장이 지정한다.
③ 통관역은 국외와 연결되고 국경에 근접한 철도역 중에서 관세청장이 지정한다.
④ 통관장은 관세통로에 접속한 장소 중에서 세관장이 지정한다.

2) 국경출입차량의 도착절차

① 국경출입차량이 통관역이나 통관장에 도착하면 통관역장이나 도로차량(선박·철도차량 또는 항공기가 아닌 운송수단을 말한다. 이하 같다)의 운전자는 차량용품목록·여객명부·승무원명부 및 승무원 휴대품목록과 관세청장이 정하는 적재화물목록을 첨부하여 지체 없이 세관장에게 도착보고를 하여야 하며, 최종 출발지의 출발허가서 또는 이를 갈음하는 서류를 제시하여야 한다. 다만, 세관장은 감시·단속에 지장이 없다고 인정될 때에는 차량용품목록이나 승무원 휴대품목록의 첨부를 생략하게 할 수 있다.
② 세관장은 신속한 입국 및 통관절차의 이행과 효율적인 감시·단속을 위하여 필요한 경우에는 관세청장이 정하는 바에 따라 도착하는 해당 차량이 소속된 회사(그 업무를 대행하는 자를 포함한다. 이하 같다)로 하여금 제1항에 따른 여객명부·적재화물목록 등을 도착하기 전에 제출하게 할 수 있다.
③ 물품을 일정 기간에 일정량으로 나누어 반복적으로 운송하는 데에 사용되는 도로차량의 운전자는 사증(査證)을 받는 것으로 도착보고를 대신할 수 있다. 다만, 최종 도착보고의 경우는 제외한다.
④ 사증을 받는 것으로 도착보고를 대신하는 도로차량의 운전자는 최종 도착보고를 할 때에 서류를 한꺼번에 제출하여야 한다.

3) 국경출입차량의 출발절차

① 국경출입차량이 통관역이나 통관장을 출발하려면 통관역장이나 도로차량의 운전자는 출발하기 전에 세관장에게 출발보고를 하고 출발허가를 받아야 한다.
② 통관역장이나 도로차량의 운전자는 제1항에 따른 허가를 받으려면 그 통관역 또는 통관장에서 적재한 물품의 목록을 제출하여야 한다.

③ 물품을 일정 기간에 일정량으로 나누어 반복적으로 운송하는 데에 사용되는 도로차량의 운전자는 사증을 받는 것으로 출발보고 및 출발허가를 대신할 수 있다. 다만, 최초 출발보고와 최초 출발허가의 경우는 제외한다.
④ 도로차량을 운행하려는 자는 미리 세관장에게 신고하여야 한다.

4) 물품의 하역 등

통관역이나 통관장에서 외국물품을 차량에 하역하려는 자는 세관장에게 신고를 하고, 현장에서 세관공무원의 확인을 받아야 한다. 다만, 세관공무원이 확인할 필요가 없다고 인정할 때에는 그러하지 아니하다.

5) 국경출입차량의 국내운행차량으로의 전환 등

국경출입차량을 국내에서만 운행하는 차량(이하 "국내운행차량"이라 한다)으로 전환하거나 국내운행차량을 국경출입차량으로 전환하려는 경우에는 통관역장 또는 도로차량의 운전자는 세관장의 승인을 받아야 한다.

6) 도로차량의 국경출입

① 국경을 출입하려는 도로차량의 운전자는 해당 도로차량이 국경을 출입할 수 있음을 증명하는 서류를 세관장으로부터 발급받아야 한다.
② 국경을 출입하는 도로차량의 운전자는 출입할 때마다 제1항에 따른 서류를 세관공무원에게 제시하고 사증을 받아야 한다. 이 경우 전자적인 방법으로 서류의 제시 및 사증 발급을 대신할 수 있다.
③ 사증을 받으려는 자는 기획재정부령으로 정하는 바에 따라 400원의 수수료를 납부하여야 한다.

제7장

보세구역

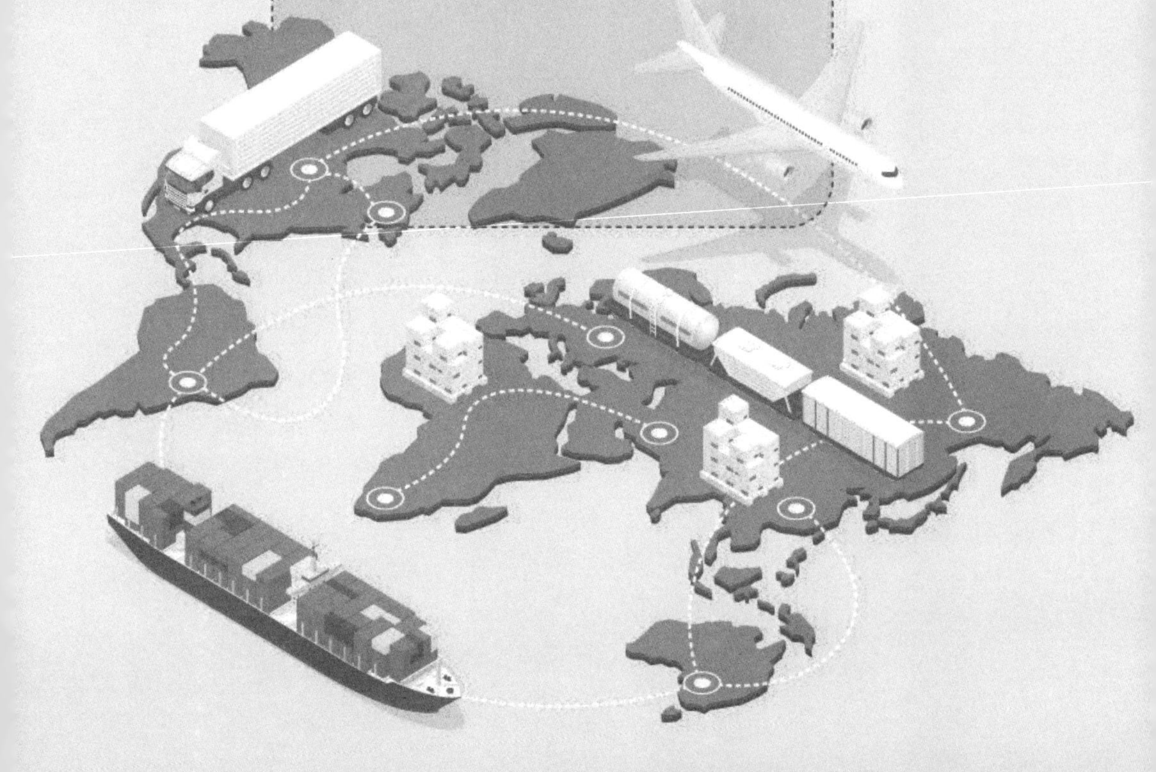

제7장

보세구역

보세제도는 통관질서의 확립, 세관 업무의 효율화, 수출촉진, 관세징수권의 확보를 목적으로 하며, 이러한 보세제도에는 보세구역제도와 보세운송제도로 구분할 수 있다. 보세구역제도는 수입신고수리가 미필한 상태로 외국물품을 장치 · 검사 · 전시 · 판매하거나 이를 사용하여 물품을 제조 · 가공하거나 산업시설을 건설할 수 있는 제도이며 보세운송제도는 외국물품을 수입신고수리미필 상태로 국내에서 운송할 수 있는 제도이다.

1. 보세구역제도

1) 보세구역의 종류

보세구역은 지정보세구역 · 특허보세구역 및 종합보세구역으로 구분하고, 지정보세구역은 지정장치장 및 세관검사장으로 구분하며, 특허보세구역은 보세창고 · 보세공장 · 보세전시장 · 보세건설장 및 보세판매장으로 구분한다.

2) 물품의 장치

① 외국물품과 내국운송의 신고를 하려는 내국물품은 보세구역이 아닌 장소에 장치할 수 없다. 다만, 다음 각 호의 어느 하나에 해당하는 물품은 그러하지 아니하다.

1. 수출신고가 수리된 물품
2. 크기 또는 무게의 과다나 그 밖의 사유로 보세구역에 장치하기 곤란하거나 부적당한 물품
3. 재해나 그 밖의 부득이한 사유로 임시로 장치한 물품
4. 검역물품
5. 압수물품
6. 우편물품

② 인화질 또는 폭발성의 물품을 장치하지 못한다.

③ 보세창고에는 부패할 염려가 있는 물품 또는 살아있는 동물이나 식물을 장치하지 못한다.

3) 보세구역 외 장치의 허가

① 물품을 보세구역이 아닌 장소에 장치하려는 자는 세관장의 허가를 받아야 한다.

② 세관장은 외국물품에 대하여 제1항의 허가를 하려는 때에는 그 물품의 관세에 상당하는 담보의 제공, 필요한 시설의 설치 등을 명할 수 있다.

③ 보세구역 외 장치의 허가를 받으려는 자는 기획재정부령으로 정하는 금액과 방법 등에 따라 수수료를 납부하여야 한다.[7]

---

7) 관세법 시행규칙 제65조(보세구역 외 장치허가수수료) ① 법 제156조제3항의 규정에 의하여 납부하여야 하는 보세구역 외 장치허가수수료는 1만 8천원으로 한다. 이 경우 동일한 선박 또는 항공기로 수입된 동일한 화주의 화물을 동일한 장소에 반입하는 때에는 1건의 보세구역 외 장치허가신청으로 보아 허가수수료를 징수한다.

4) 물품의 반입 · 반출

① 보세구역에 물품을 반입하거나 반출하려는 자는 대통령령으로 정하는 바에 따라 세관장에게 신고하여야 한다.

② 보세구역에 물품을 반입하거나 반출하려는 경우에는 세관장은 세관공무원을 참여시킬 수 있으며, 세관공무원은 해당 물품을 검사할 수 있다.

③ 세관장은 보세구역에 반입할 수 있는 물품의 종류를 제한할 수 있다.

5) 수입신고수리물품의 반출

관세청장이 정하는 보세구역에 반입되어 수입신고가 수리된 물품의 화주 또는 반입자는 그 수입신고수리일부터 15일 이내에 해당 물품을 보세구역으로부터 반출하여야 한다. 다만, 외국물품을 장치하는 데에 방해가 되지 아니하는 것으로 인정되어 세관장으로부터 해당 반출기간의 연장승인을 받았을 때에는 그러하지 아니하다.

6) 보수작업

① 보세구역에 장치된 물품은 그 현상을 유지하기 위하여 필요한 보수작업과 그 성질을 변하지 아니하게 하는 범위에서 포장을 바꾸거나 구분 · 분할 · 합병을 하거나 그 밖의 비슷한 보수작업을 할 수 있다. 이 경우 보세구역에서의 보수작업이 곤란하다고 세관장이 인정할 때에는 기간과 장소를 지정받아 보세구역 밖에서 보수작업을 할 수 있다.

② 보수작업을 하려는 자는 세관장의 승인을 받아야 한다.

③ 세관장은 승인의 신청을 받은 날부터 10일 이내에 승인 여부를 신청인에게 통지하여야 한다.

④ 세관장이 제3항에서 정한 기간 내에 승인 여부 또는 민원 처리 관련 법령에 따른 처리기간의 연장을 신청인에게 통지하지 아니하면 그 기간(민원 처리 관련 법령에 따라 처리기간이 연장 또는 재연장된 경우에는 해당 처리기간을 말한다)이 끝난 날의 다음 날에 승인을 한 것으로 본다.

⑤ 보수작업으로 외국물품에 부가된 내국물품은 외국물품으로 본다.
⑥ 외국물품은 수입될 물품의 보수작업의 재료로 사용할 수 없다.

7) 해체 · 절단 등의 작업

① 보세구역에 장치된 물품에 대하여는 그 원형을 변경하거나 해체·절단 등의 작업을 할 수 있다.
② 해체·절단 등의 작업에 따른 작업을 하려는 자는 세관장의 허가를 받아야 한다.
③ 세관장은 허가의 신청을 받은 날부터 10일 이내에 허가 여부를 신청인에게 통지하여야 한다.
④ 세관장이 제3항에서 정한 기간 내에 허가 여부 또는 민원 처리 관련 법령에 따른 처리기간의 연장을 신청인에게 통지하지 아니하면 그 기간(민원 처리 관련 법령에 따라 처리기간이 연장 또는 재연장된 경우에는 해당 처리기간을 말한다)이 끝난 날의 다음 날에 허가를 한 것으로 본다.

8) 장치물품의 폐기

① 부패·손상되거나 그 밖의 사유로 보세구역에 장치된 물품을 폐기하려는 자는 세관장의 승인을 받아야 한다.
② 보세구역에 장치된 외국물품이 멸실되거나 폐기되었을 때에는 그 운영인이나 보관인으로부터 즉시 그 관세를 징수한다. 다만, 재해나 그 밖의 부득이한 사유로 멸실된 때와 미리 세관장의 승인을 받아 폐기한 때에는 예외로 한다.
③ 승인을 받은 외국물품 중 폐기 후에 남아 있는 부분에 대하여는 폐기 후의 성질과 수량에 따라 관세를 부과한다.
④ 세관장은 보세구역에 장치된 물품 중 다음 각 호의 어느 하나에 해당하는 것은 화주, 반입자, 화주 또는 반입자의 위임을 받은 자나 「국세기본법」 제38조부터 제41조까지의 규정에 따른 제2차 납세의무자(이하 "화주 등"이라 한다)에게 이를 반송 또는 폐기할 것을 명하거나 화주 등에게 통고한 후 폐기할 수 있다. 다만, 급박하여 통고할 여유가 없는 경우에는 폐기한 후 즉시 통고

하여야 한다.

1. 사람의 생명이나 재산에 해를 끼칠 우려가 있는 물품
2. 부패하거나 변질된 물품
3. 유효기간이 지난 물품
4. 상품가치가 없어진 물품
5. 제1호부터 제4호까지에 준하는 물품으로서 관세청장이 정하는 물품

⑤ 제4항에 따른 통고를 할 때 화주 등의 주소나 거소를 알 수 없거나 그 밖의 사유로 통고할 수 없는 경우에는 공고로써 이를 갈음할 수 있다.

⑥ 세관장이 물품을 폐기하거나 화주 등이 물품을 폐기 또는 반송한 경우 그 비용은 화주 등이 부담한다.

9) 견본품 반출

① 보세구역에 장치된 외국물품의 전부 또는 일부를 견본품으로 반출하려는 자는 세관장의 허가를 받아야 한다.

② 세관장은 허가의 신청을 받은 날부터 10일 이내에 허가 여부를 신청인에게 통지하여야 한다.

③ 세관장이 제2항에서 정한 기간 내에 허가 여부 또는 민원 처리 관련 법령에 따른 처리기간의 연장을 신청인에게 통지하지 아니하면 그 기간(민원 처리 관련 법령에 따라 처리기간이 연장 또는 재연장된 경우에는 해당 처리기간을 말한다)이 끝난 날의 다음 날에 허가를 한 것으로 본다.

④ 세관공무원은 보세구역에 반입된 물품에 대하여 검사상 필요하면 그 물품의 일부를 견본품으로 채취할 수 있다.

⑤ 다음 각 호의 어느 하나에 해당하는 물품이 사용·소비된 경우에는 수입신고를 하여 관세를 납부하고 수리된 것으로 본다.

1. 제4항에 따라 채취된 물품
2. 다른 법률에 따라 실시하는 검사·검역 등을 위하여 견본품으로 채취된 물품으로서 세관장의 확인을 받은 물품

10) 보세구역 자율관리

(1) 보세구역의 자율관리

① 보세구역 중 물품의 관리 및 세관감시에 지장이 없다고 인정하여 관세청장이 정하는 바에 따라 세관장이 지정하는 보세구역(이하 "자율관리보세구역"이라 한다)에 장치한 물품은 제157조에 따른 세관공무원의 참여와 이 법에 따른 절차 중 관세청장이 정하는 절차를 생략한다.

② 보세구역의 화물관리인이나 운영인은 자율관리보세구역의 지정을 받으려면 세관장에게 지정을 신청하여야 한다.

③ 자율관리보세구역의 지정을 신청하려는 자는 해당 보세구역에 장치된 물품을 관리하는 사람(이하 "보세사"라 한다)을 채용하여야 한다.

④ 세관장은 지정신청을 받은 경우 해당 보세구역의 위치와 시설상태 등을 확인하여 자율관리보세구역으로 적합하다고 인정될 때에는 해당 보세구역을 자율관리보세구역으로 지정할 수 있다.

⑤ 자율관리보세구역의 지정을 받은 자는 물품의 반출입 상황을 장부에 기록하여야 한다.

⑥ 세관장은 자율관리보세구역의 지정을 받은 자가 이 법에 따른 의무를 위반하거나 세관감시에 지장이 있다고 인정되는 경우 등 대통령령으로 정하는 사유가 발생한 경우에는 지정을 취소할 수 있다.

(2) 보세사의 직무

① 보세화물 및 내국물품의 반입 또는 반출에 대한 참관 및 확인
② 보세구역 안에 장치된 물품의 관리 및 취급에 대한 참관 및 확인
③ 보세구역 출입문의 개폐 및 열쇠 관리의 감독
④ 보세구역의 출입자관리에 대한 감독
⑤ 견본품의 반출 및 회수
⑥ 기타 보세화물의 관리를 위하여 필요한 업무로서 관세청장이 정하는 업무

2. 지정보세구역

1) 지정보세구역의 지정

① 세관장은 다음 각 호의 어느 하나에 해당하는 자가 소유하거나 관리하는 토지·건물 또는 그 밖의 시설(이하 이 관에서 "토지 등"이라 한다)을 지정보세구역으로 지정할 수 있다.

1. 국가
2. 지방자치단체
3. 공항시설 또는 항만시설을 관리하는 법인

② 세관장은 해당 세관장이 관리하지 아니하는 토지 등을 지정보세구역으로 지정하려면 해당 토지 등의 소유자나 관리자의 동의를 받아야 한다. 이 경우 세관장은 임차료 등을 지급할 수 있다.

③ 세관장은 수출입물량이 감소하거나 그 밖의 사유로 지정보세구역의 전부 또는 일부를 보세구역으로 존속시킬 필요가 없어졌다고 인정될 때에는 그 지정을 취소하여야 한다.

2) 지정장치장

① 지정장치장은 통관을 하려는 물품을 일시 장치하기 위한 장소로서 세관장이 지정하는 구역으로 한다.

② 지정장치장에 물품을 장치하는 기간은 6개월의 범위에서 관세청장이 정한다. 다만, 관세청장이 정하는 기준에 따라 세관장은 3개월의 범위에서 그 기간을 연장할 수 있다.

③ 지정장치장에 반입한 물품은 화주 또는 반입자가 그 보관의 책임을 진다.

④ 세관장은 지정장치장의 질서유지와 화물의 안전관리를 위하여 필요하다고 인정할 때에는 화주를 갈음하여 보관의 책임을 지는 화물관리인을 지정할 수 있다. 다만, 세관장이 관리하는 시설이 아닌 경우에는 세관장은 해당 시설의 소유자나 관리자와 협의하여 화물관리인을 지정하여야 한다.

⑤ 지정장치장의 화물관리인은 화물관리에 필요한 비용을 화주로부터 징수할 수 있다. 다만, 그 요율에 대하여는 세관장의 승인을 받아야 한다.

⑥ 지정장치장의 화물관리인은 제3항에 따라 징수한 비용 중 세관설비 사용료에 해당하는 금액을 세관장에게 납부하여야 한다.

⑦ 세관장은 불가피한 사유로 화물관리인을 지정할 수 없을 때에는 화주를 대신하여 직접 화물관리를 할 수 있다. 이 경우 제3항에 따른 화물관리에 필요한 비용을 화주로부터 징수할 수 있다.

⑧ 화물관리인의 지정기준, 지정절차, 지정의 유효기간, 재지정 및 지정 취소 등에 필요한 사항은 대통령령으로 정한다.

3) 세관검사장

① 세관검사장은 통관하려는 물품을 검사하기 위한 장소로서 세관장이 지정하는 지역으로 한다.

② 세관장은 관세청장이 정하는 바에 따라 검사를 받을 물품의 전부 또는 일부를 세관검사장에 반입하여 검사할 수 있다

③ 세관검사장에 반입되는 물품의 채취·운반 등에 필요한 비용(이하 이 항에서 "검사비용"이라 한다)은 화주가 부담한다. 다만, 국가는 「중소기업기본법」 제2조에 따른 중소기업 또는 「중견기업 성장촉진 및 경쟁력 강화에 관한 특별법」 제2조제1호에 따른 중견기업의 컨테이너 화물로서 해당 화물에 대한 검사 결과 이 법 또는 「대외무역법」 등 물품의 수출입과 관련된 법령을 위반하지 아니하는 경우의 물품 등 대통령령으로 정하는 물품에 대해서는 예산의 범위에서 관세청장이 정하는 바에 따라 해당 검사비용을 지원할 수 있다

3. 특허보세구역

1) 특허보세구역의 설치·운영에 관한 특허

특허보세구역을 설치·운영하려는 자는 세관장의 특허를 받아야 한다. 기존의 특허를 갱신하려는 경우에도 또한 같다.

(1) 운영인의 결격사유

다음 각 호의 어느 하나에 해당하는 자는 특허보세구역을 설치·운영할 수 없다.

다만, 제6호에 해당하는 자의 경우에는 같은 호 각 목의 사유가 발생한 해당 특허보세구역을 제외한 기존의 다른 특허를 받은 특허보세구역에 한정하여 설치·운영할 수 있다.

① 미성년자
② 피성년후견인과 피한정후견인
③ 파산선고를 받고 복권되지 아니한 자
④ 이 법을 위반하여 징역형을 선고받고 집행이 종료/면제된 후 2년이 경과되지 아니한 자
⑤ 이 법을 위반하여 징역형의 집행유예의 선고를 받고 그 유예기간 중에 있는 자
⑥ 특허가 취소된 후 2년이 경과되지 아니한 자
⑦ 벌금형을 선고받거나 통고처분을 이행한 후 2년이 경과되지 아니한 자
⑧ ②~⑦에 해당하는 자를 임원(해당 보세구역의 운영업무를 직접 담당하거나 감독하는 자 한정)으로 하는 법인

(2) 특허기간

① 특허기간은 10년 이내로 한다.
② 보세전시장: 당해 박람회 등의 기간을 고려하여 세관장이 정하는 기간
③ 보세건설장: 당해 건설공사의 기간을 고려하여 세관장이 정하는 기간
④ 보세창고·보세공장: 10년의 범위 내에서 신청인이 신청한 기간
⑤ 보세판매장: 5년 이내

(3) 특허보세구역의 물품의 장치기간

① 보세창고

1. 외국물품(3.에 해당하는 물품을 제외한다): 1년의 범위 내에서 관세청장이 정하는 기간(1년의 범위 안에서 그 기간을 연장할 수 있다)
2. 내국물품(3.에 해당하는 물품을 제외한다): 1년의 범위 안에서 관세청장이 정하는 기간
3. 정부비축용 물품, 정부와의 계약이행을 위하여 비축하는 방위산업용 물품, 장기간 비축이 필요한 수출용 원재료와 수출품보수용 물품으로서 세관장이 인정하는 물품, 국제물류의 촉진을 위하여 관세청장이 정하는 물품:

비축에 필요한 기간

② 기타 특허보세구역: 특허보세구역의 특허기간

(4) 반입정지 등과 특허의 취소

① 세관장은 특허보세구역의 운영인이 다음 각 호의 어느 하나에 해당하는 경우에는 관세청장이 정하는 바에 따라 6개월의 범위에서 해당 특허보세구역에의 물품반입 또는 보세건설·보세판매·보세전시 등(이하 이 조에서 "물품반입 등"이라 한다)을 정지시킬 수 있다.

1. 장치물품에 대한 관세를 납부할 자금능력이 없다고 인정되는 경우
2. 본인이나 그 사용인이 이 법 또는 이 법에 따른 명령을 위반한 경우
3. 해당 시설의 미비 등으로 특허보세구역의 설치 목적을 달성하기 곤란하다고 인정되는 경우
4. 그 밖에 제1호부터 제3호까지의 규정에 준하는 것으로서 대통령령으로 정하는 사유에 해당하는 경우

② 세관장은 특허보세구역의 운영인이 다음 각 호의 어느 하나에 해당하는 경우에는 그 특허를 취소할 수 있다. 다만, 제1호, 제2호 및 제5호에 해당하는 경우에는 특허를 취소하여야 한다.

1. 거짓이나 그 밖의 부정한 방법으로 특허를 받은 경우
2. 운영인의 결격사유에 해당하게 된 경우. 다만, 제175조제8호에 해당하는 경우로서 같은 조 제2호 또는 제3호에 해당하는 사람을 임원으로 하는 법인이 3개월 이내에 해당 임원을 변경한 경우에는 그러하지 아니하다.[8)]
3. 1년 이내에 3회 이상 물품반입 등의 정지처분을 받은 경우

---

8) 다음 각 호의 어느 하나에 해당하는 자는 특허보세구역을 설치·운영할 수 없다. 다만, 제6호에 해당하는 자의 경우에는 같은 호 각 목의 사유가 발생한 해당 특허보세구역을 제외한 기존의 다른 특허를 받은 특허보세구역에 한정하여 설치·운영할 수 있다. ① 미성년자 ② 피성년후견인과 피한정후견인 ③ 파산선고를 받고 복권되지 아니한 자 ④ 이 법을 위반하여 징역형을 선고받고 집행이 종료/면제된 후 2년이 경과되지 아니한 자 ⑤ 이 법을 위반하여 징역형의 집행유예의 선고를 받고 그 유예기간 중에 있는 자 ⑥ 특허가 취소된 후 2년이 경과되지 아니한 자 ⑦ 벌금형을 선고받거나 통고처분을 이행한 후 2년이 경과되지 아니한 자 ⑧ ②~⑦에 해당하는 자를 임원(해당 보세구역의 운영업무를 직접 담당하거나 감독하는 자 한정)으로 하는 법인

4. 2년 이상 물품의 반입실적이 없어서 세관장이 특허보세구역의 설치 목적을 달성하기 곤란하다고 인정하는 경우

5. 명의를 대여한 경우

③ 세관장은 물품반입 등의 정지처분이 그 이용자에게 심한 불편을 주거나 공익을 해칠 우려가 있는 경우에는 특허보세구역의 운영인에게 물품반입 등의 정지처분을 갈음하여 해당 특허보세구역 운영에 따른 매출액의 100분의 3 이하의 과징금을 부과할 수 있다. 이 경우 매출액 산정, 과징금의 금액, 과징금의 납부기한 등에 관하여 필요한 사항은 대통령령으로 정한다.

④ 과징금을 납부하여야 할 자가 납부기한까지 납부하지 아니한 경우 과징금의 징수에 관하여는 제26조를 준용한다.

(5) 특허의 효력상실 및 승계

① 특허보세구역의 설치·운영에 관한 특허는 다음 각 호의 어느 하나에 해당하면 그 효력을 상실한다.

1. 운영인이 특허보세구역을 운영하지 아니하게 된 경우
2. 운영인이 해산하거나 사망한 경우
3. 특허기간이 만료한 경우
4. 특허가 취소된 경우

② 운영인, 그 상속인, 청산법인 또는 합병·분할·분할합병 후 존속하거나 합병·분할·분할합병으로 설립된 법인(이하 "승계법인"이라 한다)은 지체 없이 세관장에게 그 사실을 보고하여야 한다.

③ 특허보세구역의 설치·운영에 관한 특허를 받은 자가 사망하거나 해산한 경우 상속인 또는 승계법인이 계속하여 그 특허보세구역을 운영하려면 피상속인 또는 피승계법인이 사망하거나 해산한 날부터 30일 이내에 요건을 갖추어 대통령령으로 정하는 바에 따라 세관장에게 신고하여야 한다.

④ 상속인 또는 승계법인이 제3항에 따른 신고를 하였을 때에는 피상속인 또는 피승계법인이 사망하거나 해산한 날부터 신고를 한 날까지의 기간 동안 피상속인 또는 피승계법인의 특허보세구역의 설치·운영에 관한 특허는 상속인 또는 승계법인에 대한 특허로 본다.

(6) 특허보세구역의 설치·운영에 관한 감독 등

① 세관장은 특허보세구역의 운영인을 감독한다.

② 세관장은 특허보세구역의 운영에 관하여 필요한 시설·기계 및 기구의 설치를 명할 수 있다.

③ 세관장은 특허보세구역의 운영인에게 그 설치·운영에 관한 보고를 명하거나 세관공무원에게 특허보세구역의 운영상황을 검사하게 할 수 있다.

④ 특허보세구역의 설치목적에 합당하지 아니한 때에는 세관장은 당해 물품에 대하여 다른 보세구역으로 반출을 명할 수 있다.

(7) 특허의 효력상실 시 조치 등

① 특허보세구역의 설치·운영에 관한 특허의 효력이 상실되었을 때에는 운영인이나 그 상속인 또는 승계법인은 해당 특허보세구역에 있는 외국물품을 지체 없이 다른 보세구역으로 반출하여야 한다.

② 특허보세구역의 설치·운영에 관한 특허의 효력이 상실되었을 때에는 해당 특허보세구역에 있는 외국물품의 종류와 수량 등을 고려하여 6개월의 범위에서 세관장이 지정하는 기간 동안 그 구역은 특허보세구역으로 보며, 운영인이나 그 상속인 또는 승계법인에 대해서는 해당 구역과 장치물품에 관하여 특허보세구역의 설치·운영에 관한 특허가 있는 것으로 본다.

2) 보세창고

(1) 사용신고

① 보세창고에는 외국물품이나 통관을 하려는 물품을 장치한다.

② 운영인은 미리 세관장에게 신고를 하고 제1항에 따른 물품의 장치에 방해되지 아니하는 범위에서 보세창고에 내국물품을 장치할 수 있다. 다만, 동일한 보세창고에 장치되어 있는 동안 수입신고가 수리된 물품은 신고 없이 계속하여 장치할 수 있다.

③ 운영인은 보세창고에 1년(제2항 단서에 따른 물품은 6개월) 이상 계속하여 제2항에서 규정한 내국물품만을 장치하려면 세관장의 승인을 받아야 한다.

④ 제3항에 따른 승인을 받은 보세창고에 내국물품만을 장치하는 기간에는 제

161조[9]와 제177조[10]를 적용하지 아니한다.

⑤ 내국물품으로 장치기간이 경과한 물품은 기간경과 후 10일 내에 운영인의 책임으로 반출한다.

3) 보세공장

① 외국물품을 원료 또는 재료로 하거나 외국물품과 내국물품을 원료 또는 재료로 하여 제조·가공 기타 이와 비슷한 작업을 할 수 있다.

② 세관장의 허가를 받지 아니하고는 내국물품만을 원료로 하거나 재료로 하여 제조·가공 기타 이와 비슷한 작업을 할 수 없다.

③ 보세공장 중 수입하는 물품을 제조·가공을 목적으로 하는 보세공장의 업종은 기획재정부령이 정하는 바에 의하여 이를 제한할 수 있다.

④ 세관장은 수입통관 후 보세공장에서 사용하게 될 물품에 대하여는 보세공장에 직접 반입하여 수입신고를 하게 할 수 있다.

(1) 사용신고 등

① 운영인은 보세공장에 반입된 물품을 그 사용 전에 세관장에게 사용신고를 하

---

9) 제161조(견본품 반출) ① 보세구역에 장치된 외국물품의 전부 또는 일부를 견본품으로 반출하려는 자는 세관장의 허가를 받아야 한다. ② 세관공무원은 보세구역에 반입된 물품에 대하여 검사상 필요하면 그 물품의 일부를 견본품으로 채취할 수 있다. ③ 다음 각 호의 어느 하나에 해당하는 물품이 사용·소비된 경우에는 수입신고를 하여 관세를 납부하고 수리된 것으로 본다. 1. 제2항에 따라 채취된 물품 2. 다른 법률에 따라 실시하는 검사·검역 등을 위하여 견본품으로 채취된 물품으로서 세관장의 확인을 받은 물품

10) 제177조(장치기간) ① 특허보세구역에 물품을 장치하는 기간은 다음 각 호의 구분에 따른다. 1. 보세창고: 다음 각 목의 어느 하나에서 정하는 기간 가. 외국물품(다목에 해당하는 물품은 제외한다): 1년의 범위에서 관세청장이 정하는 기간. 다만, 세관장이 필요하다고 인정하는 경우에는 1년의 범위에서 그 기간을 연장할 수 있다. 나. 내국물품(다목에 해당하는 물품은 제외한다): 1년의 범위에서 관세청장이 정하는 기간 다. 정부비축용물품, 정부와의 계약이행을 위하여 비축하는 방위산업용물품, 장기간 비축이 필요한 수출용 원재료와 수출품보수용 물품으로서 세관장이 인정하는 물품, 국제물류의 촉진을 위하여 관세청장이 정하는 물품: 비축에 필요한 기간 2. 그 밖의 특허보세구역: 해당 특허보세구역의 특허기간 ② 세관장은 물품관리에 필요하다고 인정될 때에는 제1항제1호의 기간에도 운영인에게 그 물품의 반출을 명할 수 있다.

여야 한다. 이 경우 세관공무원은 그 물품을 검사할 수 있다.

② 사용신고를 한 외국물품이 마약, 총기 등 다른 법령에 따라 허가·승인·표시 또는 그 밖의 요건을 갖출 필요가 있는 물품으로서 관세청장이 정하여 고시하는 물품인 경우에는 세관장에게 그 요건을 갖춘 것임을 증명하여야 한다.

(2) 보세공장 외 작업허가

① 세관장은 가공무역 또는 국내산업의 진흥에 필요한 때에는 기간·장소·물품 등을 정하여 당해 보세공장 외에서 작업을 허가할 수 있다.

② 보세공장 외 작업허가를 한 경우 세관공무원은 당해 물품이 반출되는 때에 검사할 수 있다.

③ 공장 외 작업장에 반입된 외국물품은 지정기간이 만료될 때까지 보세공장에 있는 것으로 본다.

④ 지정된 기간이 경과한 경우 당해 공장 외 작업장에 허가된 외국물품 또는 그 제품이 있는 때에는 당해 물품의 허가를 받은 보세공장의 운영인으로부터 그 관세를 즉시 징수한다.

(3) 제품과세

외국물품이나 외국물품과 내국물품을 원료로 하거나 재료로 하여 작업을 하는 경우 그로써 생긴 물품은 외국으로부터 우리나라에 도착한 물품으로 본다. 다만, 대통령령으로 정하는 바에 따라 세관장의 승인을 받고 외국물품과 내국물품을 혼용하는 경우에는 그로써 생긴 제품 중 해당 외국물품의 수량 또는 가격에 상응하는 것은 외국으로부터 우리나라에 도착한 물품으로 본다.

(4) 원료과세

① 보세공장에서 제조된 물품을 수입하는 경우 사용신고 전에 미리 세관장에게 해당 물품의 원료인 외국물품에 대한 과세의 적용을 신청한 때에는 사용신고를 하는 때의 그 원료의 성질 및 수량에 의하여 관세를 부과한다.

② 세관장은 대통령령으로 정하는 기준에 해당하는 보세공장에 대하여는 1년의 범위에서 원료별, 제품별 또는 보세공장 전체에 대하여 원료과세에 따른 신청을 하게 할 수 있다.

4) 보세전시장

보세전시장에서는 박람회·전람회·견품시 등의 운영을 위하여 외국물품을 장치·사용할 수 있다.

5) 보세건설장

① 보세건설장에서는 산업시설의 건설에 소요되는 외국물품인 기계류 설비품 또는 공사용 장비를 장치·사용하여 당해 건설공사를 할 수 있다.

② 운영인은 보세건설장에 외국물품을 반입한 때에는 사용 전에 당해 물품에 대하여 수입신고를 하고 세관공무원의 검사를 받아야 한다.

③ 세관장은 보세건설장에 반입된 외국물품에 대하여 필요하다고 인정되는 때에는 보세건설장 안에서 물품을 장치할 장소를 제한하거나 사용상황에 관하여 운영인이 보고하게 할 수 있다.

④ 운영인은 보세건설장에서 건설된 시설을 제248조의 규정에 의한 수입신고가 수리되기 전에 가동하여서는 아니 된다.

⑤ 세관장은 보세작업상 필요하다고 인정되는 때 보세건설장외에서 작업을 허가할 수 있다.

6) 보세판매장

① 보세판매장에서는 외국으로 반출하거나 관세의 면제를 받을 수 있는 자가 사용하는 것을 조건으로 외국물품을 판매할 수 있다.

② 세관장은 보세판매장에서 판매할 수 있는 물품의 종류·수량·장치장소 등을 제한할 수 있다.

③ 판매하는 물품의 반입·반출·인도 및 관리에 관하여 필요한 사항은 대통령령[11]으로 정한다.

---

11) 동법 시행령 제213조(보세판매장의 관리 등) ① 보세판매장의 운영인은 보세판매장에서 물품을 판매하는 때에는 판매사항·구매자인적사항 기타 필요한 사항을 관세청장이 정하는 바에 따라 기록·유지하여야 한다. ② 관세청장은 보세판매장에서의 판매방법, 구매자

④ 보세판매장의 운영인이 외국에서 국내로 입국하는 사람에게 물품(술 · 담배 · 향수는 제외한다)을 판매하는 때에는 미화 800달러의 한도에서 판매해야 하며, 술 · 담배 · 향수는 제48조제3항에 따른 별도 면세범위에서 판매할 수 있다.

⑤ 보세판매장 중 공항 및 항만 등의 출입국경로의 보세구역 외의 장소에 설치되는 보세판매장(시내보세판매장)에서 외국인에게 내국물품을 판매하고 이를 판매 현장에서 인도하는 경우에는 대통령령으로 정하는 바에 따라 해당 물품을 인도할 수 있다.

4. 종합보세구역

1) 종합보세구역의 지정 등

① 관세청장은 직권 또는 관계중앙행정기관의 장이나 지방자치단체의 장 그 밖에 지정요청자의 요청에 의하여 무역진흥에의 기여정도, 외국물품의 반입 · 반출물량 등을 고려하여 일정한 지역을 종합보세구역으로 지정할 수 있다.

② 종합보세구역에서는 보세창고 · 보세공장 · 보세전시장 · 보세건설장 또는 보세판매장의 기능 중 둘 이상의 기능을 종합적으로 수행할 수 있다.

③ 종합보세구역의 지정요건, 지정절차 등에 관하여 필요한 사항은 대통령령[12]

에 대한 인도방법 등을 정할 수 있다. ③ 보세판매장의 운영인이 외국으로 출국하는 내국인에게 보세판매장의 물품을 판매하는 때에는 기획재정부령이 정하는 금액 한도 안에서 판매하여야 한다. ④ 세관장은 연 2회 이상 보세화물의 반출입량 · 판매량 · 외국반출현황 · 재고량 등을 파악하기 위하여 보세판매장에 대한 조사를 실시할 수 있다. ⑤ 관세청장은 보세화물이 보세판매장에서 불법적으로 반출되지 아니하도록 하기 위하여 반입 · 반출의 절차 기타 필요한 사항을 정할 수 있다.

12) 동법 시행령 제214조(종합보세구역의 지정 등) ① 법 제197조에 따른 종합보세구역(이하 "종합보세구역"이라 한다)은 다음 각 호의 어느 하나에 해당하는 지역으로서 관세청장이 종합보세구역으로 지정할 필요가 있다고 인정하는 지역을 그 지정대상으로 한다. 1. 「외국인투자촉진법」에 의한 외국인투자지역 2. 「산업입지 및 개발에 관한 법률」에 의한 산업단지 3. 삭제 <2007.4.5.> 4. 「유통산업발전법」에 의한 공동집배송센터 5. 「물류시설의 개발 및 운영에 관한 법률」에 따른 물류단지 6. 기타 종합보세구역으로 지정됨으로써 외국인투자촉진·수출증대 또는 물류촉진 등의 효과가 있을 것으로 예상되는 지역 ② 법 제197조제1항의 규정에 의하여 종합보세구역의 지정을 요청하고자 하는 자(이하 "지정요청자"라고 한다)는 다음 각 호의 사항을 기재한 지정요청서에 당해 지역의 도면을 첨부하여 관

으로 정한다.

2) 종합보세사업장의 설치 · 운영에 관한 신고 등

① 종합보세구역에서 종합보세기능을 수행하고자 하는 자는 기능을 정하여 세관장에게 신고하여야 한다.

② 종합보세기능을 변경하고자 하는 때에는 세관장에게 이를 신고하여야 한다.

3) 종합보세구역에의 물품의 반입 · 반출 등

① 종합보세구역에 물품을 반입·반출하고자 하는 자는 세관장에게 신고하여야 한다.

② 종합보세구역에 반입·반출되는 물품이 내국물품인 경우 신고를 생략하거나 간이한 방법으로 반입·반출하게 할 수 있다.

4) 종합보세구역의 판매물품에 대한 관세 환급

외국인관광객 등 대통령령이 정하는 자가 종합보세구역에서 구입한 물품을 국외로 반출하는 경우에는 당해 물품을 구입할 때 납부한 관세 및 내국세 등을 환급받을 수 있다.

5) 반출입물품의 범위 등

① 종합보세구역에서 소비 또는 사용되는 물품으로서 기획재정부령이 정하는 물품은 수입통관 후 이를 소비 또는 사용하여야 한다.

② 종합보세구역에 반입한 물품의 장치기간은 이를 제한하지 아니한다(관세청장이 수출입물품의 원활한 유통을 촉진하기 위하여 필요하다고 인정하여 지정한 장소에 반입되는 물품의 경우 1년의 범위 안에서 관세청장이 정하는 기간).

세청장에게 제출하여야 한다. 1. 당해 지역의 소재지 및 면적 2. 구역 안의 시설물현황 또는 시설계획 3. 사업계획 ③ 관세청장은 직권으로 종합보세구역을 지정하고자 하는 때에는 관계중앙행정기관의 장 또는 지방자치단체의 장과 협의하여야 한다.

③ 세관장은 국가안전·공공질서·국민보건 또는 환경보전 등에 지장이 초래되거나 종합보세구역의 지정목적에 부합되지 아니하는 물품이 반입·반출되고 있다고 인정되는 때 당해 물품의 반입·반출을 제한할 수 있다.

6) 운영인의 물품관리

① 운영인은 종합보세구역에 반입된 물품을 종합보세기능별로 구분하여 관리하여야 한다.

② 세관장은 종합보세구역에 장치된 물품 중 유치/예치규정에 해당되는 물품은 매각할 수 있다.

③ 운영인은 종합보세구역에 반입된 물품을 종합보세구역 안에서 이동·사용 또는 처분을 하는 때에는 장부 또는 전산처리장치를 이용하여 그 기록을 유지하여야 한다. 이 경우 기획재정부령이 정하는 물품에 대하여는 미리 세관장에게 신고하여야 한다.

④ 운영인은 종합보세구역에 장치된 물품 중 반입한 날부터 6개월 이상의 범위에서 관세청장이 정하는 기간이 지난 외국물품이 다음 각 호의 어느 하나에 해당하는 경우에는 관세청장이 정하여 고시하는 바에 따라 세관장에게 그 외국물품의 매각을 요청할 수 있다

1. 화주가 분명하지 아니한 경우
2. 화주가 부도 또는 파산한 경우
3. 화주의 주소·거소 등 그 소재를 알 수 없는 경우
4. 화주가 수취를 거절하는 경우
5. 화주가 거절의 의사표시 없이 수취하지 아니한 경우

7) 설비의 유지의무 등

① 운영인은 종합보세기능의 수행에 필요한 시설 및 장비 등을 유지하여야 한다.

② 종합보세구역에 장치된 물품에 대하여 보수작업을 하거나 종합보세구역 밖에서 보세작업을 하고자 하는 자는 세관장에게 신고하여야 한다.

8) 종합보세구역에 대한 세관의 관리 등

① 세관장은 관세채권의 확보, 감시·단속 등 종합보세구역의 효율적인 운영을 위하여 출입을 통제하거나 운송하는 물품을 검사할 수 있다.

② 세관장은 종합보세구역에 반입·반출되는 물품의 반입·반출 상황, 그 사용 또는 처분내역 등을 확인하기 위하여 장부나 전산처리장치를 이용한 기록을 검사·조사할 수 있으며, 운영인으로 하여금 업무실적 등 필요한 사항을 보고하게 할 수 있다.

③ 관세청장은 종합보세구역 안에 있는 외국물품의 감시·단속에 필요하다고 인정되는 경우 지정요청자에게 보세화물의 불법유출, 분실, 도난방지 등을 위한 시설의 설치를 요구할 수 있다.

9) 종합보세구역지정의 취소 등

① 관세청장은 종합보세구역을 존속시킬 필요가 없다고 인정되는 때에는 종합보세구역의 지정을 취소할 수 있다.

② 운영인의 종합보세기능 중지 사유

1. 운영인의 결격사유에 해당하는 경우
2. 운영인이 수행하는 종합보세기능과 관련하여 반입·반출되는 물량 감소 등의 사유가 발생한 경우

5. 유치 및 처분

1) 유치 및 예치

① 세관장은 제1호에 해당하는 물품이 제2호의 사유에 해당하는 경우에는 해당 물품을 유치할 수 있다.

1. 유치대상: 다음 각 목의 어느 하나에 해당하는 물품
   가. 여행자의 휴대품
   나. 우리나라와 외국 간을 왕래하는 운송수단에 종사하는 승무원의 휴대품
2. 유치사유: 다음 각 목의 어느 하나에 해당하는 경우

가. 필요한 허가·승인·표시 또는 그 밖의 조건이 갖추어지지 아니한 경우
나. 관세의 면제 기준을 초과하여 반입하는 물품에 대한 관세를 납부하지 아니한 경우
다. 지식재산권을 침해하는 물품을 수출하거나 수입하는 등 이 법에 따른 의무사항을 위반한 경우
라. 불법·불량·유해물품 등 사회안전 또는 국민보건을 해칠 우려가 있는 물품으로서 대통령령으로 정하는 경우

② 유치한 물품은 해당 사유가 없어졌거나 반송하는 경우에만 유치를 해제한다.
③ 제1항제1호 각 목의 어느 하나에 해당하는 물품으로서 수입할 의사가 없는 물품은 세관장에게 신고하여 일시 예치시킬 수 있다. 다만, 부패·변질 또는 손상의 우려가 있는 물품 등 관세청장이 정하는 물품은 그러하지 아니하다.

2) 장치기간 경과물품의 매각

① 세관장은 보세구역에 반입한 외국물품의 장치기간이 지나면 그 사실을 공고한 후 해당 물품을 매각할 수 있다. 다만, 다음 각 호의 어느 하나에 해당하는 물품은 기간이 지나기 전이라도 공고한 후 매각할 수 있다.
1. 살아 있는 동식물
2. 부패하거나 부패할 우려가 있는 것
3. 창고나 다른 외국물품에 해를 끼칠 우려가 있는 것
4. 기간이 지나면 사용할 수 없게 되거나 상품가치가 현저히 떨어질 우려가 있는 것
5. 관세청장이 정하는 물품 중 화주가 요청하는 것

② 장치기간이 지난 물품이 제1항 각 호의 어느 하나에 해당하는 물품으로서 급박하여 공고할 여유가 없을 때에는 매각한 후 공고할 수 있다.
③ 매각된 물품의 질권자나 유치권자는 다른 법령에도 불구하고 그 물품을 매수인에게 인도하여야 한다.
④ 세관장은 매각을 할 때 다음 각 호의 어느 하나에 해당하는 경우에는 대통령령으로 정하는 기관(이하 이 절에서 "매각대행기관"이라 한다)에 이를 대행하게 할 수 있다.

1. 신속한 매각을 위하여 사이버몰 등에서 전자문서를 통하여 매각하려는 경우
2. 매각에 전문지식이 필요한 경우
3. 그 밖에 특수한 사정이 있어 직접 매각하기에 적당하지 아니하다고 인정되는 경우

⑤ 매각대행기관이 매각을 대행하는 경우에는 매각대행기관의 장을 세관장으로 본다.

⑥ 세관장은 제4항에 따라 매각대행기관이 매각을 대행하는 경우에는 매각대행에 따른 실비 등을 고려하여 기획재정부령으로 정하는 바에 따라 수수료를 지급할 수 있다.

3) 매각방법

① 매각은 일반경쟁입찰·지명경쟁입찰·수의계약·경매 및 위탁판매의 방법으로 하여야 한다.

② 경쟁입찰의 방법으로 매각하려는 경우 매각되지 아니하였을 때에는 5일 이상의 간격을 두어 다시 입찰에 부칠 수 있으며 그 예정가격은 최초 예정가격의 100분의 10 이내의 금액을 입찰에 부칠 때마다 줄일 수 있다. 이 경우에 줄어들 예정가격 이상의 금액을 제시하는 응찰자가 있을 때에는 대통령령으로 정하는 바에 따라 그 응찰자가 제시하는 금액으로 수의계약을 할 수 있다.

③ 다음 각 호의 어느 하나에 해당하는 경우에는 경매나 수의계약으로 매각할 수 있다.

1. 2회 이상 경쟁입찰에 부쳐도 매각되지 아니한 경우
2. 매각물품의 성질·형태·용도 등을 고려할 때 경쟁입찰의 방법으로 매각할 수 없는 경우

④ 제3항에 따른 방법으로도 매각되지 아니한 물품과 대통령령으로 정하는 물품은 위탁판매의 방법으로 매각할 수 있다.

⑤ 매각된 물품에 대한 과세가격은 최초 예정가격을 기초로 하여 과세가격을 산출한다.

⑥ 매각할 물품의 예정가격의 산출방법과 위탁판매에 관한 사항은 대통령령으로 정하고, 경매절차에 관하여는 「국세징수법」을 준용한다.

⑦ 세관장은 매각할 때에는 매각 물건, 매각 수량, 매각 예정가격 등을 매각 시작 10일 전에 공고하여야 한다.

4) 잔금처리

① 세관장은 매각대금을 그 매각비용, 관세, 각종 세금의 순으로 충당하고, 잔금이 있을 때에는 이를 화주에게 교부한다.
② 매각하는 물품의 질권자나 유치권자는 해당 물품을 매각한 날부터 1개월 이내에 그 권리를 증명하는 서류를 세관장에게 제출하여야 한다.
③ 세관장은 매각된 물품의 질권자나 유치권자가 있을 때에는 그 잔금을 화주에게 교부하기 전에 그 질권이나 유치권에 의하여 담보된 채권의 금액을 질권자나 유치권자에게 교부한다.
④ 질권자나 유치권자에게 공매대금의 잔금을 교부하는 경우 그 잔금액이 질권이나 유치권에 의하여 담보된 채권액보다 적고 교부받을 권리자가 2인 이상인 경우에는 세관장은 「민법」이나 그 밖의 법령에 따라 배분할 순위와 금액을 정하여 배분하여야 한다.
⑤ 잔금의 교부는 관세청장이 정하는 바에 따라 일시 보류할 수 있다.
⑥ 매각대행기관이 매각을 대행하는 경우에는 매각대행기관이 매각대금의 잔금처리를 대행할 수 있다.

제8장

운송

제8장

운송

1. 보세운송

1) 보세운송의 신고

① 외국물품은 다음 각 호의 장소 간에 한정하여 외국물품 그대로 운송할 수 있다. 다만, 제248조에 따라 수출신고가 수리된 물품은 해당 물품이 장치된 장소에서 다음 각 호의 장소로 운송할 수 있다.

1. 국제항
2. 보세구역
3. 보세구역 외 장치에 따라 허가된 장소
4. 세관관서
5. 통관역
6. 통관장
7. 통관우체국

② 보세운송을 하려는 자는 관세청장이 정하는 바에 따라 세관장에게 보세운송의 신고를 하여야 한다. 다만, 물품의 감시 등을 위하여 필요하다고 인정하여 대통령령으로 정하는 경우에는 세관장의 승인을 받아야 한다.

③ 세관공무원은 감시·단속을 위하여 필요하다고 인정될 때에는 관세청장이 정하는 바에 따라 보세운송을 하려는 물품을 검사할 수 있다.

④ 수출신고가 수리된 물품은 관세청장이 따로 정하는 것을 제외하고는 보세운송절차를 생략한다.

2) 보세운송의 신고인

보세운송 신고 또는 승인신청은 다음 각 호의 어느 하나에 해당하는 자의 명의로 하여야 한다.

① 화주

② 관세사 등

③ 보세운송을 업(業)으로 하는 자(이하 "보세운송업자"라 한다)

3) 보세운송기간 경과 시의 징수

보세운송하는 외국물품이 지정된 기간 내에 목적지에 도착하지 아니한 때에는 즉시 그 관세를 징수한다. 다만, 해당 물품이 재해나 그 밖의 부득이한 사유로 망실되었거나 미리 세관장의 승인을 받아 그 물품을 폐기하였을 때에는 그러하지 아니하다. 보세운송인이 물품을 보세구역에 도착시킨 경우에는 지체 없이 보세운송신고필증 2부를 보세구역설영인 또는 화물관리인에게 제시하고 물품을 인계한다. 한편 도착된 물품에 과부족이 있거나 이상이 발견된 경우에는 지체 없이 세관장에게 보고하고, 보고받은 세관장은 담당공무원에게 그 실태를 조사하게 할 수 있다.

4) 조난물품의 운송

① 재해 기타 부득이한 사유로 인하여 선박/항공기로부터 내린 외국물품은 물품이 있는 장소로부터 제213조제1항의 장소에 운송할 수 있다.

② 외국물품을 운송하고자 하는 자는 승인을 얻어야 한다. 다만, 긴급을 요하는 때에는 세관공무원 또는 국가경찰공무원에게 신고하여야 한다.

③ 신고를 받은 국가경찰공무원은 지체 없이 그 요지를 세관공무원에게 통보하

여야 한다.

5) 간이보세운송

세관장은 보세운송을 하고자 하는 물품의 성질 및 형태, 보세운송업자의 신용도 등을 감안하여 관세청장이 정하는 바에 의하여 보세운송업자 또는 물품을 지정하여 신고절차의 간소화, 검사의 생략, 담보제공의 면제의 조치를 할 수 있다.

6) 내국운송의 신고

① 내국물품을 국제무역선에 의하여 운송하는 것을 내국운송이라고 한다. 예컨데, 인천항에 입항한 국제무역선에 적재된 외국물품을 수입신고가 수리된 후 그 일부만을 양륙하고, 잔여분은 내국물품 상태로 당해 선박으로 부산항까지 다시 운송하는 경우를 말한다.

② 내국물품을 국제무역선(기)에 의하여 운송하고자 하는 때 내국운송의 신고를 하여야 한다.

2. 보세운송업자

1) 보세운송업자 등의 등록 및 보고

① 다음 각 호의 어느 하나에 해당하는 자(이하 "보세운송업자 등"이라 한다)는 대통령령으로 정하는 바에 따라 관세청장이나 세관장에게 등록하여야 한다.

1. 보세운송업자
2. 보세화물을 취급하려는 자로서 다른 법령에 따라 화물운송의 주선을 업으로 하는 자(이하 "화물운송주선업자"라 한다)
3. 국제무역선·국제무역기 또는 국경출입차량에 물품을 하역하는 것을 업으로 하는 자
4. 국제무역선·국제무역기 또는 국경출입차량에 다음 각 목의 어느 하나에 해당하는 물품 등을 공급하는 것을 업으로 하는 자

   가. 선박용품

나. 항공기용품

다. 차량용품

라. 선박·항공기 또는 철도차량 안에서 판매할 물품

마. 용역

5. 국제항 안에 있는 보세구역에서 물품이나 용역을 제공하는 것을 업으로 하는 자

6. 국제무역선·국제무역기 또는 국경출입차량을 이용하여 상업서류나 그 밖의 견본품 등을 송달하는 것을 업으로 하는 자

7. 구매대행업자 중 대통령령으로 정하는 자

② 등록의 기준·절차 등에 관하여 필요한 사항은 대통령령으로 정한다.

③ 관세청장이나 세관장은 이 법의 준수 여부를 확인하기 위하여 필요하다고 인정할 때에는 보세운송업자 등에게 업무실적, 등록사항 변경, 업무에 종사하는 자의 성명이나 그 밖의 인적사항 등 그 영업에 관하여 보고를 하게 하거나 장부 또는 그 밖의 서류를 제출하도록 명할 수 있다. 이 경우 영업에 관한 보고 또는 서류제출에 필요한 사항은 관세청장이 정한다.

④ 관세청장이나 세관장은 화물운송주선업자에게 해당 업무에 관하여 보고하게 할 수 있다.

⑤ 등록의 유효기간은 3년으로 하며, 대통령령으로 정하는 바에 따라 갱신할 수 있다. 다만, 관세청장이나 세관장은 안전관리 기준의 준수 정도 측정·평가 결과가 우수한 자가 등록을 갱신하는 경우에는 유효기간을 2년의 범위에서 연장하여 정할 수 있다.

2) 보세운송업자 등의 등록요건

보세운송업자 등은 다음 각 호의 요건을 갖춘 자이어야 한다.

① 운영인의 결격 사유의 어느 하나에 해당하지 아니할 것

② 「항만운송사업법」 등 관련 법령에 따른 면허·허가·지정 등을 받거나 등록을 하였을 것

③ 관세 및 국세의 체납이 없을 것

④ 보세운송업자 등의 등록이 취소된 후 2년이 지났을 것

3) 보세운송업자 등의 등록의 효력상실

다음 각 호의 어느 하나에 해당하면 보세운송업자 등의 등록은 그 효력을 상실한다.

① 보세운송업자 등이 폐업한 경우

② 보세운송업자 등이 사망한 경우(법인인 경우에는 해산된 경우)

③ 등록의 유효기간이 만료된 경우

④ 등록이 취소된 경우

제9장

통관

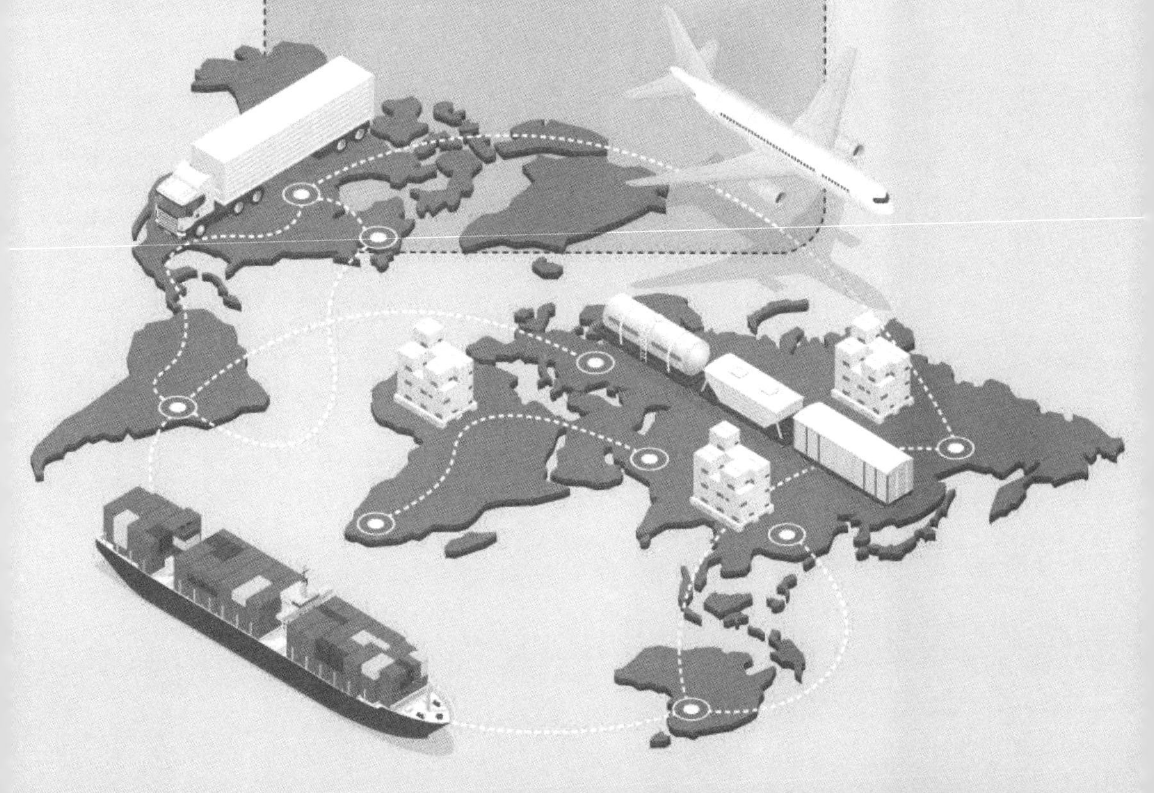

제9장

통관

1. 통칙

1) 통관요건

(1) 허가 · 승인 등의 증명 및 확인

① 수출입을 할 때 법령에서 정하는 바에 따라 허가·승인·표시 또는 그 밖의 조건을 갖출 필요가 있는 물품은 세관장에게 그 허가·승인·표시 또는 그 밖의 조건을 갖춘 것임을 증명하여야 한다.

② 통관을 할 때 구비조건에 대한 세관장의 확인이 필요한 수출입물품에 대하여는 다른 법령에도 불구하고 그 물품과 확인방법, 확인절차, 그 밖에 필요한 사항을 대통령령으로 정하는 바에 따라 미리 공고하여야 한다.

(2) 수출 · 수입 또는 반송의 신고

① 물품을 수출·수입 또는 반송하고자 하는 때에는 당해 물품의 품명·규격·수량 및 가격 등을 세관장에게 신고하여야 한다.

② 신고 생략 또는 간이신고대상

㉠ 휴대품·탁송품 또는 별송품

㉡ 우편물

㉢ 관세가 면제되는 물품

㉣ 컨테이너(기본세율이 무세인 것에 한한다)

③ 물품을 반입일 또는 장치일부터 30일 이내에 신고를 하여야 한다.

④ 기간 내에 수입 또는 반송의 신고를 하지 아니하는 때에는 과세가격의 100분의 2에 상당하는 금액의 범위 안에서 가산세로 징수하며 가산세액은 500만원을 초과할 수 없다.

표 신고기한 경과 가산세

신고기한 경과	가산세
신고기한 경과 20일 이내 신고한 경우	과세가격의 1000분의 5(0.5%)
신고기한 경과 50일 이내 신고한 경우	과세가격의 1000분의 10(1%)
신고기한 경과 80일 이내 신고한 경우	과세가격의 1000분의 15(1.5%)
이외의 경우	과세가격의 1000분의 20(2%)

⑤ 세관장은 다음에 해당하는 경우에는 당해 물품에 대하여 납부할 세액의 100분의 20(제1호의 경우에는 100분의 40으로 하되, 반복적으로 자진신고를 하지 아니하는 경우 등 대통령령으로 정하는 사유에 해당하는 경우에는 100분의 60)에 상당하는 금액을 가산세로 징수한다.

㉠ 여행자 또는 승무원이 휴대품을 신고하지 아니하여 과세하는 경우

㉡ 우리나라로 거주를 이전하기 위하여 입국하는 자가 입국하는 때에 수입하는 이사물품을 신고하지 아니하여 과세하는 경우

⑥ 전기·유류 등 대통령령이 정하는 물품을 그 물품의 특성으로 인하여 전선이나 배관 등 대통령령이 정하는 시설 또는 장치 등을 이용하여 수출·수입 또는 반송하는 자는 1개월을 단위로 하여 해당물품에 대한 사항을 대통령령이 정하는 바에 따라 다음 달 10일까지 신고하여야 한다. 이 경우 기간 내에 수출·수입 또는 반송의 신고를 하지 아니하는 때의 가산세 징수에 관하여는 제4항의 규정을 준용한다.

(3) 수출 · 수입 · 반송 등의 신고인

① 화주 또는 관세사 등의 명의로 하여야 한다.

② 수출신고의 경우에는 화주에게 당해 수출물품을 제조하여 공급한 자의 명의로 할 수 있다.

표 수출통관 절차

구분	내용
수출신고 시기	수출품 선적 전까지(예외적으로 선적 후 신고 가능)
수출신고 서류	수출신고서(세관보관용 및 수출신고필증용) 수출승인서(E/L) 상업송장(Commercial Invoice) 포장명세서(Packing List) 기타 세관장 요구서류
수출신고인	관세사, 관세사법인, 통관법인 또는 화주
서류심사	관세법, 대외무역법, 외국환거래법, 기타 특별법상 적법여부 최종 심사
실물검사/감정	검사목적: 위장, 불법 수출 방지 검사내용: HS품목분류번호, 품명 검사방법: 무작위추출(Random sample)불규칙검사와 전량필수 검사
수출신고필증교부	수출신고한 서류심사 및 실물검사 감정 결과 적법하면 수출자에게 수출신고필증 교부
선적	수출신고필(신고수리) 후 30일 이내에 선적

(4) 신고의 요건

① 수입의 신고는 당해 물품을 적재한 선박 또는 항공기가 입항된 후에 한하여 할 수 있다.

② 반송의 신고는 당해 물품이 이 법에 규정된 장치장소에 있는 경우에 한하여 할 수 있다.

③ 밀수출 등 불법행위가 발생할 우려가 높거나 감시단속상 필요하다고 인정하

여 대통령령으로 정하는 물품은 관세청장이 정하는 장소에 반입한 후 수출의 신고를 하게 할 수 있다.

(5) 입항전 수입신고

① 당해 물품을 적재한 선박 또는 항공기가 입항하기 전에 수입신고를 할 수 있다. 이 경우 입항전 수입신고가 된 물품은 우리나라에 도착된 것으로 본다.

② 세관장은 입항전 수입신고를 한 물품에 대하여 물품검사의 실시를 결정한 때에는 수입신고를 한 자에게 이를 통보하여야 한다.

③ 검사대상으로 결정된 물품은 수입신고를 한 세관의 관할보세구역(보세구역이 아닌 장소에 장치하는 경우 그 장소를 포함한다)에 반입되어야 한다. 다만, 세관장이 적재상태에서 검사가 가능하다고 인정하는 물품은 당해 물품을 적재한 선박 또는 항공기에서 검사할 수 있다.

④ 검사대상으로 결정되지 아니한 물품에 대하여는 입항 전에 그 수입신고를 수리할 수 있다.

표 수입통관 절차

구분	내용
수입신고시기	원칙: 선박 또는 항공기 입항 후 입항 전 신고: 신속한 통관이 필요시(출항 후) 출항 전 신고: 신속통관이 필요하고 운송기간이 단기간일 때 보세구역 장치 후 신고: 보세구역 반입 후에 수입신고(주로 심사/검사 대상품목) 보세구역 도착 전 신고: 물품도착 후 장치장 입고 전에 신고
수입신고서류	수입신고서, 수입승인서(I/L) 상업송장(Commercial Invoice) 포장명세서(Packing List) B/L 사본, 기타(원산지증명서 등)
수입신고인	관세사, 관세사법인, 통관법인 또는 화주
통관 심사	수입신고를 접수한 세관은 수입신고 서류의 서면심사 및 현품검사(해당 시) 후 적법하면 수입신고 수리함
관세 납부	납세신고 수리 후 15일 이내에 세관에 납부(수리 전도 납부가능)

수입신고필증교부	수입신고 수리 후 관세를 납부하고 납부서를 세관에 제출하면 수입신고필증이 교부되며, 이로써 외국물품이 아닌 내국물품이 되어 운송 및 처분이 가능하다.

(6) 물품의 검사

검사는 통관절차에 있어서 매우 중요한 부분이다. 검사를 하는 목적은 수출입물품이 수출입승인서상에 기재된 물품과 동일품명·동일규격의 물품인가, 또 수출입이 금지된 물품은 아닌가를 확인하고, 특히 수출물품에 대하여는 당해 수출물품에 사용된 원재료의 소요량(종류 및 수량)을 확인하여 관세 등 환급액 산출의 정확을 기하게 하고 수입의 경우는 과세가격과 세율을 확정하는 데 정확을 기하려는 데 있다. 이와 같은 검사의 목적을 달성하기 위해서는 모든 수출입물품을 빠짐없이 검사를 하여야 할 것이나 수출입물량에 비하여 이를 검사할 세관의 인력은 한정되어 있어 모든 물품의 전량검사란 불가능할 뿐만 아니라 실제 현품의 검사를 일일이 하지 않아도 별 문제가 없는 물품, 즉 검사의 실효가 없는 물품들에 대하여는 굳이 검사를 할 필요는 없는 것이다. 그리하여 본조에서도 "검사를 할 수 있다"고 표현하여 검사를 할 필요가 있는 물품에 대하여만 검사를 하고 기타의 물품은 검사를 생략하도록 하고 있다.

(7) 수입신고수리 요건

① 수출입에 있어서 법령이 정하는 바에 의하여 허가·승인·표시 기타 조건의 구비를 요하는 물품은 세관장에게 그 허가·승인·표시 기타 조건을 구비한 것임을 증명하여야 한다.

② 통관에 있어서 제1항의 구비조건에 대한 세관장의 확인이 필요한 수출입물품에 대하여는 필요한 사항을 대통령령이 정하는 바에 의하여 미리 공고하여야 한다.

③ 세관장은 다른 법령에 따라 수입 후 특정한 용도에의 사용 등 의무를 이행하도록 되어 있는 물품에 대하여는 문서로써 당해 의무를 이행할 것을 요구할 수 있다.

(8) 신고의 취하 및 각하

① 신고는 정당한 이유가 있는 때에 한하여 세관장의 승인을 얻어 이를 취하할 수 있다. 다만, 수입 및 반송은 운송수단·관세통로·하역통로 또는 이 법에서 규정된 장치장소에서 물품을 반출한 후에는 이를 취하할 수 없다.

② 수출·수입 또는 반송의 신고를 수리한 후 신고의 취하를 승인한 때에는 신고수리의 효력은 상실된다.

③ 세관장은 신고가 그 요건을 갖추지 못하였거나 부정한 방법으로 된 때에는 당해 수출·수입 또는 반송의 신고를 각하할 수 있다.

(9) FTA 발효국 확인

① 관세청 전자통관시스템(http://unipass.customs.go.kr) FTA 포털에서 FTA 발효국을 확인할 수 있다.

② 물품의 HS CODE 확인은 관세청 전자통관시스템의 관세법령정보포털을 통해 확인이 가능하다.

③ HS CODE를 정확하게 알고 있어야 물품에 대한 수입 요건을 확인할 수 있으며, FTA 발효국별로 당해물품에 대한 관세율을 확인할 수 있다.

(10) 우편물

① 우편물(서신은 제외)은 통관우체국을 경유

② 통관우체국은 체신관서 중에서 관세청장이 지정한다.

③ 통관우체국장이 우편물을 접수한 때에는 세관장에게 우편물목록을 제출하고 당해 우편물에 대한 검사를 받아야 한다.

④ 통관우체국의 장은 세관장이 우편물에 대하여 수출·수입 또는 반송을 할 수 없다고 결정한 때에는 그 우편물을 발송하거나 수취인에게 교부할 수 없다.

⑤ 체신관서는 관세를 징수할 우편물을 관세를 징수하기 전에 수취인에게 교부할 수 없다.

⑥ 수입인지 또는 금전으로 관세를 납부

⑦ 우편물에 대한 관세의 납세의무는 당해 우편물이 반송됨으로써 소멸한다.

(11) 전자상거래물품 등의 특별통관

관세청장은 전자문서로 거래되는 수출입물품에 대하여 수출입 신고·물품검사 등 기타 통관에 필요한 사항을 따로 정할 수 있다.

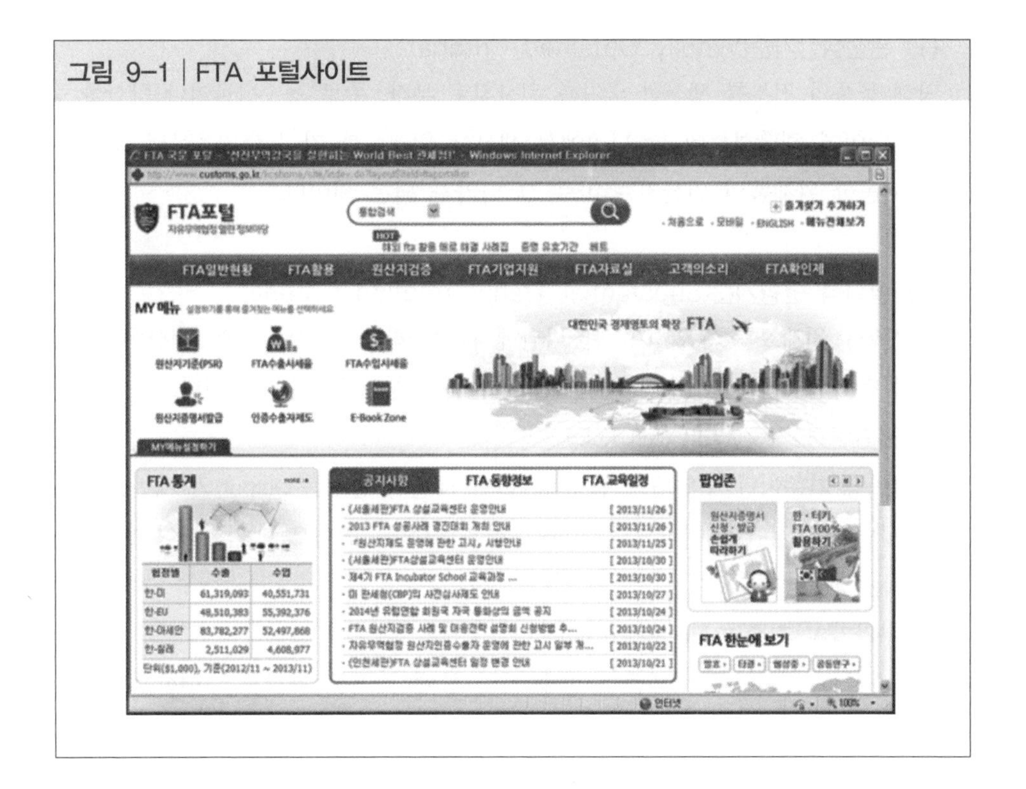

그림 9-1 | FTA 포털사이트

2. 원산지의 확인 등

1) 원산지확인기준

① 이 법·조약·협정 등에 의하여 관세를 부과·징수하기 위한 원산지를 확인하는 때에는 다음에 해당하는 나라를 원산지로 한다.

㉠ 당해 물품의 전부를 생산·가공·제조한 나라

㉡ 당해 물품이 2개국 이상에 걸쳐 생산·가공 또는 제조된 경우에는 그 물품의 본질적 특성을 부여하기에 충분한 정도의 실질적인 생산·가공·제조과정이 최종적으로 수행된 나라

② 조약·협정 등의 시행을 위하여 원산지확인기준 등을 따로 정할 필요가 있는

때에는 기획재정부령으로 원산지확인기준 등을 따로 정한다.

2) 수출입물품의 원산지 판정 기준

(1) 완전생산기준(Wholly Obtained Criteria)

당해 물품의 전부를 생산한 국가를 원산지로 본다. 주로 농수산물이나 광산물 등이 주로 이에 해당하는데 한 나라에서 생산한 원재료를 가지고 처음부터 그 나라에서 가공한 완제품의 원산지는 바로 그 나라가 되는 것이다.

(2) 실질적 변형기준(Substantial Transformation Criteria)

외국에서 원재료를 수입하여 한 나라에서 가공하는 경우와 같이 생산이 2개국 이상에 걸쳐 일어나는 경우의 원산지는 실질적 변형기준으로 판정한다.

① 세번변경 기준(Tariff Shift Rule)

세번변경 기준이란 수입되는 원료(Input)의 세번과 완제품(Output)의 세번을 비교하여 세번이 일정단위 이상으로 변하는 경우 실질적 변형으로 인정하여 원산지를 부여하는 것을 말한다.

② 부가가치 기준(Value Added Rule)

부가가치 기준이란 특정제품의 전체 가치 중에서 최종 공정을 수행한 나라에서 일정수준의 부가가치를 창출하는 경우 원산지를 인정하는 기준이다.

일반적으로 수입산 재료의 가격(CIF 기준)을 완제품의 가격(FOB 가격)으로 나눈 것으로 WTO 통일원산지 규정에서는 EU가 기계류에서 적극 주장하는 것으로 일반기계는 45%, 수송용 기계는 60% 부가가치 기준을 주장하고 있다.

③ 특정가공공정 기준(Processing Operation Rules)

실질적 변형을 판정하는 또 다른 기준이 특정공정 기준이다. 이는 가장 객관적 기준으로 제조공정 중 특정공정을 수행하거나 특정 부품을 사용한 국가를 원산지로 인정하는 기준을 말한다.

※ 영화의 경우 제작자가 속하는 국가가 원산지이다.

(3) 직접운송원칙

법 제229조에 따라 원산지를 결정할 때 해당 물품이 원산지가 아닌 국가를 경유하지 아니하고 직접 우리나라에 운송·반입된 물품인 경우에만 그 원산지로 인정한다. 다만, 다음 각 호의 어느 하나에 해당하는 물품인 경우에는 우리나라에 직접 반입한 것으로 본다.

① 다음 각 목의 요건을 모두 충족하는 물품일 것

㉠ 지리적 또는 운송상의 이유로 단순 경유한 것

㉡ 원산지가 아닌 국가에서 관세당국의 통제하에 보세구역에 장치된 것

㉢ 원산지가 아닌 국가에서 하역, 재선적 또는 그 밖에 정상 상태를 유지하기 위하여 요구되는 작업 외의 추가적인 작업을 하지 아니한 것

② 박람회·전시회 및 그 밖에 이에 준하는 행사에 전시하기 위하여 원산지가 아닌 국가로 수출되어 해당 국가 관세당국의 통제하에 전시목적에 사용된 후 우리나라로 수출된 물품일 것

3) 원산지허위표시물품 등의 통관제한

① 세관장은 법령의 규정에 의하여 원산지를 표시하여야 하는 물품이 다음에 해당하는 때에는 당해 물품의 통관을 허용하여서는 아니 된다. 다만, 그 위반사항이 경미한 때에는 이를 보완·정정하도록 한 후 통관을 허용할 수 있다.

㉠ 원산지표시가 법령에서 정하는 기준과 방법에 부합되지 아니하게 표시된 경우

㉡ 부정한 방법으로 원산지표시가 사실과 다르게 표시된 경우

㉢ 원산지표시가 되어 있지 아니한 경우

② 세관장은 물품의 품질, 내용, 제조 방법, 용도, 수량(이하 이 조에서 "품질 등"이라 한다)을 사실과 다르게 표시한 물품 또는 품질 등을 오인(誤認)할 수 있도록 표시하거나 오인할 수 있는 표지를 붙인 물품으로서 「부정경쟁방지 및 영업비밀보호에 관한 법률」, 「식품 등의 표시·광고에 관한 법률」, 「산업표준화법」 등 품질 등의 표시에 관한 법령을 위반한 물품에 대하여는 통관을 허용하여서는 아니 된다.

4) 환적물품 등에 대한 유치 등

① 세관장은 일시적으로 육지에 내려지거나 다른 운송수단으로 환적 또는 복합환적되는 외국물품 중 원산지가 우리나라로 허위 표시된 물품은 이를 유치할 수 있다.
② 유치하는 외국물품은 세관장이 관리하는 장소에 보관하여야 한다. 다만, 세관장이 필요하다고 인정하는 때에는 그러하지 아니하다.
③ 세관장은 외국물품을 유치하는 때에는 그 사실을 그 물품의 화주 또는 그 위임을 받은 자에게 통지하여야 한다.
④ 세관장은 유치에 의한 통지를 하는 때에는 이행기간을 정하여 원산지표시의 수정 등 필요한 조치를 명할 수 있다. 이 경우 지정한 이행기간 내에 명령을 이행하지 아니하면 매각한다는 뜻을 함께 통지하여야 한다.
⑤ 세관장은 이행기간의 규정에 의한 명령이 이행된 때에는 물품의 유치를 즉시 해제하여야 한다.
⑥ 세관장은 이행기간의 규정에 의한 명령이 이행되지 아니한 때에는 이를 매각할 수 있다.
⑦ 상표권 및 저작권 등을 침해하는 물품에 관하여 세관장은 당해 권리의 보유자에게 유치사실을 통보한 후 권리보유자가 통보를 받은 날부터 10일 이내에 법원에 손해배상을 청구하지 아니한 때에는 물품의 유치를 해제하여야 한다.

5) 원산지증명서 등

① 이 법, 조약·협정 등에 의하여 원산지확인이 필요한 물품을 수입하는 자는 당해 물품의 원산지를 증명하는 서류를 제출하여야 한다.
② 세관장은 원산지증명서를 제출하지 아니하는 때에는 이 법, 조약·협정 등에 의한 관세율을 적용함에 있어서 일반특혜관세·국제협력관세 또는 편익관세를 배제하는 등 관세의 편익을 적용하지 아니할 수 있다.
③ 세관장은 원산지확인이 필요한 물품을 수입한 자로 하여금 제1항의 규정에 의하여 제출받은 원산지증명서의 내용을 확인하기 위하여 필요한 자료를 제출하게 할 수 있다. 이 경우 원산지확인이 필요한 물품을 수입한 자가 정당

한 사유 없이 원산지증명서 확인자료를 제출하지 아니하는 때에는 세관장은 수입신고 시 제출받은 원산지증명서의 내용을 인정하지 아니할 수 있다.

④ 세관장은 원산지증명서 확인자료를 제출한 자가 정당한 사유를 제시하여 그 자료를 공개하지 아니할 것을 요청한 때에는 그 제출인의 명시적 동의 없이 당해 자료를 공개하여서는 아니 된다.

6) 원산지증명서 등의 확인요청

세관장은 원산지증명서를 발행한 국가의 세관 기타 발급권한이 있는 기관에게 제출된 원산지증명서 및 원산지증명서 확인자료의 진위 여부, 정확성 등의 확인을 요청할 수 있다. 이 경우 세관장의 확인요청은 당해 물품의 수입신고가 수리된 이후에 행하여야 한다.

7) 수출입물품의 원산지정보 수집 · 분석

① 관세청장은 이 법과 「자유무역협정의 이행을 위한 관세법의 특례에 관한 법률」 및 조약·협정 등에 따라 수출입물품의 원산지 확인·결정 또는 검증 등의 업무에 필요한 정보를 수집·분석할 수 있다.

② 관세청장은 원산지 확인·결정 또는 검증 등의 업무에 따른 정보를 효율적으로 수집·분석하기 위하여 필요한 경우 업무의 일부를 대통령령으로 정하는 법인 또는 단체의 장에게 위탁할 수 있다.

☞ **원산지 검증**

1. 원산지 검증의 의의

원산지 검증이란 협정 또는 국내법에서 정한 원산지요건(원산지결정기준, 원산지증빙서류 등) 충족 여부를 확인하고 위반 시 취하는 일련의 행정절차로 원산지요건 이외에 관련 협정 및 국내법에서 정한 모든 특혜 요건(거래당사자, 세율, 운송경로, 신청절차 등) 또는 허위표시 여부를 확인하고 필요한 조치를 취하는 것을 의미한다. 특혜 적용받은 협정관세의 적정 여부와 수출입물품의 원산지 확인을 위하여 국내 수입자·수출자·생산자 및 원산지 증빙서류 발급기관, 체약상대국 수출자·생산자를 대상으로 원산지를 조사한다.

2. 원산지 검증의 목적
① 불공정무역행위의 방지
② 제3국 물품의 우회수출입방지를 통한 국내산업 보호
③ 관세탈루방지를 통한 세수증대
④ 협정국 간 교역과 투자촉진
⑤ 상대국의 검증요청 수행을 통한 FTA 이행관리

3. 통관의 제한

1) 수출입의 금지

① 헌법질서를 문란하게 하거나 공공의 안녕질서 또는 풍속을 해치는 서적 · 간행물 · 도화 · 영화 · 음반 · 비디오물 · 조각물 기타 이에 준하는 물품
② 정부의 기밀을 누설하거나 첩보활동에 사용되는 물품
③ 화폐 · 채권 기타 유가증권의 위조품 · 변조품 또는 모조품

2) 지식재산권 보호

① 다음 각 호의 어느 하나에 해당하는 지식재산권을 침해하는 물품은 수출하거나 수입할 수 없다.
ㄱ 「상표법」에 따라 설정 등록된 상표권
ㄴ 「저작권법」에 따른 저작권과 저작인접권(이하 "저작권 등"이라 한다)
ㄷ 「식물신품종보호법」에 따라 설정 등록된 품종보호권
ㄹ 「농산물품질관리법」 또는 「수산물품질관리법」에 따라 등록되거나 조약 · 협정 등에 따라 보호대상으로 지정된 지리적표시권 또는 지리적 표시(이하 "지리적 표시권 등"이라 한다)[13]

13) 지리적 표시제도는 보성 녹차, 켈리포니아산 건포도 등과 같이 특정지역의 우수 농산물과 그 가공품에 지역명 표시를 할 수 있도록 함으로써 생산자와 소비자를 보호하는 제도이다. 지리적 표시는 상품의 품질이나 명성이 지리적 특성에 근거를 두고 있는 상품임을 알리는 것으로 세계무역기구(WTO) 협정에 규정돼 있다. WTO협정은 원산지 국가에서 보호받지

ⓜ 「특허법」에 따라 설정 등록된 특허권

ⓗ 「디자인보호법」에 따라 설정 등록된 디자인권

② 관세청장은 제1항 각 호에 따른 지식재산권을 침해하는 물품을 효율적으로 단속하기 위하여 필요한 경우에는 해당 지식재산권을 관계 법령에 따라 등록 또는 설정등록한 자 등으로 하여금 해당 지식재산권에 관한 사항을 신고하게 할 수 있다.

③ 세관장은 다음 각 호의 어느 하나에 해당하는 물품이 제2항에 따라 신고된 지식재산권을 침해하였다고 인정될 때에는 그 지식재산권을 신고한 자에게 해당 물품의 수출입, 환적, 복합환적, 보세구역 반입, 보세운송 또는 제141조제1호에 따른 일시양륙의 신고(이하 이 조에서 "수출입 신고 등"이라 한다) 사실을 통보하여야 한다. 이 경우 통보를 받은 자는 세관장에게 담보를 제공하고 해당 물품의 통관 보류나 유치를 요청할 수 있다.

㉠ 수출입 신고된 물품

㉡ 환적 또는 복합환적 신고된 물품

㉢ 보세구역에 반입 신고된 물품

㉣ 보세운송 신고된 물품

ⓜ 제141조제1호에 따라 일시양륙이 신고된 물품

④ 지식재산권을 보호받으려는 자는 세관장에게 담보를 제공하고 해당 물품의 통관 보류나 유치를 요청할 수 있다.

⑤ 세관장은 특별한 사유가 없는 한 당해 물품의 통관을 보류하거나 유치하여야 한다. 다만, 수출입 신고 등을 한 자가 담보를 제공하고 통관 또는 유치 해제

못하는 지리적 표시는 국제적으로도 보호받을 수 없도록 규정해 놓고 있다.

국내에서는 1999년 법규가 만들어져 지리적 표시제 1호 특산품으로 2002년 1월 '보성녹차'가 등록되었다.

지리적 표시의 등록은 특정지역에서 지리적 특성을 가진 농수산물 또는 농수산가공품을 생산하거나 제조·가공하는 자로 구성된 법인만 신청할 수 있다. 다만, 지리적 특성을 가진 농수산물 또는 농수산가공품의 생산자 또는 가공업자가 1인인 경우에는 법인이 아니라도 등록신청을 할 수 있다.

신청 접수는 국립농산물품질관리원에서 받으며 지리적 표시등록심의회의 심의를 거친 후에 등록된다. 표시제 등록상품은 법적으로 표시권을 보호받아 비등록 품목이 등록품목의 지리적 표시를 사용하거나 유사한 표시를 하는 경우 농수산물품질관리법에 따라 3년 이하 징역이나 3,000만 원 이하 벌금에 처해진다.

를 요청하는 경우에는 다음 각 호의 물품을 제외하고는 해당 물품의 통관을 허용하거나 유치를 해제할 수 있다.

㉠ 위조하거나 유사한 상표를 붙여 제1항제1호에 따른 상표권을 침해하는 물품

㉡ 불법복제된 물품으로서 저작권 등을 침해하는 물품

㉢ 같거나 유사한 품종명칭을 사용하여 제1항제3호에 따른 품종보호권을 침해하는 물품

㉣ 위조하거나 유사한 지리적표시를 사용하여 지리적표시권 등을 침해하는 물품

㉤ 특허로 설정등록된 발명을 사용하여 제1항제5호에 따른 특허권을 침해하는 물품

㉥ 같거나 유사한 디자인을 사용하여 제1항제6호에 따른 디자인권을 침해하는 물품

⑥ 수출입 신고를 한 자가 담보를 제공하고 통관 또는 유치해제를 요청하는 때에는 다음의 물품을 제외하고는 해당 물품의 통관을 서용하거나 유치를 해제할 수 있다.

㉠ 위조하거나 유사한 상표를 부착하여 제1항제1호에 따른 상표권을 침해하는 물품

㉡ 불법복제된 물품으로서 저작권 등을 침해하는 물품

㉢ 같거나 유사한 품종명칭을 사용하여 제1항제3호에 따른 품종보호권을 침해하는 물품

㉣ 위조하거나 유사한 지리적표시를 사용하여 지리적표시권 등을 침해하는 물품

㉤ 특허로 설정등록된 발명을 사용하여 제1항제5호에 따른 특허권을 침해하는 물품

㉥ 같거나 유사한 디자인을 사용하여 제1항제6호에 따른 디자인권을 침해하는 물품

⑦ 세관장은 수출입물품이 지식재산권을 침해하였음이 명백한 경우에는 직권으로 해당물품의 통관을 보류하거나 유치할 수 있다. 이 경우 세관장은 해당물품의 수출입 신고 등을 한 자에게 그 사실을 즉시 통보하여야 한다.

3) 통관물품 및 통관절차의 제한

관세청장 또는 세관장은 감시상 필요하다고 인정되는 때에는 통관역·통관장 또는 특정한 세관에서 통관할 수 있는 물품을 제한할 수 있다.

4) 세관장의 통관의 보류사유

① 세관장은 다음 각 호의 어느 하나에 해당하는 경우에는 해당 물품의 통관을 보류할 수 있다.

㉠ 제241조 또는 제244조에 따른 수출·수입 또는 반송에 관한 신고서의 기재사항에 보완이 필요한 경우

㉡ 제245조에 따른 제출서류 등이 갖추어지지 아니하여 보완이 필요한 경우

㉢ 이 법에 따른 의무사항(대한민국이 체결한 조약 및 일반적으로 승인된 국제법규에 따른 의무를 포함한다)을 위반하거나 국민보건 등을 해칠 우려가 있는 경우

㉣ 제246조의3 제1항에 따른 안전성 검사가 필요한 경우

㉣의2. 제246조의3 제1항에 따른 안전성 검사 결과 불법·불량·유해 물품으로 확인된 경우

㉤ 「국세징수법」 제30조 및 「지방세징수법」 제39조의2에 따라 세관장에게 강제징수 또는 체납처분이 위탁된 해당 체납자가 수입하는 경우

㉥ 그 밖에 이 법에 따라 필요한 사항을 확인할 필요가 있다고 인정하여 대통령령으로 정하는 경우

② 세관장은 통관을 보류할 때에는 즉시 그 사실을 화주(화주의 위임을 받은 자를 포함한다) 또는 수출입 신고인에게 통지하여야 한다.

③ 세관장은 통지할 때에 이행기간을 정하여 통관의 보류 해제에 필요한 조치를 요구할 수 있다.

④ 통관의 보류 사실을 통지받은 자는 세관장에게 제1항 각 호의 통관 보류사유에 해당하지 아니함을 소명하는 자료 또는 제3항에 따른 세관장의 통관 보류 해제에 필요한 조치를 이행한 사실을 증명하는 자료를 제출하고 해당 물품의 통관을 요청할 수 있다. 이 경우 세관장은 해당 물품의 통관 허용 여부(허용

하지 아니하는 경우에는 그 사유를 포함한다)를 요청받은 날부터 30일 이내에 통지하여야 한다.

5) 보세구역 반입명령

① 관세청장이나 세관장은 다음 각 호의 어느 하나에 해당하는 물품으로서 이 법에 따른 의무사항을 위반하거나 국민보건 등을 해칠 우려가 있는 물품에 대해서는 대통령령으로 정하는 바에 따라 화주(화주의 위임을 받은 자를 포함한다) 또는 수출입 신고인에게 보세구역으로 반입할 것을 명할 수 있다.

㉠ 수출신고가 수리되어 외국으로 반출되기 전에 있는 물품

㉡ 수입신고가 수리되어 반출된 물품

② 반입명령을 받은 자(이하 이 조에서 "반입의무자"라 한다)는 해당 물품을 지정받은 보세구역으로 반입하여야 한다.

③ 관세청장이나 세관장은 반입의무자에게 제2항에 따라 반입된 물품을 국외로 반출 또는 폐기할 것을 명하거나 반입의무자가 위반사항 등을 보완 또는 정정한 이후 국내로 반입하게 할 수 있다. 이 경우 반출 또는 폐기에 드는 비용은 반입의무자가 부담한다.

④ 반입된 물품이 제3항에 따라 국외로 반출 또는 폐기되었을 때에는 당초의 수출입 신고 수리는 취소된 것으로 본다. 이 경우 해당 물품을 수입할 때 납부한 관세는 환급한다.

⑤ 관세청장이나 세관장은 법 위반사항이 경미하거나 감시·단속에 지장이 없다고 인정되는 경우에는 반입의무자에게 해당 물품을 보세구역으로 반입하지 아니하고 필요한 조치를 하도록 명할 수 있다

4. 통관의 예외 적용

1) 수입으로 보지 아니하는 소비 또는 사용

① 선박용품·항공기용품 또는 차량용품을 운송수단 안에서 그 용도에 따라 소비 또는 사용하는 경우

② 선박용품·항공기용품 또는 차량용품을 관세청장이 정하는 지정보세구역에서

「출입국관리법」에 따라 출국심사를 마치거나 우리나라에 입국하지 아니하고 우리나라를 경유하여 제3국으로 출발하려는 자에게 제공하여 그 용도에 따라 소비 또는 사용하는 경우

③ 여행자가 휴대품을 운송수단 또는 관세통로에서 소비 또는 사용하는 경우

④ 이 법의 규정에 의하여 인정된 바에 따라 소비 또는 사용하는 경우

2) 수출입의 의제

① 수출입의 의제[14]에 해당하는 외국물품은 이 법의 규정에 의하여 적법하게 수입된 것으로 보고 관세 등은 따로 징수하지 아니한다.

㉠ 체신관서가 수취인에게 교부한 우편물

㉡ 매각된 물품

㉢ 몰수된 물품

㉣ 통고처분으로 납부된 물품

㉤ 법령에 의하여 국고에 귀속된 물품

㉥ 몰수에 갈음하여 추징된 물품

② 체신관서가 외국으로 발송한 우편물은 이 법의 규정에 의하여 적법하게 수출되거나 반송된 것으로 본다.

5. 통관 후 유통이력 관리

1) 통관 후 유통이력 신고

① 외국물품을 수입하는 자와 수입물품을 국내에서 거래하는 자(소비자에 대한 판매를 주된 영업으로 하는 사업자를 제외)는 사회안전 또는 국민보건을 해칠 우려가 현저한 물품 등으로서 관세청장이 지정하는 물품에 대한 유통이력을 관

---

14) 외국물품은 원칙적으로 수입신고의 수리절차(과세물품은 납세를 하고)를 밟아서 내국물품화하여 국내에서 유통 또는 소비를 할 수 있고, 내국물품은 수출신고의 수리절차를 거쳐 외국물품화하여 외국으로 반출할 수 있다. 그러나 형식적으로는 수출입의 신고수리를 얻지 않았더라도 소정의 절차를 거쳐 적법하게 인취하거나, 외국으로 반출한 물품에 대하여는 수출입의 신고수리가 된 것으로 의제하는 제도가 있는데, 이를 수출입의 의제라 한다.

세청장에게 신고하여야 한다.

② 유통이력 신고의 의무가 있는 자는 유통이력을 장부에 기록(전자적 기록방식을 포함)하고, 그 자료를 거래일부터 1년간 보관하여야 한다.

③ 관세청장은 유통이력 신고물품을 지정함에 있어 미리 관계행정기관의 장과 협의하여야 한다.

④ 관세청장은 유통이력 신고물품의 지정, 신고의무 존속기한 및 신고대상 범위설정 등에 있어 수입물품을 내국물품에 비하여 부당하게 차별하여서는 아니 되며, 이를 이행하는 유통이력 신고의무자의 부담이 최소화되도록 하여야 한다.

⑤ 유통이력 신고물품별 신고의무 존속기한, 유통이력의 범위, 신고 절차, 그 밖에 유통이력 신고에 관하여 필요한 사항은 관세청장이 정한다.

2) 유통이력조사

① 관세청장은 세관공무원으로 하여금 유통이력 신고의무자의 사업장에 출입하여 영업 관계의 장부나 서류를 열람하여 조사를 하게 할 수 있다.

② 유통이력 신고의무자는 정당한 사유 없이 제1항에 따른 조사를 거부·방해 또는 기피하여서는 아니 된다.

③ 조사하는 세관공무원은 신분을 확인할 수 있는 증표를 지니고 이를 관계인에게 내보여야 한다.

제10장

세관공무원의 자료 제출 요청 등

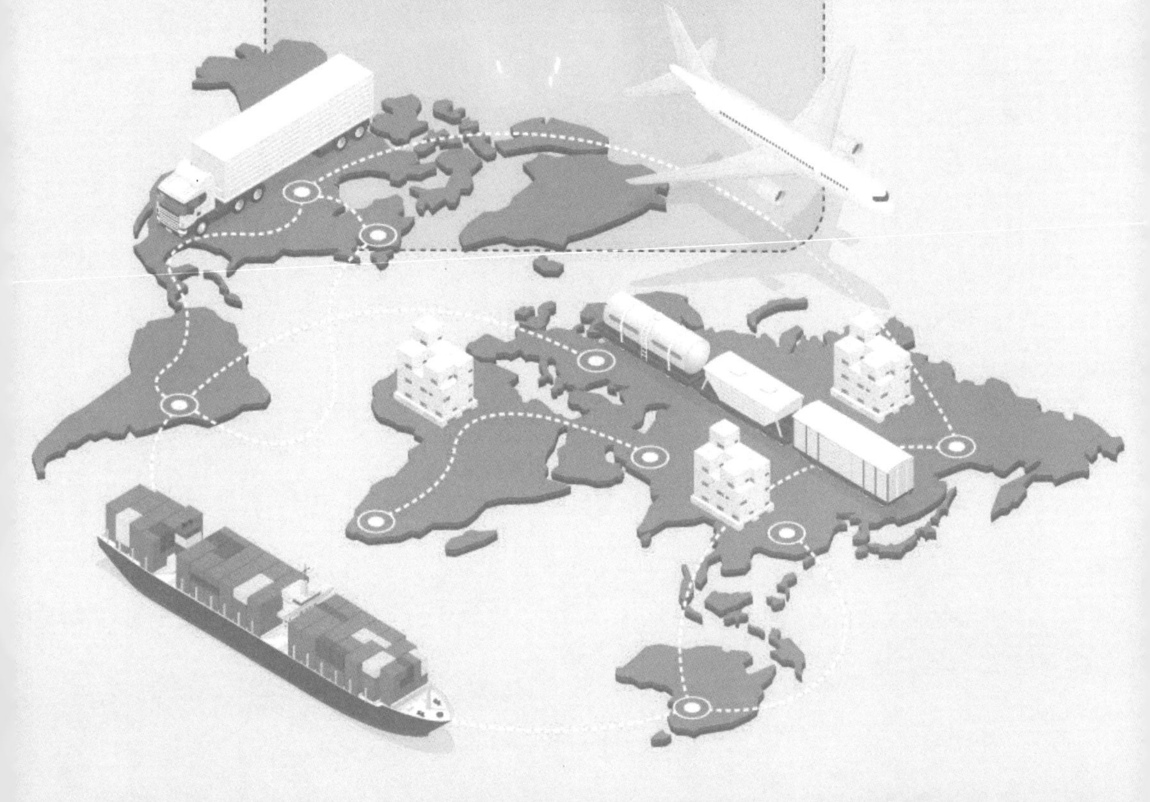

제10장

세관공무원의 자료 제출 요청 등

1. 세관장 등의 과세자료 요청 등

1) 운송수단의 출발 중지 등

관세청장이나 세관장은 이 법 또는 이 법에 따른 명령을 집행하기 위하여 필요하다고 인정될 때에는 운송수단의 출발을 중지시키거나 그 진행을 정지시킬 수 있다.

2) 서류의 제출 또는 보고 등의 명령

관세청장이나 세관장은 이 법(「수출용 원재료에 대한 관세 등 환급에 관한 특례법」을 포함한다. 이하 이 조에서 같다) 또는 이 법에 따른 명령을 집행하기 위하여 필요하다고 인정될 때에는 물품·운송수단 또는 장치 장소에 관한 서류의 제출·보고 또는 그 밖에 필요한 사항을 명하거나, 세관공무원으로 하여금 수출입자·판매자 또는 그 밖의 관계자에 대하여 관계 자료를 조사하게 할 수 있다.

3) 과세자료의 제출 등

(1) 과세자료의 요청

관세청장은 국가기관 및 지방자치단체 등 관계 기관 등에 대하여 관세의 부과·징수 및 통관에 관계되는 자료 또는 통계를 요청할 수 있다.

관세법의 각 규정에는 세관장은 과세가격의 결정, 밀수단속 등의 목적으로 수출입업자 및 보세구역설영인 등에게 자료를 제출하게 하거나 보고를 하게 할 수 있도록 규정하고 있으나 본조에서는 내·외국물품이나 운송기관 또는 장치장소에 관한 서류를 제출하게 하거나 보고 기타 필요한 사항을 명할 수 있게 하였다.

(2) 과세자료의 범위

① 과세자료제출기관이 제출하여야 하는 과세자료는 다음 각 호의 어느 하나에 해당하는 자료로서 관세의 부과·징수와 통관에 직접적으로 필요한 자료로 한다.

1. 수입하는 물품에 대하여 관세 또는 내국세등을 감면받거나 낮은 세율을 적용받을 수 있도록 허가, 승인, 추천 등을 한 경우 그에 관한 자료
2. 과세자료제출기관이 법률에 따라 신고·제출받거나 작성하여 보유하고 있는 자료(각종 보조금·보험급여·보험금 등의 지급 현황에 관한 자료를 포함한다) 중 제27조, 제38조, 제241조에 따른 신고내용의 확인 또는 제96조에 따른 감면 여부의 확인을 위하여 필요한 자료
3. 허가·승인·표시 또는 그 밖의 조건을 증명할 필요가 있는 물품에 대하여 과세자료제출기관이 허가 등을 갖추었음을 확인하여 준 경우 그에 관한 자료
4. 이 법에 따라 체납된 관세 등의 징수를 위하여 필요한 자료
5. 중앙관서 중 중앙행정기관 외의 기관이 보유하고 있는 자료로서 관세청장이 관세의 부과·징수와 통관에 필요한 최소한의 범위에서 해당 기관의 장과 미리 협의하여 정하는 자료
6. 거주자의 「여신전문금융업법」에 따른 신용카드등의 대외지급(물품구매 내역에 한정한다) 및 외국에서의 외국통화 인출 실적

② 과세자료의 구체적인 범위는 과세자료제출기관별로 대통령령으로 정한다.

(3) 과세자료의 제출방법

① 과세자료제출기관의 장은 분기별로 분기만료일이 속하는 달의 다음 달 말일까지 대통령령으로 정하는 바에 따라 관세청장 또는 세관장에게 과세자료를 제출하여야 한다. 다만, 과세자료의 발생빈도와 활용시기 등을 고려하여 대통령령으로 정하는 바에 따라 그 과세자료의 제출시기를 달리 정할 수 있다.

② 과세자료제출기관의 장이 과세자료를 제출하는 경우에는 그 기관이 접수하거나 작성한 자료의 목록을 함께 제출하여야 한다.

③ 과세자료의 목록을 제출받은 관세청장 또는 세관장은 이를 확인한 후 제출받은 과세자료에 누락이 있거나 보완이 필요한 경우 그 과세자료를 제출한 기관에 대하여 추가하거나 보완하여 제출할 것을 요청할 수 있다.

④ 과세자료의 제출서식 등 제출방법에 관하여 그 밖에 필요한 사항은 기획재정부령으로 정한다.

(4) 과세자료의 수집에 관한 협조

① 관세청장 또는 세관장으로부터 과세자료의 제출을 요청받은 기관 등의 장은 다른 법령에 특별한 제한이 있는 경우 등 정당한 사유가 없으면 이에 협조하여야 한다.

② 관세청장 또는 세관장은 과세자료의 범위에 따른 자료 외의 자료로서 관세의 부과·징수 및 통관을 위하여 필요한 경우에는 해당 자료를 보유하고 있는 과세자료제출기관의 장에게 그 자료의 수집에 협조하여 줄 것을 요청할 수 있다.

(5) 과세자료의 관리 및 활용 등

① 관세청장은 이 법에 따른 과세자료의 효율적인 관리와 활용을 위한 전산관리 체계를 구축하는 등 필요한 조치를 마련하여야 한다.

② 관세청장은 이 법에 따른 과세자료의 제출·관리 및 활용 상황을 수시로 점검하여야 한다.

(6) 과세자료제출기관의 책임 등

① 과세자료제출기관의 장은 그 소속 공무원이나 임직원이 이 법에 따른 과세자료의 제출 의무를 성실하게 이행하는지를 수시로 점검하여야 한다.

② 관세청장은 과세자료제출기관 또는 그 소속 공무원이나 임직원이 이 법에 따른 과세자료의 제출 의무를 이행하지 아니하는 경우 그 기관을 감독 또는 감사·검사하는 기관의 장에게 그 사실을 통보하여야 한다.

(7) 비밀유지의무

① 관세청 및 세관 소속 공무원은 제출받은 과세자료를 타인에게 제공 또는 누설하거나 목적 외의 용도로 사용하여서는 아니 된다.

② 관세청 및 세관 소속 공무원은 제1항을 위반하는 과세자료의 제공을 요구받으면 이를 거부하여야 한다.

③ 과세자료를 제공받은 자는 이를 타인에게 제공 또는 누설하거나 목적 외의 용도로 사용하여서는 아니 된다.

(8) 과세자료 비밀유지의무 위반에 대한 처벌

① 과세자료를 타인에게 제공 또는 누설하거나 목적 외의 용도로 사용한 자는 3년 이하의 징역 또는 1천만원 이하의 벌금에 처한다.

② 과세자료 비밀유지의무 위반에 대해서는 징역과 벌금은 병과할 수 있다.

(9) 불법 · 불량 · 유해물품에 대한 정보 등의 제공 요청과 협조

① 관세청장은 우리나라로 반입되거나 우리나라에서 반출되는 물품의 안전 관리를 위하여 필요한 경우 중앙행정기관의 장에게 해당 기관이 보유한 다음 각 호의 불법·불량·유해물품에 대한 정보 등을 제공하여 줄 것을 요청할 수 있다.

1. 이 법 또는 다른 법령에서 정한 구비조건·성분·표시·품질 등을 위반한 물품에 관한 정보
2. 제1호의 물품을 제조, 거래, 보관 또는 유통하는 자에 관한 정보

② 요청을 받은 중앙행정기관의 장은 특별한 사유가 없는 경우에는 이에 협조하여야 한다.

2. 세관공무원의 물품검사 등

1) 물품 또는 운송수단 등에 대한 검사 등

세관공무원은 이 법 또는 이 법에 따른 명령(대한민국이 체결한 조약 및 일반적으로 승인된 국제법규에 따른 의무를 포함한다)을 위반한 행위를 방지하기 위하여 필요하다고 인정될 때에는 물품, 운송수단, 장치 장소 및 관계 장부·서류를 검사 또는 봉쇄하거나 그 밖에 필요한 조치를 할 수 있다.

2) 장부 또는 자료의 제출 등

① 세관공무원은 이 법에 따른 직무를 집행하기 위하여 필요하다고 인정될 때에는 수출입업자·판매업자 또는 그 밖의 관계자에 대하여 질문하거나 문서화·전산화된 장부, 서류 등 관계 자료 또는 물품을 조사하거나, 그 제시 또는 제출을 요구할 수 있다.

② 상설영업장을 갖추고 외국에서 생산된 물품을 판매하는 자로서 기획재정부령으로 정하는 기준에 해당하는 자는 해당 물품에 관하여 「부가가치세법」 제32조 및 제35조에 따른 세금계산서나 수입 사실 등을 증명하는 자료를 영업장에 갖춰 두어야 한다.

③ 관세청장이나 세관장은 이 법 또는 이 법에 따른 명령을 집행하기 위하여 필요하다고 인정될 때에는 상설영업장의 판매자나 그 밖의 관계인으로 하여금 대통령령으로 정하는 바에 따라 영업에 관한 보고를 하게 할 수 있다.

3) 총기의 휴대 및 사용

① 관세청장이나 세관장은 직무를 집행하기 위하여 필요하다고 인정될 때에는 그 소속 공무원에게 총기를 휴대하게 할 수 있다.

② 세관공무원은 그 직무를 집행할 때 특히 자기나 다른 사람의 생명 또는 신체를 보호하고 공무집행에 대한 방해 또는 저항을 억제하기 위하여 필요한 상당한 이유가 있는 경우 그 사태에 응하여 부득이하다고 판단될 때에는 총기를 사용할 수 있다.

4) 운송수단에 대한 검문 · 검색 등의 협조 요청

① 세관공무원은 해상에서 직무를 집행하기 위하여 필요하다고 인정될 때에는 다음 각 호의 어느 하나에 해당하는 자에게 협조를 요청할 수 있다.

1. 육군·해군·공군의 각 부대장
2. 국가경찰관서의 장
3. 해양경찰관서의 장

② 협조 요청을 받은 자는 밀수 관련 혐의가 있는 선박에 대하여 추적감시 또는 진행정지명령을 하거나 세관공무원과 협조하여 해당 선박에 대하여 검문·검색을 할 수 있으며, 이에 따르지 아니하는 경우 강제로 그 선박을 정지시키거나 검문·검색을 할 수 있다.

5) 명예세관원

① 관세청장은 밀수감시단속 활동의 효율적인 수행을 위하여 필요한 경우에는 수출입 관련 분야의 민간종사자 등을 명예세관원으로 위촉하여 다음 각 호의 활동을 하게 할 수 있다.

1. 공항·항만에서의 밀수 감시
2. 정보 제공과 밀수 방지의 홍보

② 명예세관원의 자격요건, 임무, 그 밖에 필요한 사항은 기획재정부령으로 정한다.

제11장

벌칙

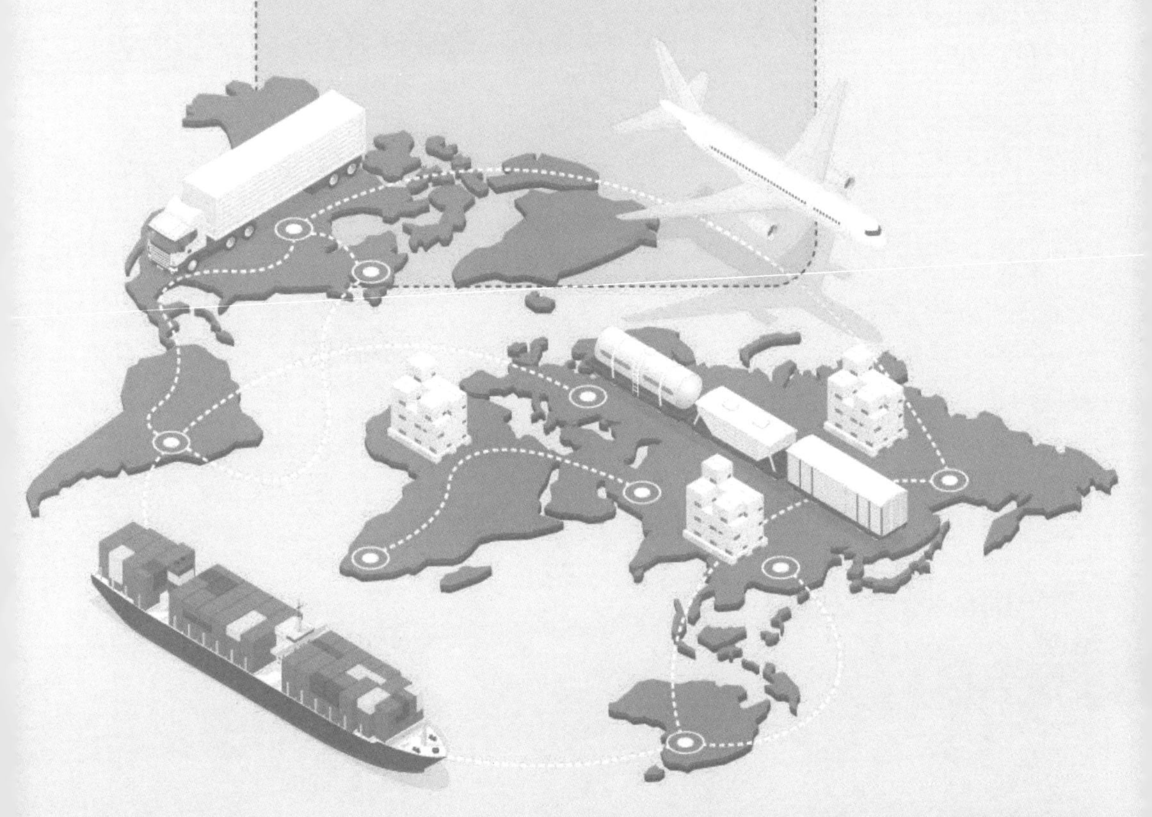

제11장

벌칙

관세법은 관세법의 목적을 효율적으로 달성하기 위하여 벌칙 및 조사와 처분에 대한 규정을 두고 있다. 관세법 위반에 대하여 과하는 처벌을 관세형벌이라고 하며, 이러한 관세형벌에는 형법총칙을 적용하는 관세행정형벌과 과태료가 부과되는 관세행정질서벌로 구분할 수 있다.

1. 전자문서 위조·변조죄 등

① 위조 또는 변조하거나 위조 또는 변조된 정보를 행사한 자는 1년 이상 10년 이하의 징역 또는 1억원 이하의 벌금에 처한다.

② 5년 이하의 징역 또는 5천만원 이하의 벌금

1. 지정을 받지 아니하고 국가관세종합정보망을 운영하거나 관세청장의 지정을 받지 아니하고 전자문서중계업무를 행한 자
2. 국가관세종합정보망 또는 전자문서중계사업자의 전산처리설비에 기록된 전자문서 등 관련정보를 훼손하거나 그 비밀을 침해한 자
3. 업무상 지득한 전자문서 등 관련정보에 관한 비밀을 누설하거나 도용한 국가관세종합정보망 운영사업자 또는 전자문서중계사업자의 임원·직원이

거나 임원 또는 직원이었던 자

2. 밀수출입죄

① 제234조 각 호의 물품을 수출하거나 수입한 자는 7년 이하의 징역 또는 7천만원 이하의 벌금에 처한다.

② 다음 각 호의 어느 하나에 해당하는 자는 5년 이하의 징역 또는 관세액의 10배와 물품원가 중 높은 금액 이하에 상당하는 벌금에 처한다.

1. 제241조제1항·제2항 또는 제244조제1항에 따른 신고를 하지 아니하고 물품을 수입한 자. 다만, 제253조제1항에 따른 반출신고를 한 자는 제외한다.
2. 제241조제1항·제2항 또는 제244조제1항에 따른 신고를 하였으나 해당 수입물품과 다른 물품으로 신고하여 수입한 자

③ 다음 각 호의 어느 하나에 해당하는 자는 3년 이하의 징역 또는 물품원가 이하에 상당하는 벌금에 처한다.

1. 제241조제1항 및 제2항에 따른 신고를 하지 아니하고 물품을 수출하거나 반송한 자
2. 제241조제1항 및 제2항에 따른 신고를 하였으나 해당 수출물품 또는 반송물품과 다른 물품으로 신고하여 수출하거나 반송한 자

3. 관세포탈죄 등

① 제241조제1항·제2항 또는 제244조제1항에 따른 수입신고를 한 자(제19조제5항제1호다목에 따른 구매대행업자를 포함한다) 중 다음 각 호의 어느 하나에 해당하는 자는 3년 이하의 징역 또는 포탈한 관세액의 5배와 물품원가 중 높은 금액 이하에 상당하는 벌금에 처한다. 이 경우 제1호의 물품원가는 전체 물품 중 포탈한 세액의 전체 세액에 대한 비율에 해당하는 물품만의 원가로 한다.

1. 세액결정에 영향을 미치기 위하여 과세가격 또는 관세율 등을 거짓으로 신고하거나 신고하지 아니하고 수입한 자
2. 세액결정에 영향을 미치기 위하여 거짓으로 서류를 갖추어 제86조제1항·제3항에 따른 사전심사·재심사 및 제87조제3항에 따른 재심사를 신청한 자

3. 법령에 따라 수입이 제한된 사항을 회피할 목적으로 부분품으로 수입하거나 주요 특성을 갖춘 미완성·불완전한 물품이나 완제품을 부분품으로 분할하여 수입한 자

② 제241조제1항·제2항 또는 제244조제1항에 따른 수입신고를 한 자 중 법령에 따라 수입에 필요한 허가·승인·추천·증명 또는 그 밖의 조건을 갖추지 아니하거나 부정한 방법으로 갖추어 수입한 자는 3년 이하의 징역 또는 3천만원 이하의 벌금에 처한다.

③ 제241조제1항 및 제2항에 따른 수출신고를 한 자 중 법령에 따라 수출에 필요한 허가·승인·추천·증명 또는 그 밖의 조건을 갖추지 아니하거나 부정한 방법으로 갖추어 수출한 자는 1년 이하의 징역 또는 2천만원 이하의 벌금에 처한다.

④ 부정한 방법으로 관세를 감면받거나 관세를 감면받은 물품에 대한 관세의 징수를 면탈한 자는 3년 이하의 징역에 처하거나, 감면받거나 면탈한 관세액의 5배 이하에 상당하는 벌금에 처한다.

⑤ 부정한 방법으로 관세를 환급받은 자는 3년 이하의 징역 또는 환급받은 세액의 5배 이하에 상당하는 벌금에 처한다. 이 경우 세관장은 부정한 방법으로 환급받은 세액을 즉시 징수한다.

4. 가격조작죄

다음 각 호의 신청 또는 신고를 할 때 부당하게 재물이나 재산상 이득을 취득하거나 제3자로 하여금 이를 취득하게 할 목적으로 물품의 가격을 조작하여 신청 또는 신고한 자는 2년 이하의 징역 또는 물품원가와 5천만원 중 높은 금액 이하의 벌금에 처한다.

① 보정신청

② 수정신고

③ 수출, 수입, 반송 신고 규정에 따른 신고

④ 간이신고 규정에 따른 간이신고

⑤ 입항전 수입신고에 따른 신고

5. 미수범 등

① 그 정황을 알면서 밀수출입죄 및 관세포탈죄에 따른 행위를 교사하거나 방조한 자는 정범(正犯)에 준하여 처벌한다.

② 제268조의2[15], 밀수출입죄 및 관세포탈죄의 미수범은 본죄에 준하여 처벌한다.

③ 제268조의2, 밀수출입죄 및 관세포탈죄의 죄를 범할 목적으로 그 예비를 한 자는 본죄의 2분의 1을 감경하여 처벌한다.

6. 밀수 전용 운반기구의 몰수

밀수출입의 죄에 전용(專用)되는 선박·자동차나 그 밖의 운반기구는 그 소유자가 범죄에 사용된다는 정황을 알고 있고, 다음 각 호의 어느 하나에 해당하는 경우에는 몰수한다.

① 범죄물품을 적재하거나 적재하려고 한 경우

② 검거를 기피하기 위하여 권한 있는 공무원의 정지명령을 받고도 정지하지 아니하거나 적재된 범죄물품을 해상에서 투기·파괴 또는 훼손한 경우

③ 범죄물품을 해상에서 인수 또는 취득하거나 인수 또는 취득하려고 한 경우

④ 범죄물품을 운반한 경우

7. 범죄에 사용된 물품의 몰수 등

① 밀수출입죄에 사용하기 위하여 특수한 가공을 한 물품은 누구의 소유이든지 몰수하거나 그 효용을 소멸시킨다.

② 밀수출입죄에 해당되는 물품이 다른 물품 중에 포함되어 있는 경우 그 물품이 범인의 소유일 때에는 그 다른 물품도 몰수할 수 있다.

8. 밀수품의 취득죄 등

① 다음 각 호의 어느 하나에 해당되는 물품을 취득·양도·운반·보관 또는 알

15) 5천만원 이하 벌금 또는 5년 이하의 징역에 해당하는 전자문서 위조변조죄

선하거나 감정한 자는 3년 이하의 징역 또는 물품원가 이하에 상당하는 벌금에 처한다.

1. 밀수출입죄에 해당되는 물품
2. 관세포탈죄 제1항제3호, 같은 조 제2항 및 제3항에 해당되는 물품

② 제1항에 규정된 죄의 미수범은 본죄에 준하여 처벌한다.

③ 제1항에 규정된 죄를 범할 목적으로 그 예비를 한 자는 본죄의 2분의 1을 감경하여 처벌한다.

9. 강제징수면탈죄 등

① 납세의무자 또는 납세의무자의 재산을 점유하는 자가 강제징수를 면탈할 목적 또는 면탈하게 할 목적으로 그 재산을 은닉·탈루하거나 거짓 계약을 하였을 때에는 3년 이하의 징역 또는 3천만원 이하의 벌금에 처한다.

② 압수물건의 보관자 또는 「국세징수법」 제48조에 따른 압류물건의 보관자가 그 보관한 물건을 은닉·탈루, 손괴 또는 소비하였을 때에도 3년 이하의 징역 또는 3천만원 이하의 벌금에 처한다.

③ 제1항과 제2항의 사정을 알고도 이를 방조하거나 거짓 계약을 승낙한 자는 2년 이하의 징역 또는 2천만원 이하의 벌금에 처한다.

10. 타인에 대한 명의대여죄

관세(세관장이 징수하는 내국세 등을 포함한다)의 회피 또는 강제집행의 면탈을 목적으로 타인에게 자신의 명의를 사용하여 제38조에 따른 납세신고를 할 것을 허락한 자는 1년 이하의 징역 또는 1천만원 이하의 벌금에 처한다.

11. 허위신고죄 등

① 다음 각 호의 어느 하나에 해당하는 자는 물품원가 또는 2천만원 중 높은 금액 이하의 벌금에 처한다.

1. 제198조제1항에 따른 종합보세사업장의 설치·운영에 관한 신고를 하지

아니하고 종합보세기능을 수행한 자

2. 제204조제2항에 따른 세관장의 중지조치 또는 같은 조 제3항에 따른 세관장의 폐쇄 명령을 위반하여 종합보세기능을 수행한 자

3. 제238조에 따른 보세구역 반입명령에 대하여 반입대상 물품의 전부 또는 일부를 반입하지 아니한 자

4. 제241조제1항 · 제2항 또는 제244조제1항에 따른 신고를 할 때 제241조제1항에 따른 사항을 신고하지 아니하거나 허위신고를 한 자

4의2. 제38조의2제1항 및 제2항, 제38조의3제1항에 따른 보정신청 또는 수정신고를 할 때 제241조제1항에 따른 사항을 허위로 신청하거나 신고한 자

5. 제248조제3항을 위반한 자

② 다음 각 호의 어느 하나에 해당되는 자는 2천만원 이하의 벌금에 처한다. 다만, 과실로 제2호, 제3호 또는 제4호에 해당하게 된 경우에는 300만원 이하의 벌금에 처한다.

1. 부정한 방법으로 적재화물목록을 작성하였거나 제출한 자

2. 제12조(제277조제6항제2호에 해당하는 경우는 제외한다), 제98조제2항, 제109조제1항(제277조제5항제3호에 해당하는 경우는 제외한다), 제134조제1항(제146조제1항에서 준용하는 경우를 포함한다), 제136조제2항, 제148조제1항, 제149조, 제222조제1항(제146조제1항에서 준용하는 경우를 포함한다) 또는 제225조제1항 전단을 위반한 자

3. 제83조제2항, 제88조제2항, 제97조제2항 및 제102조제1항을 위반한 자. 다만, 제277조제5항제3호에 해당하는 자는 제외한다.

3의2. 제174조제1항에 따른 특허보세구역의 설치 · 운영에 관한 특허를 받지 아니하고 특허보세구역을 운영한 자

4. 제227조에 따른 세관장의 의무 이행 요구를 이행하지 아니한 자

5. 제38조제3항 후단에 따른 자율심사 결과를 거짓으로 작성하여 제출한 자

6. 제178조제2항제1호 · 제5호 및 제224조제1항제1호에 해당하는 자

③ 다음 각 호의 어느 하나에 해당하는 자는 1천만원 이하의 벌금에 처한다. 다만, 과실로 제2호부터 제4호까지의 규정에 해당하게 된 경우에는 200만원 이하의 벌금에 처한다.

1. 세관공무원의 질문에 대하여 거짓의 진술을 하거나 그 직무의 집행을 거

부 또는 기피한 자

2. 제135조제1항(제146조제1항에서 준용하는 경우를 포함한다)에 따른 입항보고를 거짓으로 하거나 제136조제1항(제146조제1항에서 준용하는 경우를 포함한다)에 따른 출항허가를 거짓으로 받은 자
3. 제135조제1항(제146조제1항에서 준용하는 경우를 포함하며, 제277조제5항제4호에 해당하는 자는 제외한다), 제136조제1항(제146조제1항에서 준용하는 경우를 포함한다), 제137조의2제1항 각 호 외의 부분 후단(제277조제5항제4호에 해당하는 자는 제외한다), 제140조제1항·제4항·제6항(제146조제1항에서 준용하는 경우를 포함한다), 제142조제1항(제146조제1항에서 준용하는 경우를 포함한다), 제144조(제146조제1항에서 준용하는 경우를 포함한다), 제150조, 제151조, 제213조제2항 또는 제223조의2를 위반한 자
4. 제200조제3항, 제203조제1항 또는 제262조에 따른 관세청장 또는 세관장의 조치를 위반하거나 검사를 거부·방해 또는 기피한 자
5. 부정한 방법으로 제248조제1항 단서에 따른 신고필증을 발급받은 자
6. 제263조를 위반하여 서류의 제출·보고 또는 그 밖에 필요한 사항에 관한 명령을 이행하지 아니하거나 거짓의 보고를 한 자
7. 제265조에 따른 세관장 또는 세관공무원의 조치를 거부 또는 방해한 자
8. 제266조제1항에 따른 세관공무원의 장부 또는 자료의 제시요구 또는 제출요구를 거부한 자

④ 제165조제3항을 위반한 자는 500만원 이하의 벌금에 처한다.

12. 금품 수수 및 공여

① 세관공무원이 그 직무와 관련하여 금품을 수수(收受)하였을 때에는 「국가공무원법」 제82조에 따른 징계절차에서 그 금품 수수액의 5배 내의 징계부가금 부과 의결을 징계위원회에 요구하여야 한다.

② 징계대상 세관공무원이 제1항에 따른 징계부가금 부과 의결 전후에 금품 수수를 이유로 다른 법률에 따라 형사처벌을 받거나 변상책임 등을 이행한 경우(몰수나 추징을 당한 경우를 포함한다)에는 징계위원회에 감경된 징계부가금 부과 의결 또는 징계부가금 감면을 요구하여야 한다.

③ 징계부가금 부과 의결 요구에 관하여는 「국가공무원법」 제78조제4항을 준용한다. 이 경우 "징계 의결 요구"를 "징계부가금 부과 의결 요구"로 본다.
④ 징계부가금 부과처분을 받은 자가 납부기간 내에 그 부가금을 납부하지 아니한 때에는 징계권자는 국세강제징수의 예에 따라 징수할 수 있다.
⑤ 관세청장 또는 세관장은 세관공무원에게 금품을 공여한 자에 대해서는 대통령령으로 정하는 바에 따라 그 금품 상당액의 2배 이상 5배 이하의 과태료를 부과·징수한다. 다만, 「형법」 등 다른 법률에 따라 형사처벌을 받은 경우에는 과태료를 부과하지 아니하고, 과태료를 부과한 후 형사처벌을 받은 경우에는 과태료 부과를 취소한다.

13. 양벌 규정

① 법인의 대표자나 법인 또는 개인의 대리인, 사용인, 그 밖의 종업원이 그 법인 또는 개인의 업무에 관하여 제11장에서 규정한 벌칙(제277조의 과태료는 제외한다)에 해당하는 위반행위를 하면 그 행위자를 벌하는 외에 그 법인 또는 개인에게도 해당 조문의 벌금형을 과(科)한다. 다만, 법인 또는 개인이 그 위반행위를 방지하기 위하여 해당 업무에 관하여 상당한 주의와 감독을 게을리하지 아니한 경우에는 그러하지 아니하다.
② 개인은 다음 각 호의 어느 하나에 해당하는 사람으로 한정한다.
1. 특허보세구역 또는 종합보세사업장의 운영인
2. 수출(「수출용 원재료에 대한 관세 등 환급에 관한 특례법」 제4조에 따른 수출 등을 포함한다)·수입 또는 운송을 업으로 하는 사람
3. 관세사
4. 국제항 안에서 물품 및 용역의 공급을 업으로 하는 사람
5. 국가관세종합정보망 운영사업자 및 전자문서중계사업자

14. 몰수·추징

① 밀수출입죄의 경우에는 그 물품을 몰수한다.
② 밀수출입죄 또는 밀수품취득죄 제1항제1호의 경우에는 범인이 소유하거나 점

유하는 그 물품을 몰수한다. 다만, 밀수출입죄 제2항의 경우로서 다음 각 호의 어느 하나에 해당하는 물품은 몰수하지 아니할 수 있다.

1. 보세구역에 신고를 한 후 반입한 외국물품

2. 세관장의 허가를 받아 보세구역이 아닌 장소에 장치한 외국물품

③ 몰수할 물품의 전부 또는 일부를 몰수할 수 없을 때에는 그 몰수할 수 없는 물품의 범칙 당시의 국내도매가격에 상당한 금액을 범인으로부터 추징한다. 다만, 물품을 감정한 자는 제외한다.

④ 개인 및 법인은 제1항부터 제3항까지의 규정을 적용할 때에는 이를 범인으로 본다.

제12장

조사와 처분

제12장

조사와 처분

1. 통칙

1) 관세범

① 관세범이라 함은 이 법 또는 이 법에 의한 명령에 위배하는 행위로서 이 법에 의하여 형사처벌 또는 통고처분되는 것을 말한다.

② 관세범에 관한 조사·처분은 세관공무원이 이를 행한다.

③ 관세범에 관하여는 이 법에 특별한 규정이 있는 것을 제외하고는 「형사소송법」을 준용한다.

2) 공소의 요건

① 관세범에 관한 사건은 관세청장 또는 세관장의 고발이 없는 한 검사는 공소를 제기할 수 없다.

② 다른 기관이 관세범에 관한 사건을 발견하거나 피의자를 체포한 때에는 즉시 관세청 또는 세관에 인계하여야 한다.

3) 관세범에 관한 서류

관세범에 관한 서류에는 연월일을 기재하고 서명·날인하여야 한다.

4) 조사처분에 관한 서류

① 관세범의 조사와 처분에 관한 서류에는 장마다 간인(間印)하여야 한다.
② 문자를 추가하거나 삭제할 때와 난의 바깥에 기입할 때에는 날인(捺印)하여야 한다.
③ 문자를 삭제할 때에는 그 문자 자체를 그대로 두고 그 글자 수를 적어야 한다.
④ 관세범에 관한 서류에 서명 날인하는 경우 본인이 서명할 수 없을 때에는 다른 사람에게 대서하게 하고 도장을 찍어야 한다. 이 경우 도장을 지니지 아니하였을 때에는 손도장을 찍어야 한다.
⑤ 다른 사람에게 대서하게 한 경우에는 대서자가 그 사유를 적고 서명 날인하여야 한다.

5) 서류의 송달

① 관세범에 관한 서류는 인편 또는 등기우편으로 송달한다.
② 관세범에 관한 서류를 송달하였을 때에는 수령증을 받아야 한다.

2. 조사

1) 관세범의 조사

① 세관공무원이 관세범이 있다고 인정하는 때에는 범인·범죄사실 및 증거를 조사하여야 한다.
② 세관공무원이 관세범 조사상 필요하다고 인정하는 때에는 피의자·증인 또는 참고인을 조사할 수 있다.

2) 조서의 작성

(1) 조서 작성

① 세관공무원이 피의자·증인 또는 참고인을 조사하였을 때에는 조서를 작성하여야 한다.

② 조서는 세관공무원이 진술자에게 읽어 주거나 열람하게 하여 기재 사실에 서로 다른 점이 있는지 물어보아야 한다.

③ 진술자가 조서 내용의 증감 변경을 청구한 경우에는 그 진술을 조서에 적어야 한다.

④ 조서에는 연월일과 장소를 적고 다음 각 호의 사람이 함께 서명·날인하여야 한다.

㉠ 조사를 한 사람

㉡ 진술자

㉢ 참여자

(2) 조서의 대용

① 현행범인에 대한 조사로서 긴급히 처리할 필요가 있을 때에는 그 주요 내용을 적은 서면으로 조서를 대신할 수 있다.

② 제1항에 따른 서면에는 연월일시와 장소를 적고 조사를 한 사람과 피의자가 이에 서명·날인하여야 한다.

(3) 출석 요구

① 세관공무원이 관세범 조사에 필요하다고 인정할 때에는 피의자·증인 또는 참고인의 출석을 요구할 수 있다.

② 세관공무원이 관세범 조사에 필요하다고 인정할 때에는 지정한 장소에 피의자·증인 또는 참고인의 출석이나 동행을 명할 수 있다.

③ 피의자·증인 또는 참고인에게 출석 요구를 할 때에는 출석요구서를 발급하여야 한다.

3) 사법경찰권

(1) 사법경찰권

세관공무원은 관세범에 관하여 「사법경찰관리의 직무를 행할 자와 그 직무범위에 관한 법률」이 정하는 바에 의하여 사법경찰관리의 직무를 행한다.

(2) 수색 · 압수영장

① 이 법에 의하여 수색·압수하는 때에는 관할지방법원 판사의 영장을 받아야 한다. 다만, 긴급을 요하는 경우에는 사후에 영장의 교부를 받아야 한다.

② 소유자·점유자 또는 보관자가 임의로 제출한 물품이나 남겨둔 물품은 영장 없이 압수할 수 있다.

(3) 현행범의 체포와 인도

① 세관공무원이 관세범의 현행범인을 발견하였을 때에는 즉시 체포하여야 한다.

② 관세범의 현행범인이 그 장소에 있을 때에는 누구든지 체포할 수 있다.

③ 범인을 체포한 자는 지체 없이 세관공무원에게 범인을 인도하여야 한다.

(4) 총기의 사용

세관공무원은 그 직무를 집행함에 있어서 특히 자기 또는 타인의 생명신체의 보호와 공무집행에 대한 방해 또는 저항의 억제를 위하여 필요한 상당한 이유가 있을 때에 그 사태에 응하여 부득이하다고 판단되는 경우에 총기를 사용할 수 있다.

총기의 사용은 자칫하면 사람의 생명이나 신체를 해할 우려가 있는 것이기 때문에 그 사용은 신중을 기하여 필요불가결한 경우에만 사용하도록 제한하고 있다. 즉, 이를 사용할 수 있는 경우는 ① 직무를 집행하는 경우이어야 되고 사적 용무로는 사용할 수 없으며, ② 특히 자기 또는 타인의 생명, 신체의 보호와 공무집행에 대한 방해 또는 저항의 억제를 위하여 필요한 상당한 이유가 있을 경우와, ③ 그 사태에 응하여 부득이하다고 판단되는 경우이어야 한다.

4) 압수 및 수색

(1) 압수물품의 국고귀속

① 세관장은 압수된 물품에 대하여 그 압수일부터 6개월 이내에 해당 물품의 소유자 및 범인을 알 수 없는 경우에는 해당 물품을 유실물로 간주하여 유실물 공고를 하여야 한다.

② 공고일부터 1년이 지나도 소유자 및 범인을 알 수 없는 경우에는 해당 물품은 국고에 귀속된다.

(2) 검증수색

세관공무원은 관세범 조사에 필요하다고 인정할 때에는 선박·차량·항공기·창고 또는 그 밖의 장소를 검증하거나 수색할 수 있다.

(3) 신변 수색 등

① 세관공무원은 범죄사실을 증명하기에 충분한 물품을 피의자가 신변(身邊)에 은닉하였다고 인정될 때에는 이를 내보이도록 요구하고, 이에 따르지 아니하는 경우에는 신변을 수색할 수 있다.

② 여성의 신변을 수색할 때에는 성년의 여성을 참여시켜야 한다.

(4) 참여

① 세관공무원이 수색을 할 때에는 다음 각 호의 어느 하나에 해당하는 사람을 참여시켜야 한다. 다만, 이들이 모두 부재중일 때에는 공무원을 참여시켜야 한다.

㉠ 선박·차량·항공기·창고 또는 그 밖의 장소의 소지인·관리인

㉡ 동거하는 친척이나 고용된 사람

㉢ 이웃에 거주하는 사람

② 제1항제2호 및 제3호에 따른 사람은 성년자이어야 한다.

(5) 압수와 보관

① 세관공무원은 관세범 조사에 의하여 발견한 물품이 범죄의 사실을 증명하기

에 충분하거나 몰수하여야 하는 것으로 인정될 때에는 이를 압수할 수 있다.

② 압수물품은 편의에 따라 소지자나 시·군·읍·면사무소에 보관시킬 수 있다.

③ 관세청장이나 세관장은 압수물품이 다음 각 호의 어느 하나에 해당하는 경우에는 피의자나 관계인에게 통고한 후 매각하여 그 대금을 보관하거나 공탁할 수 있다. 다만, 통고할 여유가 없을 때에는 매각한 후 통고하여야 한다.

㉠ 부패 또는 손상되거나 그 밖에 사용할 수 있는 기간이 지날 우려가 있는 경우

㉡ 보관하기가 극히 불편하다고 인정되는 경우

㉢ 처분이 지연되면 상품가치가 크게 떨어질 우려가 있는 경우

㉣ 피의자나 관계인이 매각을 요청하는 경우

(6) 압수물품의 폐기

관세청장이나 세관장은 압수물품 중 다음 각 호의 어느 하나에 해당하는 것은 피의자나 관계인에게 통고한 후 폐기할 수 있다. 다만, 통고할 여유가 없을 때에는 폐기한 후 즉시 통고하여야 한다.

① 사람의 생명이나 재산을 해칠 우려가 있는 것

② 부패하거나 변질된 것

③ 유효기간이 지난 것

④ 상품가치가 없어진 것

(7) 압수조서 등의 작성

① 검증·수색 또는 압수를 하였을 때에는 조서를 작성하여야 한다.

② 검증·수색 또는 압수조서에 관하여는 조서의 작성 규정을 준용한다.

③ 현행범인에 대한 수색이나 압수로서 긴급한 경우의 조서작성에 관하여는 조서의 내용 규정을 준용한다.

(8) 야간집행의 제한

① 해 진 후부터 해 뜨기 전까지는 검증·수색 또는 압수를 할 수 없다. 다만, 현행범인 경우에는 그러하지 아니하다.

② 이미 시작한 검증·수색 또는 압수는 제1항에도 불구하고 계속할 수 있다.

(9) 조사 중 출입금지

세관공무원은 피의자·증인 또는 참고인에 대한 조사·검증·수색 또는 압수 중에는 누구를 막론하고 그 장소에의 출입을 금할 수 있다.

(10) 신분 증명

① 세관공무원은 조사·검증·수색 또는 압수를 할 때에는 제복을 착용하거나 그 신분을 증명할 증표를 지니고 그 처분을 받을 자가 요구하면 이를 보여 주어야 한다.

② 세관공무원이 제복을 착용하지 아니한 경우로서 그 신분을 증명하는 증표제시 요구에 응하지 아니하는 경우에는 처분을 받을 자는 그 처분을 거부할 수 있다.

(11) 경찰관의 원조

세관공무원은 조사·검증·수색 또는 압수를 할 때 필요하다고 인정하는 경우에는 국가경찰공무원의 원조를 요구할 수 있다.

(12) 조사 결과의 보고

① 세관공무원은 조사를 종료하였을 때에는 관세청장이나 세관장에게 서면으로 그 결과를 보고하여야 한다.

② 세관공무원은 보고를 할 때에는 관계 서류를 함께 제출하여야 한다.

3. 처분

1) 통고처분

① 관세청장이나 세관장은 관세범을 조사한 결과 범죄의 확증을 얻었을 때에는 대통령령으로 정하는 바에 따라 그 대상이 되는 자에게 그 이유를 구체적으로 밝히고 다음 각 호에 해당하는 금액이나 물품을 납부할 것을 통고할 수 있다.

㉠ 벌금에 상당하는 금액

㉡ 몰수에 해당하는 물품

㉢ 추징금에 해당하는 금액

② 관세청장이나 세관장은 통고처분을 받는 자가 벌금이나 추징금에 상당한 금액을 예납(豫納)하려는 경우에는 이를 예납시킬 수 있다.

③ 통고가 있는 때에는 공소의 시효는 정지된다.

④ 벌금에 상당하는 금액의 부과기준은 대통령령으로 정한다.

⑤ 통고처분을 받은 자는 납부하여야 할 금액을 대통령령으로 정하는 통고처분 납부대행기관을 통하여 신용카드, 직불카드 등(이하 이 조에서 “신용카드 등”이라 한다)으로 납부할 수 있다.

⑥ 신용카드 등으로 납부하는 경우에는 통고처분납부대행기관의 승인일을 납부일로 본다.

⑦ 제5항 및 제6항에서 정한 사항 외에 통고처분납부대행기관의 지정 및 운영, 납부대행 수수료 등 통고처분에 따른 금액을 신용카드 등으로 납부하는 경우에 필요한 세부사항은 대통령령으로 정한다.

⑧ 관세청장이나 세관장은 통고처분 대상자의 연령과 환경, 법 위반의 동기와 결과, 범칙금 부담능력과 그 밖에 정상을 고려하여 제284조의2에 따른 관세범칙조사심의위원회의 심의·의결을 거쳐 제1항에 따른 통고처분을 면제할 수 있다. 이 경우 관세청장이나 세관장은 관세범칙조사심의위원회의 심의·의결 결과를 따라야 한다.

⑨ 통고처분 면제는 다음 각 호의 요건을 모두 갖춘 관세범을 대상으로 한다.

㉠ 제1항제1호의 금액이 30만원 이하일 것

㉡ 제1항제2호의 물품의 가액과 같은 항 제3호의 금액을 합한 금액이 100만원 이하일 것

2) 즉시 고발

관세청장이나 세관장은 범죄의 정상이 징역형에 처해질 것으로 인정될 때에는 통고처분에도 불구하고 즉시 고발하여야 한다.

3) 압수물품의 반환

① 관세청장이나 세관장은 압수물품을 몰수하지 아니할 때에는 그 압수물품이나 그 물품의 환가대금(換價代金)을 반환하여야 한다.

② 물품이나 그 환가대금을 반환받을 자의 주소 및 거소가 분명하지 아니하거나 그 밖의 사유로 반환할 수 없을 때에는 그 요지를 공고하여야 한다.

③ 공고를 한 날부터 6개월이 지날 때까지 반환의 청구가 없는 경우에는 그 물품이나 그 환가대금을 국고에 귀속시킬 수 있다.

④ 물품에 대하여 관세가 미납된 경우에는 반환받을 자로부터 해당 관세를 징수한 후 그 물품이나 그 환가대금을 반환하여야 한다.

4) 통고서의 작성

① 통고처분을 하는 때에는 통고서를 작성하여야 한다.

② 통고서에는 다음의 사항을 기재하고 처분을 한 자가 이에 서명·날인하여야 한다.

㉠ 처분을 받을 자의 성명·연령·성별·직업 및 주소

㉡ 벌금에 상당한 금액, 몰수에 해당하는 물품 또는 추징금에 상당한 금액

㉢ 범죄사실

㉣ 적용법조

㉤ 이행장소

㉥ 통고처분연월일

5) 통고서의 송달

통고처분의 고지는 통고서의 송달하는 방법으로 하여야 한다.

6) 통고의 불이행과 고발

관세범인이 통고서의 송달을 받았을 때에는 그날부터 15일 이내에 이를 이행하

여야 하며, 이 기간 내에 이행하지 아니하였을 때에는 관세청장이나 세관장은 즉시 고발하여야 한다. 다만, 15일이 지난 후 고발이 되기 전에 관세범인이 통고처분을 이행한 경우에는 그러하지 아니하다.

7) 일사부재리

관세범인이 통고의 요지를 이행하였을 때에는 동일사건에 대하여 다시 처벌을 받지 아니한다.

8) 무자력 고발

관세청장이나 세관장은 다음 각 호의 어느 하나의 경우에는 즉시 고발하여야 한다.

① 관세범인이 통고를 이행할 수 있는 자금능력이 없다고 인정되는 경우

② 관세범인의 주소 및 거소가 분명하지 아니하거나 그 밖의 사유로 통고를 하기 곤란하다고 인정되는 경우

제13장

보칙

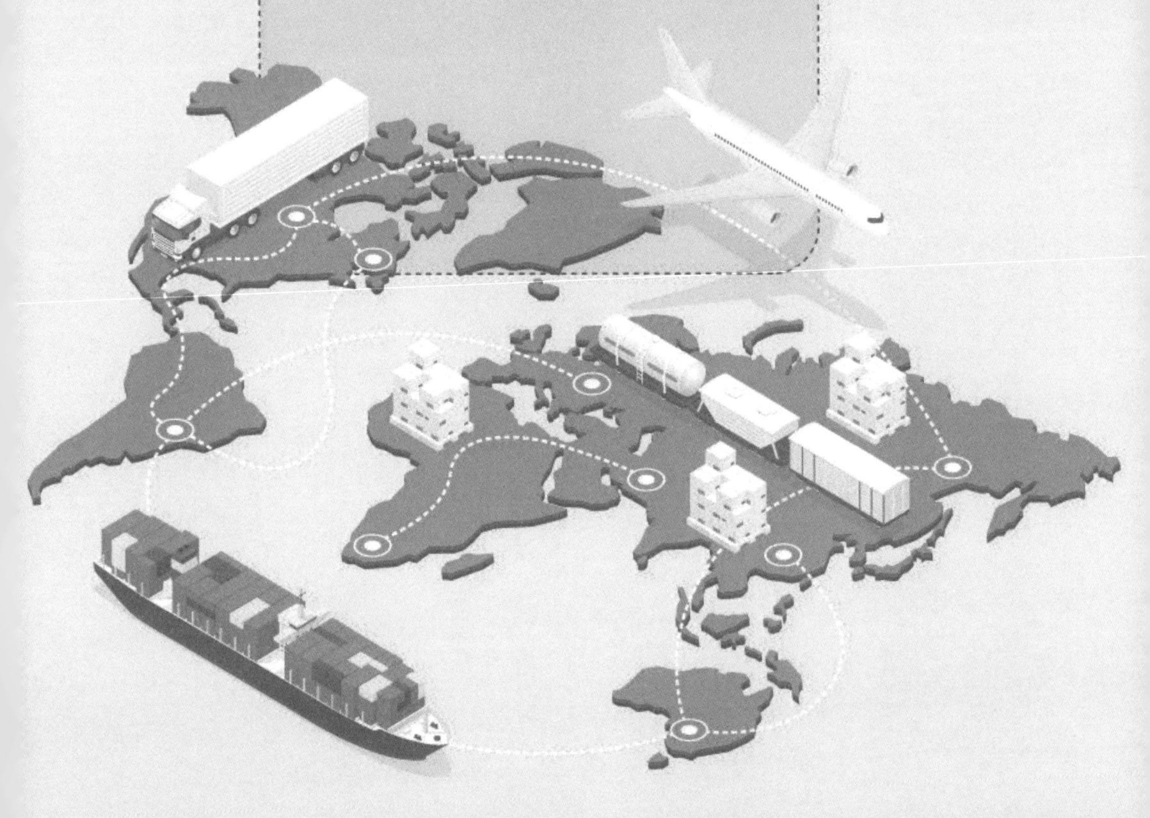

제13장

보칙

1. 세관의 업무시간 · 물품취급시간

① 세관의 업무시간, 보세구역과 운송수단의 물품취급시간은 대통령령으로 정하는 바에 따른다.

② 다음 각 호의 어느 하나에 해당하는 자는 대통령령으로 정하는 바에 따라 세관장에게 미리 통보하여야 한다.

1. 세관의 업무시간이 아닌 때에 통관절차 · 보세운송절차 또는 입출항절차를 밟으려는 자
2. 운송수단의 물품취급시간이 아닌 때에 물품을 취급하려는 자

③ 사전통보를 한 자는 기획재정부령으로 정하는 바에 따라 수수료를 납부하여야 한다.

2. 통계 및 증명서의 작성 및 교부

① 관세청장은 다음 각 호의 사항에 관한 통계를 작성하고 그 열람이나 교부를 신청하는 자가 있으면 이를 열람하게 하거나 교부하여야 한다.

1. 수출하거나 수입한 화물에 관한 사항
2. 입항하거나 출항한 국제무역선 및 국제무역기에 관한 사항
2의2. 수입물품에 대한 관세 및 내국세 등에 관한 사항
3. 그 밖에 외국무역과 관련하여 관세청장이 필요하다고 인정하는 사항

② 관세청장은 통계를 집계하고 대통령령으로 정하는 바에 따라 정기적으로 그 내용을 공표할 수 있다.

③ 통계 외 통관 관련 세부 통계자료를 열람하거나 교부받으려는 자는 사용 용도 및 내용을 구체적으로 밝혀 관세청장에게 신청할 수 있다. 이 경우 관세청장은 대통령령으로 정하는 경우를 제외하고는 이를 열람하게 하거나 교부하여야 한다.

④ 관세청장은 통계 및 통계자료를 전산처리가 가능한 전달매체에 기록하여 교부하거나 전산처리설비를 이용하여 교부할 수 있다. 이 경우 교부할 수 있는 통계의 범위와 그 절차는 관세청장이 정한다.

⑤ 관세청장은 통계, 통계자료 및 통계의 작성 및 교부 업무를 대행할 자(이하 이 조에서 "대행기관"이라 한다)를 지정하여 그 업무를 대행하게 할 수 있다. 이 경우 관세청장은 통계작성을 위한 기초자료를 대행기관에 제공하여야 한다.

⑥ 세관사무에 관한 증명서와 통계, 통계자료 및 통계를 교부받으려는 자는 기획재정부령으로 정하는 바에 따라 관세청장에게 수수료를 납부하여야 한다. 다만, 대행기관이 업무를 대행하는 경우에는 대행기관이 정하는 수수료를 해당 대행기관에 납부하여야 한다.

⑦ 대행기관은 제6항 단서에 따라 수수료를 정할 때에는 기획재정부령으로 정하는 바에 따라 관세청장의 승인을 받아야 한다. 승인을 받은 사항을 변경하려는 경우에도 또한 같다.

⑧ 대행기관이 수수료를 징수한 경우 그 수입은 해당 대행기관의 수입으로 한다.

⑨ 증명서 중 수출·수입 또는 반송에 관한 증명서는 해당 물품의 수출·수입 또는 반송 신고의 수리일부터 5년 내의 것에 관하여 발급한다.

3. 세관설비의 사용

물품장치나 통관을 위한 세관설비를 사용하려는 자는 기획재정부령으로 정하는

사용료를 납부하여야 한다.

4. 포상

① 관세청장은 다음 각 호의 어느 하나에 해당하는 사람에게는 대통령령으로 정하는 바에 따라 포상할 수 있다.

1. 제269조부터 제271조까지, 제274조, 제275조의2 및 제275조의3에 해당되는 관세범을 세관이나 그 밖의 수사기관에 통보하거나 체포한 자로서 공로가 있는 사람
2. 제269조부터 제274조까지의 규정에 해당되는 범죄물품을 압수한 사람으로서 공로가 있는 사람
3. 이 법이나 다른 법률에 따라 세관장이 관세 및 내국세 등을 추가 징수하는 데에 공로가 있는 사람
4. 관세행정의 개선이나 발전에 특별히 공로가 있는 사람

② 관세청장은 체납자의 은닉재산을 신고한 사람에게 대통령령으로 정하는 바에 따라 10억원의 범위에서 포상금을 지급할 수 있다. 다만, 은닉재산의 신고를 통하여 징수된 금액이 대통령령으로 정하는 금액 미만인 경우 또는 공무원이 그 직무와 관련하여 은닉재산을 신고한 경우에는 포상금을 지급하지 아니한다.

③ 제2항에서 "은닉재산"이란 체납자가 은닉한 현금·예금·주식이나 그 밖에 재산적 가치가 있는 유형·무형의 재산을 말한다. 다만, 다음 각 호의 어느 하나에 해당하는 재산은 제외한다.

1. 「국세징수법」 제25조에 따른 사해행위 취소소송의 대상이 되어 있는 재산
2. 세관공무원이 은닉 사실을 알고 조사를 시작하거나 강제징수 절차를 진행하기 시작한 재산
3. 그 밖에 체납자의 은닉재산을 신고받을 필요가 없다고 인정되는 재산으로서 대통령령으로 정하는 것

④ 은닉재산의 신고는 신고자의 성명과 주소를 적고 서명하거나 날인한 문서로 하여야 한다.

5. 몰수품 등의 처분

① 세관장은 이 법에 따라 몰수되거나 국고에 귀속된 물품(이하 "몰수품 등"이라 한다)을 공매 또는 그 밖의 방법으로 처분할 수 있다.

② 몰수품 등의 공매에 관하여는 제210조를 준용한다. 다만, 관세청장이 정하는 물품은 경쟁입찰에 의하지 아니하고 수의계약이나 위탁판매의 방법으로 매각할 수 있다.

③ 세관장은 관세청장이 정하는 기준에 해당하는 몰수품 등을 처분하려면 관세청장의 지시를 받아야 한다.

④ 세관장은 몰수품 등에 대하여 대통령령으로 정하는 금액의 범위에서 몰수 또는 국고귀속 전에 발생한 보관료 및 관리비를 지급할 수 있다.

⑤ 세관장은 몰수품 등의 매각대금에서 매각에 든 비용과 제4항에 따른 보관료 및 관리비를 직접 지급할 수 있다.

⑥ 세관장은 몰수품 등이 농산물인 경우로서 국내시장의 수급조절과 가격안정을 도모하기 위하여 농림축산식품부장관이 요청할 때에는 대통령령으로 정하는 바에 따라 몰수품 등을 농림축산식품부장관에게 이관할 수 있다.

⑦ 관세청장 또는 세관장은 제2항에 따른 위탁판매 물품에 대한 적정한 관리를 위하여 필요한 경우에는 수탁판매기관에게 물품의 판매 현황, 재고 현황 등 관리 현황을 관세청장 또는 세관장에게 보고하게 하거나 관련 장부 및 서류의 제출을 명할 수 있다. 이 경우 보고의 방법 및 절차 등 필요한 사항은 관세청장이 정한다

6. 국가관세종합정보망

1) 국가관세종합정보망의 구축 및 운영

① 관세청장은 전자통관의 편의를 증진하고, 외국세관과의 세관 정보 교환을 통하여 수출입의 원활화와 교역 안전을 도모하기 위하여 전산처리설비와 데이터베이스에 관한 국가관세종합정보망(이하 "국가관세종합정보망"이라 한다)을 구축·운영할 수 있다.

② 세관장은 관세청장이 정하는 바에 따라 국가관세종합정보망의 전산처리설비

를 이용하여 이 법에 따른 신고·신청·보고·납부 등과 법령에 따른 허가·승인 또는 그 밖의 조건을 갖출 필요가 있는 물품의 증명 및 확인신청 등(이하 "전자신고 등"이라 한다)을 하게 할 수 있다.

③ 세관장은 관세청장이 정하는 바에 따라 국가관세종합정보망 또는 「정보통신망 이용촉진 및 정보보호 등에 관한 법률」 제2조제1항제1호에 따른 정보통신망으로서 이 법에 따른 송달을 위하여 국가관세종합정보망과 연계된 정보통신망(이하 "연계정보통신망"이라 한다)을 이용하여 전자신고 등의 승인·허가·수리 등에 대한 교부·통지·통고 등(이하 "전자송달"이라 한다)을 할 수 있다.

④ 전자신고 등을 할 때에는 관세청장이 정하는 바에 따라 관계 서류를 국가관세종합정보망의 전산처리설비를 이용하여 제출하게 하거나, 그 제출을 생략하게 하거나 간소한 방법으로 하게 할 수 있다.

⑤ 이행된 전자신고 등은 관세청장이 정하는 국가관세종합정보망의 전산처리설비에 저장된 때에 세관에 접수된 것으로 보고, 전자송달은 송달받을 자가 지정한 전자우편주소나 국가관세종합정보망의 전자사서함 또는 연계정보통신망의 전자고지함(연계정보통신망의 이용자가 접속하여 본인에게 송달된 고지내용을 확인할 수 있는 곳을 말한다)에 고지내용이 저장된 때에 그 송달을 받아야 할 자에게 도달된 것으로 본다.

⑥ 전자송달은 대통령령으로 정하는 바에 따라 송달을 받아야 할 자가 신청하는 경우에만 한다.

⑦ 국가관세종합정보망 또는 연계정보통신망의 전산처리설비의 장애로 전자송달이 불가능한 경우, 그 밖에 대통령령으로 정하는 사유가 있는 경우에는 교부·인편 또는 우편의 방법으로 송달할 수 있다.

⑧ 전자송달할 수 있는 대상의 구체적 범위·송달방법 등에 관하여 필요한 사항은 대통령령으로 정한다.

2) 국가관세종합정보망 운영사업자의 지정 등

① 관세청장은 국가관세종합정보망을 효율적으로 운영하기 위하여 대통령령으로 정하는 기준과 절차에 따라 국가관세종합정보망의 전부 또는 일부를 운영하는 자(이하 "국가관세종합정보망 운영사업자"라 한다)를 지정할 수 있다.

② 다음 각 호의 어느 하나에 해당하는 자는 제1항에 따른 지정을 받을 수 없다.
1. 제175조제2호부터 제5호까지의 어느 하나에 해당하는 자
2. 제4항에 따라 지정이 취소(제175조제2호 또는 제3호에 해당하여 지정이 취소된 경우는 제외한다)된 날부터 2년이 지나지 아니한 자
3. 제1호 또는 제2호에 해당하는 사람이 임원으로 재직하는 법인

③ 관세청장은 국가관세종합정보망을 효율적으로 운영하기 위하여 필요한 경우 국가관세종합정보망 운영사업자에게 그 운영에 필요한 재원을 지원할 수 있다.

④ 관세청장은 지정을 받은 국가관세종합정보망 운영사업자가 다음 각 호의 어느 하나에 해당하는 경우에는 그 지정을 취소하거나 1년 이내의 기간을 정하여 국가관세종합정보망 운영사업의 전부 또는 일부의 정지를 명할 수 있다. 다만, 제1호 및 제2호에 해당하는 경우에는 그 지정을 취소하여야 한다.
1. 제2항 각 호의 어느 하나에 해당한 경우. 다만, 제2항제3호에 해당하는 경우로서 제175조제2호 또는 제3호에 해당하는 사람을 임원으로 하는 법인이 3개월 이내에 해당 임원을 변경한 경우에는 그러하지 아니하다.
2. 거짓이나 그 밖의 부정한 방법으로 제1항에 따른 지정을 받은 경우
3. 제1항에 따른 기준에 미달하게 된 경우
4. 제7항에 따른 관세청장의 지도·감독을 위반한 경우
5. 제327조의4제3항을 위반하여 업무상 알게 된 전자문서상의 비밀과 관련 정보에 관한 비밀을 누설하거나 도용한 경우

⑤ 관세청장은 제4항에 따른 업무정지가 그 이용자에게 심한 불편을 주거나 공익을 해칠 우려가 있는 경우에는 업무정지처분을 갈음하여 1억원 이하의 과징금을 부과할 수 있다. 이 경우 과징금을 부과하는 위반행위의 종류와 위반 정도 등에 따른 과징금의 금액 등에 관하여 필요한 사항은 대통령령으로 정한다.

⑥ 과징금을 납부하여야 할 자가 납부기한까지 이를 납부하지 아니한 경우에는 제26조를 준용한다.

⑦ 관세청장은 국가관세종합정보망의 안정적인 운영을 위하여 국가관세종합정보망 운영사업자에게 사업실적 등 운영사업과 관련한 주요 내용을 매년 보고하도록 하거나 관련 장부 및 서류를 제출하도록 명할 수 있다. 이 경우 보고의 방법 및 절차 등 필요한 사항은 관세청장이 정한다.

7. 전자문서중계사업자의 지정 등

① 「전기통신사업법」 제2조제8호에 따른 전기통신사업자로서 전자신고 등 및 전자송달을 중계하는 업무(이하 "전자문서중계업무"라 한다)를 수행하려는 자는 대통령령으로 정하는 기준과 절차에 따라 관세청장의 지정을 받아야 한다.

② 다음 각 호의 어느 하나에 해당하는 자는 제1항에 따른 지정을 받을 수 없다.

1. 제175조제2호부터 제5호까지의 어느 하나에 해당하는 자
2. 제3항에 따라 지정이 취소(제175조제2호 또는 제3호에 해당하여 지정이 취소된 경우는 제외한다)된 날부터 2년이 지나지 아니한 자
3. 제1호 또는 제2호에 해당하는 자를 임원으로 하는 법인

③ 관세청장은 제1항에 따라 지정을 받은 자(이하 "전자문서중계사업자"라 한다)가 다음 각 호의 어느 하나에 해당하는 경우에는 그 지정을 취소하거나 1년 이내의 기간을 정하여 전자문서중계업무의 전부 또는 일부의 정지를 명할 수 있다. 다만, 제1호 및 제2호에 해당하는 경우에는 그 지정을 취소하여야 한다.

1. 제2항 각 호의 어느 하나에 해당한 경우. 다만, 제2항제3호에 해당하는 경우로서 제175조제2호 또는 제3호에 해당하는 사람을 임원으로 하는 법인이 3개월 이내에 해당 임원을 변경한 경우에는 그러하지 아니하다.
2. 거짓이나 그 밖의 부정한 방법으로 제1항에 따른 지정을 받은 경우
3. 제1항에 따른 기준을 충족하지 못하게 된 경우
4. 제7항에 따른 관세청장의 지도·감독을 위반한 경우
5. 제327조의4제3항을 위반하여 업무상 알게 된 전자문서상의 비밀과 관련 정보에 관한 비밀을 누설하거나 도용한 경우

④ 관세청장은 제3항에 따른 업무정지가 그 이용자에게 심한 불편을 주거나 그 밖에 공익을 해칠 우려가 있는 경우에는 업무정지처분을 갈음하여 1억원 이하의 과징금을 부과할 수 있다. 이 경우 과징금을 부과하는 위반행위의 종류와 위반 정도 등에 따른 과징금의 금액 등에 관하여 필요한 사항은 대통령령으로 정한다.

⑤ 과징금을 납부하여야 할 자가 납부기한까지 이를 납부하지 아니한 경우에는 제26조를 준용한다.

⑥ 전자문서중계사업자는 전자문서중계업무를 제공받는 자에게 기획재정부령으

로 정하는 바에 따라 수수료 등 필요한 요금을 부과할 수 있다.

⑦ 관세청장의 전자문서중계사업자에 대한 지도·감독과 관련한 보고 등 필요한 사항에 관하여는 제327조의2제7항을 준용한다. 이 경우 "국가관세종합정보망"은 "전자문서중계사업"으로, "국가관세종합정보망 운영사업자"는 "전자문서중계사업자"로 본다.

8. 전자문서 등 관련 정보에 관한 보안

① 누구든지 국가관세종합정보망 또는 전자문서중계사업자의 전산처리설비에 기록된 전자문서 등 관련 정보를 위조 또는 변조하거나 위조 또는 변조된 정보를 행사하여서는 아니 된다.

② 누구든지 국가관세종합정보망 또는 전자문서중계사업자의 전산처리설비에 기록된 전자문서 등 관련 정보를 훼손하거나 그 비밀을 침해하여서는 아니 된다.

③ 국가관세종합정보망 운영사업자 또는 전자문서중계사업자의 임직원이거나, 임직원이었던 자는 업무상 알게 된 전자문서상의 비밀과 관련 정보에 관한 비밀을 누설하거나 도용하여서는 아니 된다.

④ 관세청장은 제240조의6에 따른 국가 간 세관정보의 원활한 상호 교환을 위하여 세계관세기구 등 국제기구에서 정하는 사항을 고려하여 전자신고 등 및 전자송달에 관한 전자문서의 표준을 정할 수 있다.

9. 청문

세관장은 다음 처분의 경우 청문을 실시하여야 한다.

① 자율관리보세구역 지정의 취소

② 보세사 등록의 취소 및 업무정지

③ 지정보세구역 지정의 취소

④ 지정장치장의 화물관리인 지정의 취소

⑤ 특허보세구역의 반입정지 등과 특허의 취소에 따른 물품반입 등의 정지 및 운영인 특허의 취소

⑥ 종합보세구역 지정의 취소

⑦ 종합보세기능의 수행 중지

⑧ 보세운송업자등의 등록 취소 및 업무정지

⑨ 수출입 안전관리 우수업체 공인의 취소

⑩ 국가관세종합정보망 운영사업자 및 전자문서중계사업자 지정의 취소 및 사업·업무의 전부 또는 일부의 정지

10. 벌칙 적용에서 공무원 의제

다음 각 호에 해당하는 사람은 「형법」 제127조 및 제129조부터 제132조까지의 규정을 적용할 때에는 공무원으로 본다.

① 제208조제4항에 따라 대행 업무에 종사하는 사람

② 제233조의2제2항에 따라 위탁받은 업무에 종사하는 사람

③ 삭제 <2021.12.21.>

④ 제322조제5항에 따라 대행 업무에 종사하는 사람

⑤ 제327조의2제1항에 따른 국가관세종합정보망 운영사업자

⑥ 제327조의3제3항에 따른 전자문서중계사업자

⑦ 제329조제3항부터 제5항까지의 규정에 따라 위탁받은 업무에 종사하는 사람

⑧ 다음 각 목의 위원회의 위원 중 공무원이 아닌 사람

1. 제45조제1항에 따른 관세체납정리위원회
2. 제85조제2항에 따른 관세품목분류위원회
3. 제116조의2제2항에 따른 관세정보위원회
4. 제118조의4제1항에 따른 납세자보호위원회
5. 제124조제1항에 따른 관세심사위원회
6. 제165조의5에 따른 보세사징계위원회
7. 제176조의3제1항에 따른 보세판매장 특허심사위원회
8. 제176조의4에 따른 보세판매장 제도운영위원회
9. 삭제 <2021.12.21.>
10. 제284조의2에 따른 관세범칙조사심의위원회

제14장

관세환급

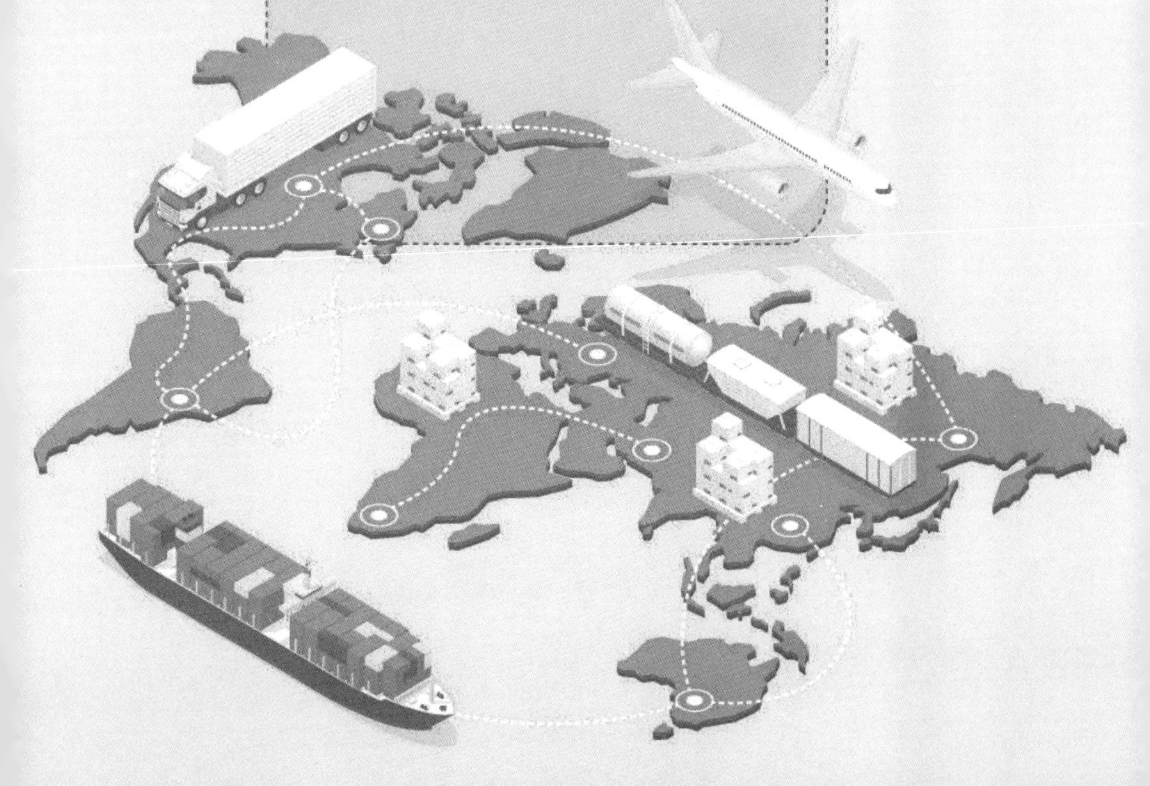

제14장

관세환급

1. 관세환급의 개념

관세환급이란 세관에 납부한 관세를 어떠한 사유로 되돌려 받는 것을 말한다. 현행법령상 관세환급제도는 관세법상의 환급, 즉 과오납환급(관세법 제24조)과 위약물품환급(관세법 제35조) 그리고 수출지원을 위한 수출용 원재료에 대한 관세 등 환급에 관한 특례법상의 환급이 있다.

일반적으로 관세환급이라 할 때에는 수출용 원재료에 대한 관세 등 환급에 관한 특례법상의 관세환급을 말한다.

표 관세환급의 종류

종 류	개 념
과오납환급	세관장이 징수한 관세가 세율적용의 착오, 과세가격결정착오 및 기타의 계산착오 등의 사유로 과다 징수된 경우 이를 되돌려 주는 것
위약물품에 대한 환급	수입한 물품이 계약내용과 상이하여 그 수입물품을 다시 수출한 경우 수입 시에 징수한 세액을 되돌려 주는 것
환특법에 의한 수출용 원재료의 환급	수출물품의 생산에 사용된 원재료를 수입할 때 납부한 관세 등을 되돌려 주는 것

2. 관세환급대상 수출

환급대상이 되기 위해서는 제품을 수출 등에 제공하여야 하는바, 이를 환급대상 수출이라 한다. 일반적으로 수출이라 함은 우리나라에 있는 내국물품을 외국으로 반출하는 것을 말하지만, 환급특례법상의 환급대상수출로서 수출용 원재료에 대한 관세 등을 환급받을 수 있는 수출 등은 다음의 1에 해당하는 것으로 한다.

① 「관세법」에 따라 수출신고가 수리된 수출. 다만, 무상으로 수출하는 것에 대하여는 기획재정부령(환급특례법시행규칙 제2조)이 정하는 수출에 한한다.
② 우리나라 안에서 외화를 획득하는 판매 또는 공사 중 기획재정부령이 정하는 것
③ 「관세법」에 따른 보세구역 중 기획재정부령이 정하는 구역 또는 「자유무역지역의 지역 및 운영에 관한 법률」에 따른 자유무역지역의 입주기업체에 대한 공급
④ 그 밖에 수출로 인정되어 기획재정부령이 정하는 것

1) 일반 유상수출

관세법의 규정에 의하여 수출신고가 수리된 수출을 말하며, 이러한 일반 유상수출물품이 환급을 받기 위하여는 당해 수출물품이 선(기)적된 것이 관세청의 전산시스템에 입력이 되어 있어야 한다. 관세환급의 대상이 되는 일반 유상수출의 유형은 다음과 같다.

① 신용장에 의한 수출
② D/A, D/P방식에 의한 유상수출
③ 수출 전에 미리 수출대금을 외화로 영수하는 송금방식에 의한 수출
④ 수출입이 연계된 무역거래로서 물물교환, 구상무역, 대응구매의 형태로 이루어지는 연계무역

2) 무상수출

① 외국에서 개최되는 박람회, 전시회, 견본시장, 영화제 등에 출품하기 위하여 무상으로 반출하는 물품의 수출(외국에서 외화를 받고 판매되어 그 대가가 외국

환거래법 제17조의 규정에 의하여 매각 또는 예치된 경우에 한함)

② 해외에서 투자, 건설, 용역 기타 이에 준하는 사업을 행하고 있는 우리나라의 국민(법인을 포함)에게 무상으로 송부하기 위하여 반출하는 기계, 시설자재 및 공사용 장비로서 주무부장관이 지정한 자가 확인한 물품의 수출

③ 수출된 물품이 계약조건과 상이하여 반품된 물품에 대체하기 위한 물품의 수출

④ 해외구매자와의 수출계약을 위하여 무상으로 송부하는 견본용품의 수출

⑤ 해외로부터 가공임을 받고 국내에서 가공할 목적으로 반입된 수입원재료의 가공품과 해외에서 위탁가공할 목적으로 반출하는 물품의 수출

⑥ 위탁판매를 위하여 무상으로 반출하는 물품의 수출(외국에서 외화를 받고 판매된 경우에 한함)

3) 보세구역 중 기획재정부령이 정하는 구역 또는 「자유무역지역의 지역 및 운영에 관한 법률」에 따른 자유무역지역의 입주기업체에 대한 공급

"관세법에 의한 보세구역 중 기획재정부령이 정하는 구역"이라 함은 다음의 1에 해당하는 구역을 말한다.

① 보세창고: 수출한 물품에 대한 수리·보수 또는 해외조립생산을 위하여 부품 등을 반입하는 경우에 한함

② 보세공장: 수출용 원재료로 사용될 목적으로 공급되는 경우에 한함

③ 보세판매장

④ 종합보세구역: 수출용 원재료로 공급하거나 수출한 물품에 대한 수리·보수 또는 해외조립생산을 위하여 부품 등을 반입하는 경우 또는 보세구역에서 판매하기 위하여 반입하는 경우에 한함

4) 기타 수출로 인정되어 기획재정부령이 정하는 것

환급대상수출로서 기타 수출로 인정되어 기획재정부령이 정하는 것이라 함은 다음 각호의 1에 해당하는 수출을 말한다.

① 우리나라와 외국 간을 왕래하는 선박 또는 항공기에 선박용품 또는 항공기용품으로 사용되는 물품의 공급

② 해양수산부장관 또는 해양수산부장관이 지정한 기관의 장의 허가를 받은 자가 그 원양어선에 무상으로 송부하기 위하여 반출하는 물품으로서 해양수산부장관 또는 해양수산부장관이 지정한 기관의 장이 확인한 물품의 수출

3. 관세환급대상 수입

1) 관세환급대상 수입의 요건

관세환급특례법상 환급대상이 될 수 있는 수입은 다음과 같다.

① 수출용(외화획득용) 원재료(환급대상원재료)에 해당

② 외국으로부터 수입하는 때에 관세 등을 납부하였거나 일괄납부 및 사후정산의 규정에 의한 일괄납부승인을 받은 물품(관세 등을 납부한 수입물품)

③ 수입신고수리일로부터 일정한 기간 내에 수출 등에 제공한 물품

2) 관세환급대상 수출용 원재료의 범위

관세 등의 환급을 받을 수 있는 수출용 원재료는 다음의 1에 해당하는 것이어야 한다.

① 수출물품을 생산한 경우에는 생산 시의 물리적·화학적 변화과정에서 당해 수출물품에 물리적으로 결합되거나 화학적 반응 등으로 수출물품을 형성하는데 소요되는 원재료

② 수입한 상태 그대로 수출한 경우에는 수출물품

국내에서 생산된 원재료와 수입된 원재료가 동일한 질과 특성을 가지고 상호대체사용이 가능하여 수출물품의 생산과정에서 이를 구분하지 아니하고 사용되는 경우에는 수출용 원재료가 사용된 것으로 본다.

3) 관세환급대상이 아닌 수입

다음의 물품은 수입된 물품이라 할지라도 환급대상이 될 수 없다.

① 환급에 갈음하는 인하세율을 적용한 물품

② 간이세율을 적용받는 물품

③ 관세감면이나 관세분할납부대상이 되는 물품
④ 농림축산물의 내수용 물품
⑤ 할당관세 적용 물품

4) 관세환급 신청자격

관세 등의 환급은 환급대상 수입물품으로 제조·가공한 생산품을 환급대상수출 등에 제공한 자에 한하여 환급을 신청할 수 있다. 따라서 원자재 내국신용장 등에 의하여 중간원재료를 수출업체에 공급한 경우에는 동 물품이 아직 수출되지 아니한 상태에 있으므로 중간원재료를 공급한 자는 환급신청할 수 없고 최종수출자만이 환급신청할 수 있다.

4. 관세환급방법

1) 환급금의 산출 등

① 환급신청자는 대통령령이 정하는 바에 따라 수출물품에 대한 원재료의 소요량을 계산한 서류(소요량계산서)를 작성하고 그 소요량계산서에 의하여 환급금을 산출한다.
② 관세청장은 소요량계산업무의 간소화 등을 위하여 필요하다고 인정하는 경우에는 수출물품별 평균소요량 등을 기준으로 한 표준소요량을 정하여 고시하고 환급신청자로 하여금 이를 선택적으로 적용하게 할 수 있다.
③ 수출용 원재료를 사용하여 생산되는 물품이 2가지 이상인 경우에는 생산되는 물품의 가격을 기준으로 관세청장이 정하는 바에 따라 관세 등을 환급한다.
④ 관세청장은 관세 등을 환급함에 있어서 수출용 원재료의 관세율변동 등으로 수출용 원재료를 수입하는 때에 납부하는 세액보다 현저히 과다 또는 과소환급이 발생할 우려가 있는 경우에는 기획재정부령이 정하는 바에 따라 환급을 받을 수 있는 수입신고필증의 유효기간을 정해진 기간보다 짧게 정하거나, 업체별 수출용 원재료의 재고물량과 수출비율을 기준으로 하여 환급에 사용할 수 있는 수출용 원재료의 물량을 정하여 환급하게 할 수 있다.

2) 평균세액증명

① 세관장은 수출용 원재료에 대한 관세 등의 환급업무를 간소화하기 위하여 필요하다고 인정하는 경우에는 대통령령이 정하는 바에 따라 수출용 원재료를 수입(내국신용장 등에 의한 매입을 포함한다)하는 자의 신청에 의하여 그가 매월 수입한 수출용 원재료의 품목별 물량과 단위당 평균세액을 증명하는 서류(평균세액증명서)를 발행할 수 있다. 이 경우 당해 수출용 원재료는 당해 물품을 수입한 날이 속하는 달의 초일에 수입된 것으로 보아 이 법을 적용한다.

② 세관장은 다음의 어느 하나에 해당하는 자 중 관세청장이 정하는 기준에 해당되는 자에 대하여 대통령령이 정하는 바에 따라 평균세액증명서를 발급하게 할 수 있다.

㉠ 수출용 원재료를 수입한 자

㉡ 관세사(㉠에 해당하는 자로부터 위임받은 자에 한한다)

③ 세관장 또는 관세사로부터 평균세액증명서를 발급받은 자 또는 평균세액증명서를 발급한 자가 평균세액증명서에 기재된 수출용 원재료와 관세율표상 10단위 품목분류가 동일한 물품으로서 수출 등에 제공할 목적 외의 목적으로 수입한 물품에 대하여는 평균세액증명서에 기재된 수출용 원재료에 대한 관세 등의 환급이 끝난 경우에 한하여 관세 등의 환급을 할 수 있다. 이 경우 물품별 환급액은 당해 물품이 수입된 달의 평균세액증명서에 기재된 수출용 원재료의 평균세액(수입된 달의 평균세액증명서에 기재된 수출용 원재료가 없는 경우에는 당해 물품이 수입된 달부터 소급하여 최초로 당해 물품과 품명이 같은 수출용 원재료가 수입된 달의 평균세액증명서에 기재된 수출용 원재료의 평균세액을 말한다)을 초과할 수 없다.

3) 기초원재료납세증명 등

① 세관장은 수출용 원재료가 내국신용장 등에 의하여 거래된 경우 관세 등의 환급업무를 효율적으로 수행하기 위하여 대통령령이 정하는 바에 따라 제조·가공 후 거래된 수출용 원재료에 대한 납부세액을 증명하는 서류(기초원재료납세증명서)를 발급하거나 수입된 상태 그대로 거래된 수출용 원재료에 대한

납부세액을 증명하는 서류(수입세액분할증명서)를 발급할 수 있다.

② 세관장은 다음의 하나에 해당하는 자 중 관세청장이 정하는 기준에 해당되는 자에 대하여 대통령령이 정하는 바에 따라 기초원재료납세증명서 또는 수입세액분할증명서(기초원재료납세증명서 등)를 발급하게 할 수 있다.

㉠ 내국신용장 등에 의하여 물품을 공급한 자

㉡ 관세사(㉠에 해당하는 자로부터 위임받은 자에 한한다)

③ 기초원재료납세증명서 등을 발급할 때에 증명하는 세액은 환급금의 산출 규정에 따른 환급금 산출방법에 의하며, 증명세액의 정확여부의 심사에 대하여는 환급의 신청 규정을 준용한다.

4) 정액환급제도

① 정액환급

정액환급이란 물품을 수출하였을 때 수출물품별로 미리 정해진 금액을 환급하는 것이다. 즉, 수출물품별로 환급하여야 할 금액을 사전에 정하여 간이정액환급률표에 기재하여 놓고 물품을 수출하였을 때 수출신고필증만 제시하여 정액환급률표에 기재된 환급액을 그대로 환급받는 방법이다.

② 간이정액환급률의 책정과 적용

간이정액환급률은 수출물품 HS10단위별로 전년도 평균환급액(개별환급액)을 기초로 하여 금년도 수출물품에 대한 원재료 납부세액 산출에 영향을 미치는 요소, 즉 관세율 및 환율의 변동 등을 고려하여 수출금액(FOB) 10,000원당 환급액을 책정한다.

5) 개별환급

① 개별환급의 개념

개별환급이란 수출 등에 공한 물품을 제조·가공하는 데 소요된 원재료의 수입 시 납부한 관세 등의 세액을 소요량증명서와 수입신고필증 등에 의하여 확인·합계하여 환급하는 방법을 말한다.

② 개별환급 적용대상

개별환급의 대상은 우선적으로 수출물품 중 정액환급대상으로서 정액환급률표에 게기되지 아니한 수출물품이 개별환급의 대상이 되며, 개별 수출업체가 개별환급을 원하여 개별환급신청을 할 경우 이 또한 개별환급 적용대상이 된다.

제15장

대외무역법

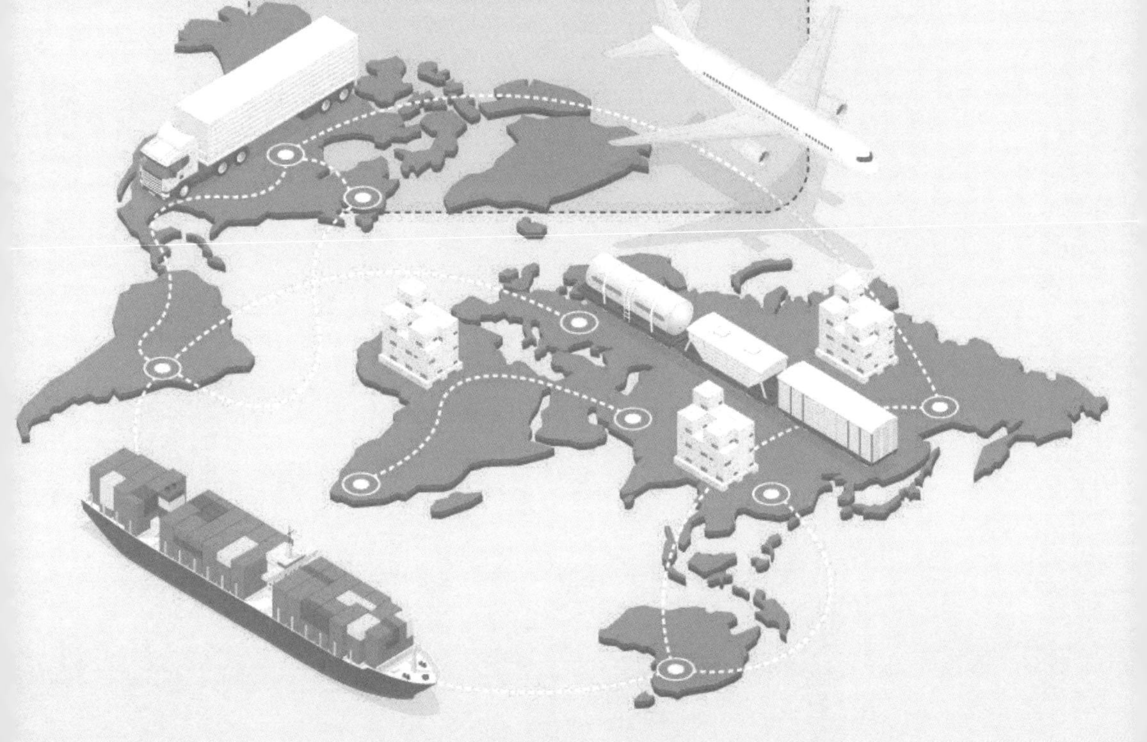

제15장

대외무역법

1. 총칙

1) 목적과 성격

(1) 목적

이 법은 대외 무역을 진흥하고 공정한 거래 질서를 확립하여 국제 수지의 균형과 통상의 확대를 도모함으로써 국민 경제를 발전시키는 데 이바지함을 목적으로 한다.

(2) 대외무역법의 관리대상

대외무역법은 무역의 주체에 대한 인적관리, 행정관리로서의 수출입 질서 유지, 객체에 대한 물적 관리로서 전략물자 수출입 공고 등을 규제하는 무역에 관한 기본법이다.

(3) 대외무역법의 특성

① 무역에 관한 기본법: 무역에 관하여는 이 법이 정하는 바에 의한다.

② 무역에 관한 일반법: 다른 법률에서 명시적으로 대외무역법의 적용을 배제하

면 그 법은 무역에 관한 한 대외무역법에 관한 특별법으로서 우선 적용한다.

③ 다른 법령에 대한 특별법적 성격: 민법, 국가보안법, 독점규제 및 공정거래에 관한 법률 등에 대하여 특별법적 성격을 지니다.

④ 국제성, 대외성: 우리나라의 무역은 헌법에 의하여 체결·공포된 무역에 관한 조약과 일반적으로 승인된 국제법규가 정하는 바에 따라 자유롭고 공정한 무역을 조장함을 원칙으로 한다.

⑤ 종합성: 수출입공고제도

⑥ 경제통제성: 국가가 경제 질서의 단순한 외부적인 보호자가 아니라, 적극적인 경제규제, 조정자로서의 역할을 한다.

⑦ 중앙집권적 관리: 대외무역법의 최고관리기관은 산업통상자원부장관이다.

⑧ 위임입법성

⑨ 포괄성

(4) 대외무역법의 기본원칙

① 자유롭고 공정한 무역의 원칙

② 무역제한의 최소화

③ 통상진흥정책의 수립

④ 위임 및 위탁에 의한 관리

⑤ 품목별 수출입관리

⑥ 거래형태별 수출입관리

⑦ 사후관리 및 제재

⑧ 관세 및 외국환과 별도 관리

2) 용어의 정의

(1) 무역

"무역"이란 다음의 하나에 해당하는 것(이하 "물품 등"이라 한다)의 수출과 수입을 말한다. 여기서 물품 등이란 물품, 용역, 지식재산권, 대통령령으로 정하는 전자적 형태의 무체물 등으로 다음과 같다.

① 물품

② 다음 어느 하나에 해당하는 업종의 사업을 영위하는 자가 제공하는 용역

㉠ 경영 상담업

㉡ 법무 관련 서비스업

㉢ 회계 및 세무 관련 서비스업

㉣ 엔지니어링 서비스업

㉤ 디자인

㉥ 컴퓨터시스템 설계 및 자문업

㉦ 문화산업진흥 기본법에 따른 문화산업에 해당하는 업종

㉧ 운수업

㉨ 관광진흥법에 따른 관광사업에 해당하는 업종

㉩ 그 밖에 지식기반용역 등 수출유망산업으로서 전기통신업, 금융 및 보험업, 임대업, 광고업, 사업시설 유지관리 서비스업, 교육 서비스업, 보건업 등

③ 국내의 법령 또는 대한민국이 당사자인 조약에 따라 보호되는 특허권·실용신안권·디자인권·상표권·저작권·저작인접권·프로그램저작권·반도체집적회로의 배치설계권의 양도, 전용실시권의 설정 또는 통상 실시권의 허락 등

④ 대통령령으로 정하는 전자적 형태의 무체물(無體物)

(2) 전자적 형태의 무체물

① 소프트웨어산업 진흥법에 따른 소프트웨어

② 부호·문자·음성·음향·이미지·영상 등을 디지털 방식으로 제작하거나 처리한 자료 또는 정보 등으로서 다음 각 호의 자료 또는 정보 등을 말한다.

㉠ 영상물(영화, 게임, 애니메이션, 만화, 캐릭터를 포함)

㉡ 음향, 음성물

㉢ 전자서적

㉣ 데이터베이스

③ ①과 ②의 집합체와 그 밖에 이와 유사한 전자적 형태의 무체물로서 산업통상자원부장관이 정하여 고시하는 것

(3) 물품

다음의 것을 제외한 동산(動産)을 말한다.

① 「외국환거래법」에서 정하는 지급수단

② 「외국환거래법」에서 정하는 증권

③ 「외국환거래법」에서 정하는 채권을 화체(化體)한 서류

(4) 무역거래자

수출 또는 수입을 하는 자, 외국의 수입자 또는 수출자에게서 위임을 받은 자 및 수출과 수입을 위임하는 자 등 물품 등의 수출행위와 수입행위의 전부 또는 일부를 위임하거나 행하는 자를 말한다.

(5) 대외무역법상의 수출

① 매매, 교환, 임대차, 사용대차, 증여 등을 원인으로 국내에서 외국으로 물품이 이동하는 것(우리나라의 선박으로 외국에서 채취한 광물 또는 포획한 수산물을 외국에 매도하는 것을 포함한다.)

② 보세판매장에서 외국인에게 국내에서 생산(제조·가공·조립·수리·재생 또는 개조하는 것을 말한다. 이하 같다)된 물품을 매도하는 것

③ 유상으로 외국에서 외국으로 물품을 인도하는 것으로서 산업통상자원부장관이 정하여 고시하는 기준에 해당하는 것
예) 중계무역, 외국인도수출, 무환수출

④ '외국환거래법'상 거주자가 비거주자에게 산업통상자원부장관이 정하여 고시하는 방법에 따른 용역을 제공하는 것

⑤ 거주자가 비거주자에게 정보통신망을 통한 전송과 그 밖에 산업통상자원부장관이 정하여 고시하는 방법에 따른 전자적 형태의 무체물을 인도하는 것

(6) 대외무역법상의 수입

① 매매, 교환 임대차, 사용대차, 증여 등을 원인으로 외국으로부터 국내로 물품이 이동하는 것

② 유상으로 외국에서 외국으로 물품을 인수하는 것으로서 산업통상자원부장관이 정하여 고시하는 기준에 해당하는 것(중계무역, 외국인수수입, 무환수입)

③ 비거주자가 거주자에게 산업통상자원부장관이 정하여 고시하는 방법에 따른 용역을 제공하는 것[16]

④ 비거주자가 거주자에게 정보통신망을 통한 전송과 그 밖에 산업통상자원부장관이 정하여 고시하는 방법에 따른 전자적 형태의 무체물을 인도하는 것

(7) 외화획득용 원료 · 기재

외화획득용 원료 · 기재란 외화획득용 원료, 외화획득용 시설기재, 외화획득용 제품, 외화획득용 용역 및 외화획득용 전자적 형태의 무체물을 말한다.

1. 외화획득용 원료

외화획득에 제공되는 물품과 용역 및 전자적 형태의 무체물(물품 등)을 생산(제조 · 가공 · 조립 · 수리 · 재생 또는 개조하는 것)하는 데에 필요한 원자재 · 부자재 · 부품 및 구성품을 말한다.

2. 외화획득용 시설기재

외화획득에 제공되는 물품 등을 생산하는 데에 사용되는 시설 · 기계 · 장치 · 부품 및 구성품(물품 등의 하자(瑕疵)를 보수하거나 물품 등을 유지 · 보수하는 데에 필요한 부품 및 구성품을 포함)을 말한다.

3. 외화획득용 제품

수입한 후 생산과정을 거치지 아니한 상태로 외화획득에 제공되는 물품 등을 말한다.

4. 외화획득용 용역

외화획득에 제공되는 물품 등을 생산하는 데에 필요한 용역을 말한다.

5. 외화획득용 전자적 형태의 무체물

외화획득에 제공되는 물품 등을 생산하는 데에 필요한 전자적 형태의 무체물을 말한다.

---

16) ① 용역의 국경을 넘은 이동에 의한 제공, ② 거주자의 외국에서의 소비에 의한 제공, ③ 비거주자의 상업적 국내주재에 의한 제공, ④ 비거주자의 국내로 이동에 의한 제공

(8) 수출입실적

① 수출실적이란 산업통상자원부장관이 정하여 고시하는 기준에 해당하는 수출 통관액·입금액, 가득액(稼得額)과 수출에 제공되는 외화획득용 원료·기재의 국내공급액을 말한다.

② 수입실적이란 산업통상자원부장관이 정하여 고시하는 기준에 해당하는 수입 통관액 및 지급액을 말한다.

(9) 소요량 등

1. 구매확인서

물품 등을 외화획득용 원료, 외화획득용 용역, 외화획득용 전자적 형태의 무체물 또는 물품으로 사용하기 위하여 국내에서 구매하려는 경우 외국환은행의 장 또는 전자무역 촉진에 관한 법률에 따라 산업통상자원부장관이 지정한 전자무역기반사업자가 내국신용장에 준하여 발급하는 증서를 말한다.

2. 내국신용장

한국은행총재가 정하는 바에 따라 외국환은행의 장이 발급하여 국내에서 통용되는 신용장을 말한다.

3. 소요량

① 평균 손모량

외화획득용 물품 등을 생산하는 과정에서 생기는 원자재의 손모량(손실량 및 불량품 생산에 소요된 원자재의 양을 포함한다)의 평균량을 말한다.

② 손모율

평균 손모량을 백분율로 표시한 값을 말한다.

③ 단위실량

외화획득용 물품 등 1단위를 형성하고 있는 원자재의 양을 말한다.

④ 기준 소요량

외화획득용 물품 등의 1단위를 생산하는 데에 소요되는 원자재의 양을 고시하기 위한 것으로서 단위실량과 평균 손모량을 합한 양을 말한다.

⑤ 단위자율소요량

기준 소요량이 고시되지 아니한 품목에 대하여 외화획득용 물품 등 1단위를 생산하는 데에 소요된 원자재의 양을 해당 기업이 자율적으로 산출한 것으로서 단위실량과 평균 손모량을 합한 양을 말한다.

⑥ 소요량

외화획득용 물품 등의 전량을 생산하는 데에 소요된 원자재의 실량과 손모량을 합한 양을 말한다.

⑦ 자율소요량계산서

외화획득을 이행하는 데에 소요된 원자재의 양을 해당 기업이 자체 계산한 서류를 말한다.

(10) 유통업자

「부가가치세법」에 따른 사업자등록증상의 도매업자(한국표준 산업분류상의 도매업 영위자), 조달청 및 「중소기업 협동조합법」에서 정하는 중소기업 협동조합을 말한다.

3) 자유롭고 공정한 무역의 원칙 등

① 우리나라의 무역은 헌법에 따라 체결·공포된 무역에 관한 조약과 일반적으로 승인된 국제법규에서 정하는 바에 따라 자유롭고 공정한 무역을 조장함을 원칙으로 한다.

② 정부는 이 법이나 다른 법률 또는 헌법에 따라 체결·공포된 무역에 관한 조약과 일반적으로 승인된 국제 법규에 무역을 제한하는 규정이 있는 경우에는 그 제한하는 목적을 달성하기 위하여 필요한 최소한의 범위에서 이를 운영하여야 한다.

4) 무역의 진흥을 위한 조치

(1) 무역 진흥 조치

① 산업통상자원부장관은 무역의 진흥을 위하여 필요하다고 인정되면 대통령령으로 정하는 바에 따라 물품 등의 수출과 수입을 지속적으로 증대하기 위한 조치를 할 수 있다.

② 산업통상자원부장관은 무역의 진흥을 위한 다음 각 호의 조치를 하거나 관계 행정기관의 장에게 필요한 조치를 하여 줄 것을 요청할 수 있다.

㉠ 수출산업의 국제경쟁력을 높이기 위한 여건의 조성과 설비 투자의 촉진

㉡ 외화가득률을 높이기 위한 품질 향상과 국내에서 생산되는 외화획득용 원료·기재의 사용 촉진

㉢ 통상협력 증진을 위한 수출·수입에 대한 조정

㉣ 지역별 무역균형을 달성하기 위한 수출·수입의 연계

㉤ 민간의 통상활동 및 산업협력의 지원

㉥ 무역 관련 시설에 대한 조세 등의 감면

㉦ 과학적인 무역업무 처리기반을 효율적으로 구축·운영하기 위한 여건의 조성

㉧ 무역업계 등 유관기관의 과학적인 무역업무 처리기반 이용 촉진

㉨ 국내기업의 해외 진출 지원

㉩ 해외에 진출한 국내기업의 고충 사항의 조사와 그 해결을 위한 지원

㉪ 그 밖에 수출·수입을 지속적으로 증대하기 위하여 필요하다고 인정하는 조치

(2) 무역 진흥 지원

① 산업통상자원부장관은 무역의 진흥을 위하여 필요하다고 인정되면 다음의 어느 하나에 해당하는 자에게 필요한 지원을 할 수 있다.

㉠ 무역의 진흥을 위한 자문, 지도, 대외 홍보, 전시, 연수, 상담 알선 등을 업(業)으로 하는 자

㉡ 무역전시장이나 무역연수원 등의 무역 관련 시설을 설치·운영하는 자

㉢ 과학적인 무역업무 처리기반을 구축·운영하는 자[17)]

② 지원 대상 무역 관련 시설

㉠ 무역전시장

실내 전시 연면적이 2천 제곱미터 이상인 무역견본품을 전시할 수 있는 시설과 50명 이상을 수용할 수 있는 회의실을 갖출 것

㉡ 무역연수원

무역전문인력을 양성할 수 있는 시설로서 연면적이 2천 제곱미터 이상이고 최대수용 인원이 500명 이상일 것

㉢ 컨벤션센터

회의용 시설로서 연면적이 4천 제곱미터 이상이고 최대 수용 인원이 2천명 이상일 것

③ 무역 관련 시설의 지정

㉠ 무역 관련 시설로 지정받으려는 자는 사업계획서 1부, 건축물 등기부등본, 건축물 관리대장 및 토지대장 등본 각 1부 또는 건축허가서 사본 1부 등의 서류를 첨부하여 산업통상자원부장관에게 신청하여야 한다.

㉡ 사업계획서에는 시설 및 부속토지의 면적 등 시설계획, 조직, 사업운영 기본방향 등 향후 2개년의 사업계획 등이 포함되어야 한다.

㉢ 산업통상자원부장관은 신청을 받은 경우 기준과 무역진흥 관련 사업타당성 등을 검토하여 무역 관련 시설로 지정하여야 한다.

㉣ 건축허가서 사본을 제출하여 지정을 받은 자는 건축물 등기부등본, 건축물 관리대장 및 토지대장 등본을 산업통상자원부장관에게 따로 제출하여야 한다.

5) 무역에 관한 제한 등 특별 조치

산업통상자원부장관은 다음 각 호의 어느 하나에 해당하는 경우에는 물품 등의 수출과 수입을 제한하거나 금지할 수 있다.

① 우리나라 또는 우리나라의 무역 상대국(이하 “교역상대국”이라 한다)에 전쟁·사변 또는 천재지변이 있을 경우(법 제5조 제1호)

---

17) 「전자무역 촉진에 관한 법률」 제6조제1항에 따른 전자무역기반사업자 중에서 과학적인 무역업무 처리기반을 구축·운영하고 있는 사업자를 말한다.

② 교역상대국이 조약과 일반적으로 승인된 국제법규에서 정한 우리나라의 권익을 인정하지 아니할 경우(법 제5조 제2호)

③ 교역상대국이 우리나라의 무역에 대하여 부당하거나 차별적인 부담 또는 제한을 가할 경우(법 제5조 제3호)

④ 헌법에 따라 체결·공포된 무역에 관한 조약과 일반적으로 승인된 국제법규에서 정한 국제평화와 안전유지 등의 의무를 이행하기 위하여 필요할 경우(법 제5조 제4호)

⑤ 국제평화와 안전유지를 위한 국제공조에 따른 교역여건의 급변으로 교역상대국과의 무역에 관한 중대한 차질이 생기거나 생길 우려가 있는 경우(법 제5조 제4호의2)

⑥ 인간의 생명·건강 및 안전, 동물과 식물의 생명 및 건강, 환경보전 또는 국내 자원보호를 위하여 필요할 경우(법 제5조 제5호)

6) 무역에 관한 법령 등의 협의 등

① 무역에 관하여는 이 법에서 정하는 바에 따른다.

② 관계 행정기관의 장은 물품 등의 수출 또는 수입을 제한하는 법령이나 훈령·고시 등을 제정하거나 개정하려면 미리 산업통상자원부장관과 협의하여야 한다. 이 경우 산업통상자원부장관은 관계 행정기관의 장에게 그 수출·수입요령의 조정을 요청할 수 있다.

2. 통상의 진흥

1) 통상진흥 시책의 수립

① 산업통상자원부장관은 무역과 통상을 진흥하기 위하여 매년 다음 연도의 통상진흥 시책을 세워야 한다. 이 경우 관계 행정기관, 지방자치단체, 대한무역투자진흥공사, 한국무역협회, 그 밖에 무역·통상과 관련되는 기관 또는 단체에 필요한 협조를 요청할 수 있다.

② 통상진흥 시책에는 다음 각 호의 사항이 포함되어야 한다.

㉠ 통상진흥 시책의 기본 방향

㉡ 국제통상 여건의 분석과 전망
㉢ 무역·통상 협상 추진 방안과 기업의 해외 진출 지원 방안
㉣ 통상진흥을 위한 자문, 지도, 대외 홍보, 전시, 상담 알선, 전문인력 양성 등 해외시장 개척 지원 방안
㉤ 통상 관련 정보수집·분석 및 활용 방안
㉥ 원자재의 원활한 수급을 위한 국내외 협력 추진 방안
㉦ 그 밖에 대통령령으로 정하는 사항

③ 산업통상자원부장관은 통상진흥 시책의 수립을 위한 기초 자료를 수집하기 위하여 교역상대국의 통상 관련 제도·관행 등과 기업이 해외에서 겪는 고충 사항을 조사할 수 있다.
④ 산업통상자원부장관은 해외에 진출한 기업에 대하여 통상진흥 시책의 수립에 필요한 사항을 정할 수 있다.
⑤ 산업통상자원부장관은 통상진흥 시책을 세우는 경우에는 미리 특별시장, 광역시장, 특별자치시장, 도지사 또는 특별자치도지사(이하 "시·도지사"라 한다)의 의견을 들어야 하고, 통상진흥 시책을 수립한 때에는 이를 시·도지사에게 알려야 한다. 이를 변경한 경우에도 또한 같다.
⑥ 통상진흥 시책을 통보받은 시·도지사는 그 관할 구역의 실정에 맞는 지역별 통상진흥 시책을 수립·시행하여야 한다.
⑦ 시·도지사는 지역별 통상진흥 시책을 수립한 때에는 이를 산업통상자원부장관에게 알려야 한다. 이를 변경한 때에도 또한 같다.

2) 민간 협력 활동의 지원 등

① 산업통상자원부장관은 무역·통상 관련 기관 또는 단체가 교역상대국의 정부, 지방정부, 기관 또는 단체와 통상, 산업, 기술, 에너지 등에서 협력활동을 추진하는 경우 필요한 지원을 할 수 있다. 이러한 단체 등이 지원을 받으려는 무역·통상 관련기관 또는 단체는 신청서에 사업 내용과 사업의 성과 등이 포함된 사업계획서를 첨부하여 산업통상자원부장관에게 제출하여야 한다.
② 산업통상자원부장관은 기업의 해외 진출을 지원하기 위하여 무역·통상 관련 기관 또는 단체로부터 정보를 체계적으로 수집하고 분석하여 지방자치단체와

기업에 필요한 정보를 제공할 수 있다.

③ 산업통상자원부장관은 정보의 수집·분석 및 제공을 위하여 필요한 경우 관계 중앙행정기관의 장, 시·도지사, 무역·통상 및 기업의 해외 진출과 관련한 기관 또는 단체에 자료 및 통계의 제출을 요청할 수 있다.

④ 산업통상자원부장관은 기업의 해외 진출과 관련된 상담·안내·홍보·조사와 그 밖에 기업의 해외 진출에 대한 지원 업무를 종합적으로 수행하기 위하여 대한무역투자진흥공사에 해외진출지원센터를 둔다.

3) 무역에 관한 조약의 이행을 위한 자료제출

① 산업통상자원부장관은 우리나라가 체결한 무역에 관한 조약의 이행을 위하여 필요한 때에는 대통령령으로 정하는 바에 따라 관련 공공기관, 기업 및 단체 등으로부터 필요한 자료의 제출을 요구할 수 있다.

② 위 무역에 관한 조약의 이행을 위하여 필요한 자료를 직무상 습득한 자는 자료 제공자의 동의 없이 그 습득한 자료 중 기업의 영업비밀 등 비밀유지가 필요하다고 인정되는 기업정보를 타인에게 제공 또는 누설(漏泄)하거나 사용 목적 외의 용도로 사용하여서는 아니 된다.

3. 수출입 거래

1) 수출입 거래 총칙

(1) 수출입의 원칙

① 물품 등의 수출입과 이에 따른 대금을 받거나 지급하는 것은 이 법의 목적의 범위에서 자유롭게 이루어져야 한다(자유로운 무역 거래의 인정).

② 무역거래자는 대외신용도 확보 등 자유무역질서를 유지하기 위하여 자기 책임으로 그 거래를 성실히 이행하여야 한다(신의성실).

(2) 수출입의 제한 등

1. 수출입의 금지

산업통상자원부장관은 헌법에 따라 체결·공포된 조약과 일반적으로 승인된 국제법규에 따른 의무의 이행, 생물자원의 보호 등을 위하여 필요하다고 인정하면 물품 등의 수출 또는 수입을 제한하거나 금지할 수 있다.

2. 수출입의 제한

수출 또는 수입을 제한하거나 금지할 수 있는 물품 등은 다음 각 호의 물품 등으로 한다.

① 헌법에 따라 체결·공포된 조약이나 일반적으로 승인된 국제법규에 따른 의무를 이행하기 위하여 산업통상자원부장관이 지정·고시하는 물품 등
② 생물자원을 보호하기 위하여 산업통상자원부장관이 지정·고시하는 물품 등
③ 교역상대국과의 경제협력을 증진하기 위하여 산업통상자원부장관이 지정·고시하는 물품 등
④ 방위산업용 원료·기재, 항공기 및 그 부분품, 그 밖에 원활한 물자 수급과 과학기술의 발전 및 통상·산업정책상 필요하다고 인정하여 산업통상자원부장관이 해당 품목을 관장하는 관계 행정기관의 장과 협의를 거쳐 지정·고시하는 물품 등

2) 수출입승인

(1) 수출입승인제도

1. 수출입승인

산업통상자원부장관이 헌법에 따라 체결·공포된 조약과 일반적으로 승인된 국제법규에 따른 의무의 이행, 생물자원의 보호 등을 위하여 지정하는 물품 등[18]을 수

18) 헌법에 따라 체결·공포된 조약과 일반적으로 승인된 국제법규에 따른 의무의 이행, 생물자원의 보호 등을 위하여 지정하는 물품 등이란 ① 헌법에 따라 체결·공포된 조약이나 일반적으로 승인된 국제법규에 따른 의무를 이행하기 위하여 산업통상자원부장관이 지정·고시하는 물품 등, ② 생물자원을 보호하기 위하여 산업통상자원부장관이 지정·고시하는 물품 등, ③ 교역상대국과의 경제협력을 증진하기 위하여 산업통상자원부장관이 지정·고시하는 물품 등, ④ 방위산업용 원료·기재, 항공기 및 그 부분품, 그 밖에 원활한 물자 수급과 과학기술의 발전 및 통상·산업정책상 필요하다고 인정하여 산업통상자원부장관이 해당 품목을 관장하는 관계 행정기관의 장과 협의를 거쳐 지정·고시하는 물품 등으로서 산업통상자원부장관이 수출 또는 수입승인 대상으로 지정·고시한 물품 등을 말한다(대외무역법 시행령 제17조). 여기서 산업통상자원부장관이 수출 또는 수입 승인 대상물품 등

출하거나 수입하려는 자는 산업통상자원부장관의 승인을 받아야 한다. 다만, 긴급히 처리하여야 하는 물품 등과 그 밖에 수출 또는 수입 절차를 간소화하기 위한 물품 등으로서 대통령령으로 정하는 기준에 해당하는 물품 등의 수출 또는 수입은 그러하지 아니하다.

2. 수출입승인의 면제

다음의 하나에 해당하는 물품은 수출입 승인에 관련된 규정에 불구하고 긴급히 처리하여야 하는 물품 등과 그 밖에 수출 또는 수입 절차를 간소화하기 위한 물품 등으로서 수출입승인의 면제를 받을 수 있다.

① 산업통상자원부장관이 정하여 고시하는 물품 등으로서 외교관이나 그 밖에 산업통상자원부장관이 정하는 자가 출국하거나 입국하는 경우에 휴대하거나 세관에 신고하고 송부하는 물품 등

② 다음 각 목의 어느 하나에 해당하는 물품 등 중 산업통상자원부장관이 관계 행정기관의 장과의 협의를 거쳐 고시하는 물품 등

㉠ 긴급히 처리하여야 하는 물품 등으로서 정상적인 수출·수입 절차를 밟아 수출·수입하기에 적합하지 아니한 물품 등

㉡ 무역거래를 원활하게 하기 위하여 주된 수출 또는 수입에 부수된 거래로서 수출·수입하는 물품 등

㉢ 주된 사업 목적을 달성하기 위하여 부수적으로 수출·수입하는 물품 등

㉣ 무상(無償)으로 수출·수입하여 무상으로 수입·수출하거나, 무상으로 수입·수출할 목적으로 수출·수입하는 것으로서 사업 목적을 달성하기 위하여 부득이하다고 인정되는 물품 등

㉤ 산업통상자원부장관이 정하여 고시하는 지역에 수출하거나 산업통상자원부장관이 정하여 고시하는 지역으로부터 수입하는 물품 등

㉥ 공공성을 가지는 물품 등이거나 이에 준하는 용도로 사용하기 위한 물품 등으로서 따로 수출·수입을 관리할 필요가 없는 물품 등

㉦ 그 밖에 상행위 이외의 목적으로 수출·수입하는 물품 등

③ 외국환 거래 없이 수입하는 물품 등으로서 산업통상자원부장관이 정하여 고

으로 지정·고시한 물품 등이란 수출입공고에서 정한 물품 등(다만, 중계무역 물품, 외국인수수입 물품, 외국인도수출 물품, 선용품은 제외한다)을 말한다.

시하는 기준에 해당하는 물품 등

④ 「해외이주법」에 따른 해외이주자가 해외이주를 위하여 반출하는 원자재, 시설재 및 장비로서 외교통상부장관이나 외교통상부장관이 지정하는 기관의 장이 인정하는 물품 등

(2) 수출입의 승인 절차

① 수출·수입의 승인을 받으려는 자는 수출입승인 신청서(업체용, 세관용, 승인기관용 및 사본)에 다음 각 호의 서류를 첨부하여 수출입 승인기관의 장에게 신청하여야 한다.

㉠ 수출신용장, 수출계약서 또는 주문서(수출의 경우만 해당)

㉡ 수입계약서 또는 물품 등 매도확약서(수입의 경우만 해당)

㉢ 수출 또는 수입대행계약서(공급자와 수출자가 다른 경우 및 실수요자와 수입자가 다른 경우만 해당)

㉣ 수출입공고에서 규정한 요건을 충족하는 서류(다만, 해당 승인기관에서 승인요건의 충족 여부를 확인할 수 있는 경우를 제외)

② 수출입의 승인 신청이 수출입승인의 요건에 합당한 경우 수출입 승인기관의 장은 수출입승인서(업체용, 세관용, 승인기관용 및 사본)를 발급하여야 한다. 다만, 수출입 물품 등을 분할하여 발급할 수 있다. 승인을 받은 자가 승인을 받은 사항 중 다음에 해당하는 중요한 사항을 변경하려면 산업통상자원부장관의 변경승인을 받아야 하고, 그 밖의 경미한 사항을 변경하려면 산업통상자원부장관에게 신고하여야 한다.

㉠ 물품 등의 수량·가격

㉡ 승인의 유효기간

㉢ 수출 또는 수입의 당사자에 관한 사항

㉣ 당사자의 변경은 파산 등 불가피한 경우에 신청한 것일 것

③ 산업통상자원부장관은 필요하다고 인정하면 승인 대상 물품 등의 품목별 수량·금액·규격 및 수출 또는 수입지역 등을 한정할 수 있다.

④ 산업통상자원부장관은 수출입 제한·금지, 승인, 신고, 한정 및 그 절차 등을 정한 경우에는 이를 공고하여야 한다.

⑤ 수출허가를 받거나 수출승인을 받은 자는 수출승인을 받은 것으로 본다.

⑥ 산업통상자원부장관은 승인을 받지 아니하고 수출되거나 수입되는 물품 등이 수출입의 승인면제 대상에 해당하는지를 확인하여야 한다.

(3) 통합 공고

① 통합공고는 대외무역법 이외의 법령에서 해당물품의 수출입 요건 및 절차 등을 정하고 있는 경우 수출입 요건 확인 및 통관 업무의 간소화와 무역질서 유지를 위하여 다른 법령이 정한 물품의 수출입 요건 및 절차에 관한 사항을 조정하고, 이를 통합 규정함을 목적으로 한다.

② 관계 행정기관의 장은 수출·수입요령을 제정하거나 개정하는 경우에는 그 수출·수입요령이 그 시행일 전에 공고될 수 있도록 이를 산업통상자원부장관에게 제출하여야 하며, 산업통상자원부장관은 제출받은 수출·수입요령을 통합하여 공고하여야 한다.

(4) 특정 거래 형태의 인정 등

1. 특정 거래 형태의 인정

① 산업통상자원부장관은 물품 등의 수출 또는 수입이 원활히 이루어질 수 있도록 대통령령으로 정하는 물품 등의 수출입 거래 형태를 인정할 수 있다.

② 기획재정부장관이 외국환 거래 관계 법령에 따라 무역대금 결제 방법을 정하려면 미리 산업통상자원부장관과 협의하여야 한다.

2. 대외무역법상 특정거래형태

수출거래형태는 일반거래형태의 수출과 특정거래형태의 수출로 나뉘어져 있는데, 일반거래형태의 수출은 대외무역법에 규정된 특정거래형태가 아닌 수출, 즉 취소불능화환수출신용장에 의한 수출, 추심결제방법(D/P, D/A)에 의한 수출, 송금결제방법에 의한 수출, 선대신용장(Red Clause Credit)에 의한 수출 등이 있으며, 다음의 하나에 해당하는 경우에는 특정거래 형태로 본다.

① 수출입 제한 대상에 해당되어 수출입의 제한을 회피할 우려가 있는 거래

② 산업 보호에 지장을 초래할 우려가 있는 거래

③ 외국에서 외국으로 물품 등의 이동이 있고, 대금의 지급이 국내에 이루어지는 거래로 대금 결제 상황의 확인이 곤란하다고 인정되는 거래

④ 대금의 결제 없이 물품 등의 이동만 발생하는 무환거래

3. 특정 거래 형태의 종류

다음과 같은 형태의 거래를 특정거래 형태로 규정하고 있으며, 중계무역과 무환수출은 실제 신고가 필요한 인정대상이다.

① 위탁판매수출(Consignment export trade)

물품 등을 무환으로 수출하여 당해물품이 판매된 범위 안에서 대금을 결제하는 계약에 의한 수출을 말한다.

② 수탁판매수입(Import on indent)

물품 등을 무환으로 수입하여 당해물품이 판매된 범위 안에서 대금을 결제하는 계약에 의한 수입을 말한다.

③ 위탁가공무역(Processing trade on consignment)

가공임을 지급하는 조건으로 외국에서 가공(제조, 조립, 재생, 개조를 포함한다. 이하 같다)할 원료의 전부 또는 일부를 거래 상대방에게 수출하거나 외국에서 조달하여 이를 가공한 후 가공물품 등을 수입하거나 외국으로 인도하는 수출입을 말한다.

④ 수탁가공무역(Processing trade on trust)

가득액을 영수하기 위하여 원자재의 전부 또는 일부를 거래 상대방의 위탁에 의하여 수입하여 이를 가공한 후 위탁자 또는 그가 지정하는 자에게 가공물품 등을 수출하는 수출입을 말한다. 다만, 위탁자가 지정하는 자가 국내에 있음으로써 보세공장 및 수출자유지역에서 가공한 물품 등을 외국으로 수출할 수 없는 경우 관세법에 의한 수탁자의 수출·반출과 위탁자가 지정한 자의 수입·반입·사용은 이를 대외무역법에 의한 수출·수입으로 본다.

⑤ 임대수출

임대(사용임대를 포함)계약에 의하여 물품 등을 수출하여 일정기간 후 다시 수입하거나 그 기간의 만료 전 또는 만료 후 당해 물품 등의 소유권을 이전하는 수출

을 말한다.

⑥ 임차수입

임차(사용임차를 포함)계약에 의하여 물품 등을 수입하여 일정기간 후 다시 수출하거나 그 기간의 만료 전 또는 만료 후 당해물품의 소유권을 이전받는 수입을 말한다.

⑦ 연계무역(Counter trade)

물물교환(Barter trade), 구상무역(Compensation trade), 대응구매(Counter purchase), 제품환매(Buy back) 등의 형태에 의하여 수출·수입이 연계되어 이루어지는 수출입을 말한다.

⑧ 중계무역(Intermediate trade)

수출할 것을 목적으로 물품 등을 수입하여 관세법 제154조의 규정에 의한 보세구역 및 동법의 규정에 의하여 보세구역 외 장치의 허가를 받은 장소 또는 자유무역지역의 지정 등에 관한 법률 규정에 의한 자유무역지역 이외의 국내에 반입하지 아니하고 수출하는 수출입을 말한다.

⑨ 외국인수수입

수입대금은 국내에서 지급되지만 수입물품 등은 외국에서 인수하는 수입을 말한다.

⑩ 외국인도수출

수출대금은 국내에서 영수하지만 국내에서 통관되지 아니한 수출물품 등을 외국으로 인도하는 수출을 말한다.

⑪ 무환수출입

외국환 거래가 수반되지 아니하는 물품 등의 수출·수입을 말한다.

3) 과학적 무역업무의 처리기반 구축

① 산업통상자원부장관은 물품 등의 수출입 거래가 질서 있고 효율적으로 이루어질 수 있도록 대외무역통계시스템 및 전자문서 교환체계 등 과학적 무역업무의 처리기반을 구축하기 위하여 노력하여야 한다.

② 산업통상자원부장관은 과학적 무역업무의 처리기반을 구축하기 위하여 필요하다고 인정되면 관계 행정기관의 장에게 대통령령으로 정하는 바에 따라 통관기록 등 물품 등의 수출입 거래에 관한 정보를 제공하도록 요청할 수 있다. 이 경우 관계 행정기관의 장은 이에 협조하여야 한다.

③ 관계 행정기관의 장은 이 법의 목적의 범위에서 필요하다고 인정되면 산업통상자원부장관에게 구축된 물품 등의 수출입 거래에 관한 정보를 제공하도록 요청할 수 있다. 이 경우 산업통상자원부장관은 이에 협조하여야 한다.

4. 외화획득용 원료·기재의 수입과 구매 등

1) 외화획득용 원료 · 기재의 수입 승인 등

(1) 외화획득용 원료·기재의 수입 승인

① 산업통상자원부장관은 원료, 시설, 기재 등 외화획득을 위하여 사용되는 물품 등의 수입에 대하여는 승인 대상 물품 등의 품목별 수량·금액·규격 및 수출 또는 수입지역 등에 관한 규정을 적용하지 아니할 수 있다. 다만, 국산 원료·기재의 사용을 촉진하기 위하여 필요한 경우에는 그러하지 아니하다.

② 원료·기재를 수입한 자와 수입을 위탁한 자는 그 수입에 대응하는 외화획득을 하여야 한다. 산업통상자원부장관의 승인을 받은 경우에는 그러하지 아니하다.

③ 수입승인 대상으로 지정된 물품 등을 외화획득용 원료·기재로 수입하려는 자는 산업통상자원부장관이 정하여 고시하는 기준에 따라 산업통상자원부장관의 승인을 받아야 한다.

④ 산업통상자원부장관은 국산 원료·기재의 사용을 촉진하기 위하여 외화획득용 원료·기재의 수입을 제한하려는 경우에는 그 제한하려는 품목 및 수입에 필요한 절차를 따로 정하여 고시하여야 한다.

(2) 외화획득용 원료 · 기재의 품목 및 수량

① 산업통상자원부장관은 원료·기재의 범위, 품목 및 수량을 정하여 공고할 수 있다.

② 외화획득용 원료·기재의 수량은 외화획득을 위한 물품 등의 1단위를 생산하기 위하여 제공되는 외화획득용 원료·기재의 기준 소요량을 말한다.

③ 산업통상자원부장관은 외화획득용 원료·기재의 기준 소요량을 정하는 경우에는 해당 물품 등을 생산하는 데에 필요한 실제 수량 외에 생산 공정에서 생기는 평균 손모량(損耗量)을 포함시킬 수 있다.

④ 외화획득용 원료·기재의 품목별 소요량에 관한 계산서의 작성 기준 및 방법 등에 관하여 필요한 사항은 산업통상자원부장관이 정하여 고시한다.

2) 외화획득의 범위 등

(1) 외화획득의 범위

① 외화획득의 범위는 다음 하나에 해당하는 방법에 따라 외화를 획득하는 것으로 한다.

㉠ 수출

㉡ 주한 국제연합군이나 그 밖의 외국군 기관에 대한 물품 등의 매도

㉢ 관광

㉣ 용역 및 건설의 해외 진출

㉤ 국내에서 물품 등을 매도하는 것으로서 산업통상자원부장관이 정하여 고시하는 기준에 해당하는 것[19]

---

19) 다음 각 호의 어느 하나에 해당하는 거래를 말한다(대외무역법 시행령 제26조 규정).

1. 외국인으로부터 외화를 받고 국내의 보세지역에 물품 등을 공급하는 경우
2. 외국인으로부터 외화를 받고 공장건설에 필요한 물품 등을 국내에서 공급하는 경우
3. 외국인으로부터 외화를 받고 외화획득용 시설·기재를 외국인과 임대차계약을 맺은 국내업체에 인도하는 경우
4. 정부·지방자치단체 또는 정부투자기관이 외국으로부터 받은 차관자금에 의한 국제경쟁입찰에 의하여 국내에서 유상으로 물품 등을 공급하는 경우(대금 결제통화의 종류를 불문한다)
5. 외화를 받고 외항선박(항공기)에 선(기)용품을 공급하거나 급유하는 경우
6. 절충교역거래(off set)의 보완거래로서 외국으로부터 외화를 받고 국내에서 제조된 물품 등을 국가기관에 공급하는 경우

② 무역거래자가 외국의 수입업자로부터 수수료를 받고 행한 수출 알선은 외화획득행위에 준하는 행위로 본다.

(2) 외화획득 이행기간

① 외화획득의 이행기간은 다음의 구분에 따른 기간의 범위에서 산업통상자원부장관이 정하여 고시하는 기간으로 한다.

㉠ 외화획득용 원료·기재를 수입한 자가 직접 외화획득의 이행을 하는 경우: 수입통관일 또는 공급일부터 2년

㉡ 다른 사람으로부터 외화획득용 원료·기재 또는 그 원료·기재로 제조된 물품 등을 양수한 자가 외화획득의 이행을 하는 경우: 양수일부터 1년

㉢ 외화획득을 위한 물품 등을 생산하거나 비축하는 데에 2년 이상의 기간이 걸리는 경우: 생산하거나 비축하는 데에 걸리는 기간에 상당하는 기간

㉣ 수출이 완료된 기계류의 하자 및 유지 보수를 위한 외화획득용 원료·기재인 경우: 하자 및 유지 보수 완료일부터 2년

② 외화획득 이행의무자는 기간 내에 외화획득의 이행을 할 수 없다고 인정되면 산업통상자원부장관이 정하는 서류를 갖추어 산업통상자원부장관에게 그 기간의 연장을 신청하여야 한다.

③ 산업통상자원부장관은 신청을 받은 경우 그 신청이 타당하다고 인정할 때에는 외화획득의 이행기간을 연장할 수 있다.

(3) 외화획득용 원료·기재의 사후 관리 등

1. 외화획득용 원료·기재의 사후 관리

① 산업통상자원부장관은 승인을 받아 수입한 외화획득용 원료·기재 및 그 원료·기재로 제조된 물품 등에 대하여는 외화획득 이행의무자의 외화획득 이행 여부를 사후 관리하여야 한다.

② 산업통상자원부장관은 산업통상자원부장관이 정하여 고시한 요건을 갖춘 자가 수입승인을 받아 수입한 외화획득용 원료·기재에 대하여는 수입승인을 받은 자가 사후 관리하도록 할 수 있다. 외화획득용 원료·기재를 양수한 자로서 산업통상자원부장관이 정하여 고시한 요건을 갖춘 자의 경우에도 또한 같다.

③ 사후 관리는 외화획득 이행의무자별 및 품목별로 매 분기에 수입한 총량을 대상으로 행하되, 사후 관리의 방법 등에 관하여 필요한 사항은 산업통상자원부장관이 정하여 고시한다.

2. 자율관리기업

① 자율적으로 사후 관리를 할 수 있는 기업의 선정 요건은 다음과 같다.

㉠ 전년도 수출실적이 미화 50만 달러 상당액 이상인 업체, 수출 유공으로 포상(훈·포장 및 대통령표창을 말한다. 이하 같다)을 받은 업체(84년도 이후 포상받은 업체만 해당한다) 또는 중견수출기업

㉡ 과거 2년간 미화 5천 달러 상당액 이상 외화획득 미이행으로 보고된 사실이 없는 업체

② 자율관리기업은 국가기술표준원장이 수시로 해당업체를 선정한다.

③ 자율관리기업으로 선정받으려는 자는 다음 각 호의 서류를 첨부하여 국가기술표준원장에게 신청하여야 한다.

㉠ 수출실적증명서

㉡ 외회획득용 원료의 승인기관의 장의 외화획득의무 성실이행확인서

㉢ 자율관리규정

㉣ 원료 등을 용도 외에 사용하지 아니할 것임을 약속하는 각서

④ 국가기술표준원장이 자율관리기업을 선정한 때에는 산업통상자원부장관, 세관장에게 그 사실을 알려야 한다.

⑤ 자율관리기업으로 선정받은 자는 자율관리규정에 따라 사후 관리를 하여야 한다.

⑥ 자율관리기업은 매 반기 종료 다음 달 말일까지 대응 외화획득이행내역을 국가기술표준원장에게 보고하여야 한다.

⑦ 국가기술표준원장은 자율관리기업으로 선정받은 자가 다음 각 호의 어느 하나에 해당하는 경우에는 그 선정을 취소할 수 있다. 이때 취소된 기업은 취소한 날부터 3년 이내에는 재선정될 수 없다.

㉠ 원료 등을 타상사에 공급하고 공급이행내역을 알리지 아니하거나 승인 없이 원료 등을 사용목적 이외의 용도에 사용하거나 양도 또는 양수한 때

㉡ 파산 등으로 사후 관리가 불가능할 때

ⓒ 법 또는 법에 의한 명령이나 처분을 위반한 때

3. 외화획득용 원료 · 기재의 사후 관리 면제

산업통상자원부장관은 다음의 어느 하나에 해당하는 경우에는 사후 관리를 하지 아니할 수 있다.

① 품목별 외화획득 이행 의무의 미이행률이 10퍼센트 이하인 경우

② 외화획득 이행의무자의 분기별 미이행률이 10퍼센트 이하이고, 그 미이행 금액이 미화 2만 달러에 상당하는 금액 이하인 경우

③ 외화획득 이행의무자의 책임이 없는 사유로 외화획득의 이행을 하지 못한 경우로서 산업통상자원부장관이 인정하는 경우

④ 해당 품목이 수입승인 대상에서 제외됨으로써 그 수입에 대응하는 외화획득의 이행을 할 필요가 없는 경우 등 산업통상자원부장관이 사후관리를 할 필요성이 없어진 것으로 인정하는 경우

4. 구매확인서의 신청 · 발급 등

① 구매확인서를 발급받으려는 자는 구매확인신청서에 다음 각 호의 서류를 첨부하여 산업통상자원부장관에게 제출하여야 한다.

ⓐ 구매자 · 공급자에 관한 서류

ⓑ 외화획득용 원료 · 기재의 가격 · 수량 등에 관한 서류

ⓒ 외화획득용 원료 · 기재라는 사실을 증명하는 서류로서 산업통상자원부장관이 정하여 고시하는 서류[20]

② 산업통상자원부장관은 신청을 받은 경우 신청인이 구매하려는 원료 · 기재가 외화획득의 범위에 해당하는지를 확인하여 발급 여부를 결정한 후 구매확인서를 발급하여야 한다.

---

20) 외화획득용 원료 · 물품 등 구매(공급)확인(신청)서 (갑)지와 (을)지를 말하며, "외화획득용 원료 · 기재임을 입증하는 서류"란 다음 각 호의 어느 하나를 말한다. 1. 수출신용장 2. 수출계약서(품목 · 수량 · 가격 등에 합의하여 서명한 수출계약 입증서류) 3. 외화매입(예치)증명서(외화획득 이행 관련 대금임이 관계 서류에 의해 확인되는 경우만 해당한다) 4. 내국신용장 5. 구매확인서 6. 수출신고필증(제36조의 단서에 따라 구매한 자가 신청한 경우만 해당한다) 7. 외화획득에 제공되는 물품 등을 생산하기 위한 경우임을 입증할 수 있는 서류

3) 외화획득용 원료 · 기재의 용도 외 사용 등

(1) 외화획득용 원료·기재의 용도 외 사용

① 외화획득용 원료 · 기재를 수입한 자는 그 수입한 원료 · 기재 또는 그 원료 · 기재로 제조된 물품 등을 다음의 부득이한 사유로 인하여 당초의 목적 외의 용도로 사용하려면 산업통상자원부장관의 승인을 받아야 한다.

㉠ 우리나라나 교역상대국의 전쟁 · 사변, 천재지변 또는 제도 변경으로 인하여 외화획득의 이행을 할 수 없게 된 경우

㉡ 외화획득용 원료 · 기재로 생산된 물품 등으로서 그 물품 등을 생산하는 데에 고도의 기술이 필요하여 외화획득의 이행에 앞서 시험제품을 생산할 필요가 있는 경우

㉢ 외화획득 이행의무자의 책임이 없는 사유로 외화획득의 이행을 할 수 없게 된 경우

㉣ 그 밖에 산업통상자원부장관이 불가항력으로 외화획득의 이행을 할 수 없다고 인정한 경우[21]

② 수입한 원료 · 기재 또는 그 원료 · 기재로 제조된 물품 등을 당초의 목적과 같은 용도로 사용하거나 수출하려는 자에게 양도하려는 때에는 양도하려는 자와 양수하려는 자가 함께 산업통상자원부장관의 승인을 받아야 한다.

(2) 외화획득용 원료 · 기재의 사용목적 변경승인 등

① 외화획득용 원료 · 기재 또는 그 원료 · 기재로 제조된 물품 등의 사용 목적 변경승인을 받으려는 자는 신청서에 산업통상자원부장관이 정하는 서류를 첨부하여 산업통상자원부장관에게 제출하여야 한다.

② 사용목적 변경승인을 한 기관의 장은 승인서를 신청자 외화획득용 원료의 사

---

21) 그 밖에 산업통상자원부장관이 불가항력으로 외화획득의 이행을 할 수 없다고 인정한 경우란 다음 각 호의 어느 하나에 해당하는 것으로 한다. ① 화재나 천재지변으로 인하여 외화획득 이행이 불가능하게 된 경우 ② 기술혁신이나 유행의 경과로 새로운 제품이 개발되어 수입된 원료 등으로는 외화획득 이행물품 등의 생산에 사용할 수 없는 경우 ③ 수입된 원료가 형질이 변화되어 외화획득 이행물품의 생산에 사용할 수 없게 된 경우 ④ 그 밖에 수입 또는 구매한 자에게 책임을 돌릴 사유가 없이 외화획득을 이행할 수 없는 경우로서 사용목적 변경승인기관의 장이 인정하는 경우

후 관리기관의 장, 신청자의 관할세무서장에게 각각 알려야 한다.

③ 외화획득용 원료·기재 또는 그 원료·기재로 제조된 물품 등의 양도·양수 승인을 받으려는 자는 신청서에 다음의 하나에 해당하는 서류를 첨부하여 산업통상자원부장관에게 제출하여야 한다.

㉠ 양수·도계약서

㉡ 수입신고필증 또는 기초원재료 납세증명서

④ 자율관리기업이 다른 자율관리기업에 양도하려는 경우에는 양도인의 외화획득용 원료의 사후 관리기관의 장에게 신청하여야 한다.

5. 전략물자의 수출입

1) 전략물자의 수출 등

(1) 전략물자의 고시

1. 전략물자의 수출허가

① 산업통상자원부장관은 관계 행정기관의 장과 협의하여 대통령령으로 정하는 국제수출통제체제(이하 "국제수출통제체제"라 한다)의 원칙에 따라 국제평화 및 안전유지와 국가안보를 위하여 수출허가 등 제한이 필요한 물품 등(대통령령으로 정하는 기술[22]을 포함)을 지정하여 고시하여야 한다. 대통령령으로 정하는 국제수출통제체제란 다음 각 호를 말한다.

㉠ 바세나르체제(WA)

㉡ 핵공급국그룹(NSG)

㉢ 미사일기술통제체제(MTCR)

㉣ 오스트레일리아그룹(AG)

㉤ 화학무기의 개발·생산·비축·사용 금지 및 폐기에 관한 협약(CWC)

---

22) 국제수출통제체제에서 정하는 물품의 제조·개발 또는 사용 등에 관한 기술로서 산업통상자원부장관이 관계 행정기관의 장과 협의하여 고시하는 기술을 말한다.

1. 일반에 공개된 기술
2. 기초과학연구에 관한 기술
3. 특허 출원에 필요한 최소한의 기술
4. 법 제19조제2항에 따라 수출허가를 받은 물품 등의 설치, 운용, 점검, 유지 및 보수에 필요한 최소한의 기술

ⓗ 세균무기(생물무기) 및 독소무기의 개발·생산·비축 금지 및 폐기에 관한 협약(BWC)

② 지정·고시된 물품 등(전략물자)을 수출(기술이 다음 각 호의 어느 하나에 해당되는 경우로서 대통령령으로 정하는 경우를 포함한다)하려 자는 대통령령으로 정하는 바에 따라 산업통상자원부장관이나 관계 행정기관의 장의 허가(수출허가)를 받아야 한다. 다만, 「방위사업법」에 따라 허가를 받은 방위산업물자 및 국방과학기술이 전략물자에 해당하는 경우에는 그러하지 아니하다.

ⓐ 국내에서 국외로의 이전

ⓑ 국내 또는 국외에서 대한민국 국민(국내법에 따라 설립된 법인을 포함한다)으로부터 외국인(외국의 법률에 따라 설립된 법인을 포함한다)에게로의 이전

2. 상황허가

① 전략물자에는 해당되지 아니하나 대량파괴무기와 그 운반수단인 미사일의 제조·개발·사용 또는 보관 등의 용도로 전용될 가능성이 높은 물품 등을 수출하려는 자는 그 물품 등의 수입자나 최종 사용자가 그 물품 등을 대량파괴무기 등의 제조·개발·사용 또는 보관 등의 용도로 전용할 의도가 있음을 알았거나 그 수출이 다음 각 호의 어느 하나에 해당되어 그러한 의도가 있다고 의심되면 산업통상자원부장관이나 관계 행정기관의 장의 허가(상황허가)를 받아야 한다.

ⓐ 수입자가 해당 물품 등의 최종 용도에 관하여 필요한 정보 제공을 기피하는 경우

ⓑ 수출하려는 물품 등이 최종 사용자의 사업 분야에 해당되지 아니하는 경우

ⓒ 수출하려는 물품 등이 수입국가의 기술수준과 현저한 격차가 있는 경우

ⓓ 최종 사용자가 해당 물품 등이 활용될 분야의 사업경력이 없는 경우

ⓔ 최종 사용자가 해당 물품 등에 대한 전문적 지식이 없으면서도 그 물품 등의 수출을 요구하는 경우

ⓗ 최종 사용자가 해당 물품 등에 대한 설치·보수 또는 교육훈련 서비스를 거부하는 경우

ⓢ 해당 물품 등의 최종 수하인(受荷人)이 운송업자인 경우

ⓞ 해당 물품 등에 대한 가격 조건이나 지불 조건이 통상적인 범위를 벗어나

는 경우

ⓩ 특별한 이유 없이 해당 물품 등의 납기일이 통상적인 기간을 벗어난 경우

ⓒ 해당 물품 등의 수송경로가 통상적인 경로를 벗어난 경우

ⓚ 해당 물품 등의 수입국 내 사용 또는 재수출 여부가 명백하지 아니한 경우

ⓣ 해당 물품 등에 대한 정보나 목적지 등에 대하여 통상적인 범위를 벗어나는 보안을 요구하는 경우

ⓟ 그 밖에 국제정세의 변화 또는 국가안전보장을 해치는 사유의 발생 등으로 산업통상자원부장관이나 관계 행정기관의 장이 상황허가를 받도록 정하여 고시하는 경우

(2) 전략물자의 수출허가 또는 상황허가의 신청 등

1. 전략물자의 수출허가 또는 상황허가의 신청

① 전략물자 또는 전략물자에는 해당되지 아니하나 대량파괴무기와 그 운반수단인 미사일의 제조·개발·사용 또는 보관 등의 용도로 전용(轉用)될 가능성이 높은 물품 등을 수출(기술이 이전되는 경우를 포함)하려는 자는 전략물자수출허가신청서나 상황허가신청서에 다음 각 호의 서류를 첨부하여 산업통상자원부장관이나 관계 행정기관의 장에게 제출하여야 한다.

ⓐ 수출계약서, 수출가계약서(輸出假契約書) 또는 이에 준하는 서류

ⓑ 수입국의 정부가 발행하는 수입목적확인서 또는 이에 준하는 서류

ⓒ 수출하는 물품 등의 용도와 성능을 표시하는 서류

ⓓ 수출하는 물품 등의 기술적 특성에 관한 서류

ⓔ 수출하는 물품 등의 용도 등에 관한 최종 사용자의 서약서

ⓕ 그 밖에 수출허가나 상황허가에 필요한 서류로서 산업통상자원부장관이 정하여 고시하는 서류

② 수출허가신청이나 상황허가신청을 받은 산업통상자원부장관 또는 관계 행정기관의 장은 15일 이내에 수출허가나 상황허가의 여부를 결정하고 그 결과를 신청인에게 알려야 한다. 다만, 수출허가나 상황허가를 신청한 물품 등에 대하여 별도의 기술 심사, 관계 행정기관과의 협의 또는 현지조사가 필요한 경우에는 그 협의나 현지조사를 하는 데에 걸리는 기간은 본문에 따른 기간에 산입하지 아니한다.

③ 산업통상자원부장관이나 관계 행정기관의 장은 수출허가 신청이나 상황허가 신청을 받으면 국제평화 및 안전유지와 국가안보 등 대통령령으로 정하는 기준에 따라 수출허가나 상황허가를 할 수 있다.

④ 산업통상자원부장관 또는 관계 행정기관의 장은 재외공관에서 사용될 공용물품을 수출하는 경우 등 대통령령으로 정하는 경우에는 수출허가 또는 상황허가를 면제할 수 있다.

2. 수출허가 및 상황허가의 기준

수출허가 및 상황허가의 기준은 다음과 같다.

① 해당 물품 등이 평화적 목적에 사용되는지 여부

② 해당 물품 등의 수출이 안전유지와 국가안보에 영향을 미치는지 여부

③ 해당 물품 등의 수입자와 최종 사용자 등이 거래에 적합한 자격을 가졌는지 여부 및 그 사용 용도를 믿을 수 있는지 여부

④ 그 밖에 국제수출통제체제의 원칙 중 산업통상자원부장관이 정하여 고시하는 사항을 지키는지 여부

3. 전략물자의 수출허가 또는 상황허가의 면제

다음의 어느 하나에 해당하는 경우에는 전략물자의 수출허가 또는 상황허가를 면제하되, 수출자는 수출 후 7일 이내에 산업통상자원부장관 또는 관계 행정기관의 장에게 수출거래에 관한 보고서를 제출하여야 한다.

① 재외공관, 해외에 파견된 우리나라 군대 또는 외교사절 등에 사용될 공용물품을 수출하는 경우

② 선박 또는 항공기의 안전운항을 위하여 긴급 수리용으로 사용되는 기계, 기구 또는 부분품 등을 수출하는 경우

③ 그 밖에 수출허가 또는 상황허가의 면제가 필요하다고 인정하여 산업통상자원부장관이 관계 행정기관의 장과 협의하여 고시하는 경우

(3) 전략물자의 판정 등

1. 전략물자의 판정

물품 등의 무역거래자는(기술 이전 행위의 전부 또는 일부를 위임하거나 기술이전 행

위를 하는 자를 포함한다) 산업통상자원부장관이나 관계 행정기관의 장에게 수출하려는 물품 등이 전략물자 또는 상황허가 대상인 물품 등에 해당하는지에 대한 판정을 신청할 수 있다. 이 경우 산업통상자원부장관이나 관계 행정기관의 장은 전략물자관리원장 또는 대통령령으로 정하는 관련 전문기관에 판정을 위임하거나 위탁할 수 있다.

2. 전략물자의 판정 신청 등

① 해당 물품 등이 전략물자 또는 상황허가 대상인 물품 등에 해당하는지에 대하여 판정을 받으려는 자는 판정신청서에 다음 각 호의 서류를 첨부하여 산업통상자원부장관이나 관계 행정기관의 장에게 제출하여야 한다.

㉠ 물품 등의 용도와 성능을 표시하는 서류

㉡ 물품 등의 기술적 특성에 관한 서류

㉢ 그 밖에 전략물자 또는 상황허가 대상인 물품 등의 판정에 필요한 서류로서 산업통상자원부장관이 정하여 고시하는 서류

② 신청을 받은 산업통상자원부장관이나 관계 행정기관의 장은 15일 이내에 신청한 물품 등이 전략물자 또는 상황허가 대상인 물품 등에 해당하는지를 판정하여 신청인에게 알려야 한다. 다만, 판정을 신청한 물품 등에 대하여 별도의 기술 심사나 다른 관계 행정기관과의 협의가 필요한 경우 그 기술 심사나 협의를 하는 데에 필요한 기간은 본문에 따른 기간에 산입하지 아니한다.

③ 판정의 유효기간은 2년으로 한다.

④ 산업통상자원부장관은 전략물자 수출입통제업무를 효율적으로 수행하기 위하여 필요한 경우 전략물자로 판정된 물품 등에 대하여 그 명칭, 규격, 통제번호 등 해당 물품 등이 전략물자라는 사실을 확인할 수 있는 객관적 사항에 관한 것으로서 산업통상자원부장관이 정하여 고시하는 사항을 공고할 수 있다.

⑤ 전략물자 판정 관련 전문기관이란 원자력 안전법에 따른 한국원자력통제기술원을 말한다.

2) 전략물자 수입 등

(1) 전략물자의 수입

1. 수입목적확인서의 발급

전략물자를 수입하려는 자는 대통령령으로 정하는 바에 따라 산업통상자원부장관이나 관계 행정기관의 장에게 수입목적 등의 확인을 내용으로 하는 수입목적확인서의 발급을 신청할 수 있다. 이 경우 산업통상자원부장관과 관계 행정기관의 장은 확인 신청 내용이 사실인지 확인한 후 수입목적확인서를 발급할 수 있으며 유효기간은 1년 이내로 한다.

2. 전략물자 수입목적확인서의 발급 신청

① 전략물자 수입목적확인서를 발급받으려는 자는 전략물자 수입목적확인서 발급신청서에 그 전략물자의 최종 사용자 및 사용 목적을 증명할 수 있는 서류 등 전략물자의 수입 목적을 확인하는 데에 필요한 서류로서 산업통상자원부장관이나 관계 행정기관의 장이 정하여 고시하는 서류를 첨부하여 산업통상자원부장관이나 관계 행정기관의 장에게 제출하여야 한다.

② 신청을 받은 산업통상자원부장관이나 관계 행정기관의 장은 7일 이내에 전략물자 수입목적확인서를 발급하여야 한다. 다만, 수입목적 확인을 신청한 물품 등에 대하여 별도의 기술 심사나 관계 행정기관과의 협의가 필요한 경우 그 기술 심사나 협의를 하는 데에 필요한 기간은 본문에 따른 기간에 산입하지 아니한다.

3. 전략물자 등에 대한 이동중지명령 등

① 산업통상자원부장관과 관계 행정기관의 장은 전략물자나 상황허가 대상인 물품 등이 허가를 받지 아니하고 수출되거나 거짓이나 그 밖의 부정한 방법으로 허가를 받아 수출되는 것을 막기 위하여 필요하면 적법한 수출이라는 사실이 확인될 때까지 전략물자 등의 이동중지명령을 할 수 있다.

② 산업통상자원부장관과 관계 행정기관의 장은 전략물자 등의 불법수출을 막기 위하여 긴급하게 그 이동을 제한할 필요가 있으면 적법한 수출이라는 사실이 확인될 때까지 직접 그 이동을 중지시킬 수 있다.

③ 전략물자 등을 국내 항만이나 공항을 경유하거나 국내에서 환적(換積)하려는 자로서 다음에 해당하는 자는 대통령령으로 정하는 바에 따라 산업통상자원부장관이나 관계 행정기관의 장의 허가를 받아야 한다.

㉠ 대량파괴무기 등의 제조·개발·사용 또는 보관 등의 용도로 전용되거나 전용될 가능성이 있다고 인정되는 전략물자 등을 경유하거나 환적하려는 자

㉡ 산업통상자원부장관 또는 관계 행정기관의 장으로부터 경유 또는 환적 허가를 받아야 하는 것으로 통보받은 자

④ 산업통상자원부장관 또는 관계 행정기관의 장은 이동중지조치나 경유 또는 환적의 허가를 하기가 적절하지 아니하면 다른 행정기관에 협조를 요청할 수 있다. 이 경우 협조를 요청받은 행정기관은 국내 또는 외국의 전략물자 등의 국가 간 불법수출을 막을 수 있도록 협조하여야 한다.

⑤ 이동중지조치를 하는 공무원은 그 권한을 표시하는 증표를 지니고 이를 관계인에게 내보여야 한다.

⑥ 이동중지명령 및 이동중지조치의 기간과 방법은 전략물자 등의 국가 간 불법수출을 막기 위하여 필요한 최소한도에 그쳐야 한다.

(2) 전략물자의 중개

1. 전략물자의 중개

① 전략물자 등을 제3국에서 다른 제3국으로 이전하거나 매매를 위하여 중개하려는 자는 대통령령으로 정하는 바에 따라 산업통상자원부장관이나 관계 행정기관의 장의 허가를 받아야 한다. 다만, 그 전략물자 등의 이전·매매가 수출국으로부터 국제수출통제체제의 원칙에 따른 수출허가를 받은 경우 등에는 그러하지 아니하다.

② 산업통상자원부장관과 관계 행정기관의 장은 중개허가의 신청을 받으면 국제평화 및 안전유지와 국가안보 등 다음의 하나에 해당하는 경우 중개허가를 할 수 있다.

㉠ 해당 물품 등이 평화적 목적에 사용되는지 여부

㉡ 해당 물품 등의 중개가 안전유지와 국가안보에 영향을 미치는지 여부

㉢ 해당 물품 등의 수출자, 수입자, 최종 사용자 등이 거래에 적합한 자격을 가졌는지 여부 및 그 사용 용도를 믿을 수 있는지 여부

㉣ 국제수출통제체제의 원칙 중 산업통상자원부장관이 정하여 고시하는 사항을 지키는지 여부

2. 전략물자의 중개허가 신청 등

① 전략물자 등을 중개하려는 자는 전략물자 등 중개허가신청서에 다음의 서류를 첨부하여 산업통상자원부장관이나 관계 행정기관의 장에게 제출하여야 한다.

㉠ 거래계약서, 거래가계약서(去來假契約書) 또는 이에 준하는 서류

㉡ 해당 중개에 관련된 수출자, 수입자, 중개자 등에 관한 서류

㉢ 중개하는 전략물자 등의 용도와 성능을 표시하는 서류

㉣ 중개하는 전략물자 등의 기술적 특성에 관한 서류

㉤ 중개하는 전략물자 등의 용도 등에 관한 최종 사용자의 서약서

㉥ 그 밖에 전략물자 등의 중개허가에 필요한 서류로서 산업통상자원부장관이 정하여 고시하는 서류

② 중개허가 신청을 받은 산업통상자원부장관이나 관계 행정기관의 장은 15일 이내에 중개허가 여부를 결정하고 그 결과를 신청인에게 알려야 한다. 다만, 중개허가를 신청한 물품 등에 대하여 별도의 기술 심사, 관계 행정기관과의 협의 또는 현지조사가 필요한 경우 이를 하는 데에 필요한 기간은 본문에 따른 기간에 산입하지 아니한다.

(3) 서류의 보관

무역거래자는 다음 각 호의 서류를 5년간 보관하여야 한다.

① 전략물자 판정을 신청한 경우에는 그 판정에 관한 서류

② 전략물자 등을 수출·경유·환적·중개한 자의 경우 그 수출허가, 상황허가, 경유 또는 환적 허가, 중개허가에 관한 서류

③ 그 밖에 산업통상자원부장관이나 관계 행정기관의 장이 정하여 고시하는 서류

(4) 수출허가 등의 취소

산업통상자원부장관 또는 관계 행정기관의 장은 수출허가 또는 상황허가, 제23조제3항에 따른 경유 또는 환적허가, 제24조에 따른 중개허가를 한 후 다음 각 호의 어느 하나에 해당하는 경우에는 해당 허가를 취소할 수 있다.

① 거짓 또는 부정한 방법으로 허가를 받은 사실이 발견된 경우
② 전쟁, 테러 등 국가 간 안보 또는 대량파괴무기 등의 이동·확산 우려 등과 같은 국제정세의 변화가 있는 경우

(5) 자율준수무역거래자 지정 등

① 산업통상자원부장관은 기업 또는 대통령령으로 정하는 대학 및 연구기관 자율적인 전략물자 관리능력을 높이기 위하여 전략물자 여부에 대한 판정능력, 수입자 및 최종 사용자에 대한 분석능력 등 다음의 하나에 해당하는 능력을 갖춘 무역거래자를 자율준수무역거래자로 지정할 수 있다.
㉠ 「고등교육법」 제2조에 따른 대학, 산업대학, 전문대학 및 기술대학
㉡ 「과학기술분야 정부출연연구기관 등의 설립·운영 및 육성에 관한 법률」에 따라 설립된 과학기술분야 정부출연연구기관
㉢ 「기초연구진흥 및 기술개발지원에 관한 법률」 제14조제1항제2호에 따른 기업부설연구소
㉣ 「산업기술연구조합 육성법」에 따른 산업기술연구조합
㉤ 국·공립 연구기관
㉥ 「특정연구기관 육성법」 제2조에 따른 특정연구기관
㉦ 「산업기술혁신 촉진법」 제42조에 따른 전문생산기술연구소
② 자율준수무역거래자로 지정받으려는 자는 자율준수무역거래자 지정신청서에 다음 각 호의 서류를 첨부하여 산업통상자원부장관에게 제출하여야 한다.
㉠ 전략물자 해당 여부에 대한 판정능력, 수입자 및 최종 사용자에 대한 분석능력, 자율관리조직의 구축 및 운용 능력을 갖추었음을 증명하는 서류
㉡ 자율적인 수출통제 업무 관리를 위한 업무규정 및 조직도
㉢ 그 밖에 자율준수무역거래자의 지정에 필요한 서류로서 산업통상자원부장관이 정하여 고시하는 서류
③ 산업통상자원부장관은 법 제25조제1항에 따라 자율준수무역거래자를 지정하는 경우 능력을 갖춘 정도에 따라 자율준수무역거래자의 등급을 달리 정할 수 있다.
④ 산업통상자원부장관은 제3항에 따라 자율준수무역거래자 지정신청을 받았을 때에는 신청서 접수일부터 40일 이내에 지정 여부와 그 등급(자율준수무역거

래자로 지정된 경우만 해당한다)을 신청인에게 알려야 한다.

⑤ 자율준수무역거래자 지정을 위한 능력의 심사 및 등급 결정 등에 관한 세부사항은 산업통상자원부장관이 정하여 고시한다.

3) 전략물자의 수출입 제한 등

(1) 전략물자 수출입관리 정보시스템의 구축·운영

① 산업통상자원부장관은 다음 각 호의 업무를 수행하기 위하여 관계 행정기관의 장 및 전략물자관리원과 공동으로 전략물자 수출입관리 정보시스템을 구축·운영할 수 있다.

㉠ 수출허가, 상황허가, 수입목적확인서의 발급 등에 관한 업무

㉡ 전략물자의 수출입통제에 필요한 정보의 수집·분석 및 관리 업무

② 전략물자 수출입관리 정보시스템의 구축·운영에 필요한 사항은 대통령령으로 정한다.

(2) 전략물자관리원의 설립 등

① 전략물자의 수출입 업무와 관리 업무[23]를 효율적으로 지원하기 위하여 전략물자관리원을 설립한다.

② 전략물자관리원은 법인으로 한다.

③ 전략물자관리원은 정관으로 정하는 바에 따라 임원과 직원을 둔다.

④ 전략물자관리원은 그 주된 사무소의 소재지에서 설립등기를 함으로써 성립한다.

⑤ 전략물자관리원은 정부의 전략물자 관리정책에 업무를 수행한다.

⑥ 전략물자관리원의 장은 산업통상자원부장관의 승인을 받아 관리원을 이용하는 자에게 일정한 수수료를 징수할 수 있다.

⑦ 전략물자관리원에 관하여 이 법에서 정한 것 외에는 민법 중 재단법인에 관한 규정을 준용한다.

---

23) 1. 전략물자 수출입관리에 관한 조사·연구 및 홍보 지원 업무 2. 전략물자 수출입통제와 관련된 국제협력 지원 업무 2의2. 법 제25조에 따른 전략물자 자율준수무역거래자의 지정 및 관리에 대한 지원 업무 3. 전략물자의 판정 및 통보에 관하여 산업통상자원부장관이 위탁하는 업무

⑧ 정부는 전략물자관리원의 설립·운영에 필요한 경비를 예산의 범위에서 출연하거나 지원할 수 있다.

(3) 전략물자 수출입통제 협의회 등

1. 전략물자 수출입통제 협의회

① 산업통상자원부장관과 관계 행정기관의 장은 전략물자의 수출입통제와 관련된 부처 간 협의를 위하여 공동으로 전략물자 수출입통제 협의회를 구성할 수 있다.

② 협의회의 회의는 관계 행정기관의 소관 업무별로 그 소관 관계 행정기관의 장이 주재한다.

③ 협의회는 협의회의 안건에 관하여 필요하면 정보수사기관의 장(국민안전처, 국가정보원, 검찰청, 경찰청, 국군기무사령부) 또는 관세청장에게 조사·지원을 요청할 수 있다.

2. 협의회의 구성과 운영

① 전략물자 수출입통제 협의회의 위원장은 다음 각 호의 사항별로 소관 행정기관의 장이 되고, 협의회의 위원장은 소관 사항별로 참석 행정기관의 범위를 정하여 협의회를 소집한다.

㉠ 교육과학기술부: 교육과학기술부장관과 산업통상자원부장관이 공동으로 정하여 고시하는 원자력 전용 품목의 수출입통제에 관한 사항

㉡ 통일부: 「남북교류협력에 관한 법률」에 따른 반출·반입 승인 대상 품목 중 전략물자에 관한 사항 및 남북 교류·협력에 영향을 미치는 사항

㉢ 외교통상부: 외교·통상교섭에 영향을 주는 사항 및 전략물자의 수출입통제와 관련된 국제규범에 관한 사항

㉣ 국방부: 「방위사업법」에 따른 방위산업물자·국방과학기술의 수출입통제에 관한 사항 및 국가안보에 영향을 미치는 사항

㉤ 산업통상자원부: 「대외무역법」에 따른 전략물자(교육과학기술부장관과 산업통상자원부장관이 공동으로 정하여 고시하는 원자력 전용 품목은 제외한다)의 수출입통제에 관한 사항

② 협의회의 위원은 소집되는 행정기관의 고위공무원단에 속하는 공무원으로서

전략물자의 수출입통제 관련 업무를 담당하는 자로 한다.

③ 협의회를 효율적으로 운영하기 위하여 필요하면 실무협의회를 둘 수 있다.

④ 협의회와 실무협의회의 운영에 필요한 사항은 관계 행정기관의 장이 협의하여 정한다.

(4) 전략물자기술자문단의 구성 및 운영

① 산업통상자원부장관은 다음 각 호의 사항에 관한 자문을 하기 위하여 전략물자기술자문단을 구성하여 운영할 수 있다.

㉠ 해당 물품 등이 대량파괴무기 등의 제조, 개발, 사용 또는 보관 등의 용도로 전용될 가능성에 관한 사항

㉡ 국제수출통제체제의 통제대상 물품 등에 대한 평가·분석에 관한 사항

㉢ 전략물자 해당 여부의 판정에 관한 사항

② 전략물자기술자문단의 구성·운영 등에 필요한 사항은 산업통상자원부장관이 정하여 고시한다.

(5) 전략물자의 수출입 제한 등

① 산업통상자원부장관 또는 관계 행정기관의 장은 다음 각 호의 어느 하나에 해당하는 자에게 3년 이내의 범위에서 일정 기간 동안 전략물자 등의 전부 또는 일부의 수출이나 수입을 제한할 수 있다.

㉠ 수출허가를 받지 아니하고 전략물자를 수출한 자

㉡ 상황허가를 받지 아니하고 상황허가 대상인 물품 등을 수출한 자

㉢ 전략물자 등의 수출이나 수입에 관한 국제통제체제의 원칙을 위반한 자로서 대통령령으로 정하는 자

② 관계 행정기관의 장은 ①항의 각 호의 어느 하나에 해당하는 자가 있음을 알게 되면 즉시 산업통상자원부장관에게 통보하여야 한다.

③ 산업통상자원부장관 또는 관계 행정기관의 장은 ①항에 따라 전략물자의 수출입을 제한한 자와 외국 정부가 자국의 법령에 따라 전략물자의 수출입을 제한한 자의 명단과 제한 내용을 공고할 수 있다.

6. 플랜트수출

1) 플랜트수출의 촉진 등

플랜트수출은 각종 물품을 제조하기 위한 기계장치 등의 하드웨어(hardware)와 그 설치에 필요한 엔지니어링, 노하우, 건설시공 등의 소프트웨어가 결합한 종합수출이다.

(1) 수출입승인

① 산업통상자원부장관은 다음 각 호의 어느 하나에 해당하는 수출을 하려는 자가 신청하는 경우에는 대통령령으로 정하는 바에 따라 그 플랜트수출을 승인할 수 있다. 승인한 사항을 변경할 때에도 또한 같다.

㉠ 농업·임업·어업·광업·제조업, 전기·가스·수도사업, 운송·창고업 및 방송·통신업을 경영하기 위하여 설치하는 기재·장치 및 대통령령으로 정하는 설비[24) FOB가격으로 미화 50만 달러 상당액 이상인 산업설비

㉡ 산업설비·기술용역 및 시공[25)]을 포괄적으로 행하는 수출(일괄수주방식에 의한 수출)

② 산업통상자원부장관은 승인 또는 변경승인을 하기 위하여 필요하면 플랜트수출의 타당성에 관하여 관계 행정기관의 장의 의견을 들어야 한다. 이 경우 의견을 제시할 것을 요구받은 관계 행정기관의 장은 정당한 사유가 없으면

---

24) 대외무역법 시행령 제51조(설비) 대통령령으로 정하는 설비란 다음 각 호의 설비를 말한다. 다만, 해외건설공사와 함께 일괄수주방식에 의하여 수출하는 설비는 제외한다. 1. 발전설비 2. 담수 설비 및 용수처리설비 3. 해양설비 및 수상구조설비 4. 석유 처리설비 및 석유화학설비 5. 정유설비 및 송유설비 6. 저장탱크 및 저장기지설비 7. 냉동 및 냉장설비 8. 제철·제강설비 및 철강재구조설비 9. 공해방지설비 10. 공기조화설비 11. 신에너지 및 재생에너지 설비 12. 정치식(定置式) 운반하역설비 및 정치식 건설용설비 13. 시험연구설비 14. 그 밖에 산업 활동을 위하여 필요한 설비

25) 대외무역법 시행령 제52조(시공) ① 시공이란 다음 각 호의 공사를 수행하는 것을 말한다. 1. 토목공사 2. 건축공사 3. 플랜트 설치공사. 다만, 플랜트 수출자나 수출용 기자재를 설계·제작하는 자가 제작한 기계 및 장치를 직접 설치하는 공사는 제외한다. ② 「해외건설촉진법 시행령」 제17조제1항제1호 라목에 따른 해외공사실적을 인정받으려는 경우에만 산업통상자원부장관은 플랜트 수출자나 수출용 기자재를 설계·제작하는 자가 제작한 기계 및 장치를 직접 설치하는 공사를 플랜트 설치공사로 인정할 수 있다.

지체 없이 산업통상자원부장관에게 의견을 제시하여야 한다.

③ 산업통상자원부장관이 일괄수주방식에 의한 수출에 대하여 승인 또는 변경승인하려는 때에는 미리 국토해양부장관의 동의를 받아야 한다.

④ 산업통상자원부장관은 일괄수주방식에 의한 수출로서 건설용역 및 시공부문의 수출에 관하여는 해외건설촉진법에 따른 해외건설업자에 대하여만 승인 또는 변경승인할 수 있다.

⑤ 산업통상자원부장관은 플랜트수출의 승인 또는 변경승인을 한 경우에는 이를 관계 행정기관의 장에게 지체 없이 알려야 한다.

⑥ 산업통상자원부장관은 플랜트수출을 촉진하기 위하여 그에 관한 제도개선, 시장조사, 정보교류, 수주 지원, 수주질서 유지, 전문인력의 양성, 금융지원, 우수기업의 육성 및 협동화사업을 추진할 수 있다. 이 경우 산업통상자원부장관은 플랜트수출 관련 기관 또는 단체를 지정하여 이들 사업을 수행하게 할 수 있다.

(2) 수출승인의 신청 등

① 플랜트수출의 승인을 받으려는 자는 플랜트수출승인신청서에 수출신용장, 수출계약서 또는 주문서, 수출 또는 수입대행계약서, 수칠입공고에서 규정한 요건을 충족하는 서류 및 통합공고에 의하여 허가, 추천 등을 요하는 경우에는 그 허가 등을 받은 사실을 증명하는 서류를 첨부하여 산업통상자원부장관에게 신청하여야 한다.

② 변경승인을 받으려는 자는 산업설비수출승인사항 변경승인신청서에 수출승인서 사본, 변경사유서를 첨부하여 당초 수출승인기관의 장에게 신청하여야 한다.

③ 승인기관의 장은 산업설비수출승인 또는 변경승인신청이 있는 경우 접수일부터 5일 이내에 이를 처리하여야 한다. 다만, 다른 기관과의 협의가 필요한 경우 그 협의기간은 처리기간에 산입하지 아니한다.

④ 승인을 한 기관의 장은 승인 즉시 그 승인 내용을 한국기계산업진흥회장에게 알려야 한다.

(3) 동의 요청 등

① 산업통상자원부장관은 일괄수주방식에 의한 수출에 대하여 승인 또는 변경승인을 하기 위하여 미리 국토해양부장관의 동의를 받으려는 경우에는 해당 플랜트수출의 개요와 다음 각 호의 사항을 명시한 서류를 송부하여야 한다.

㉠ 건설용역 및 시공 수행자의 성명(법인인 경우에는 그 명칭과 대표자의 성명) 및 주소

㉡ 건설용역 및 시공 사업계획

② 동의 요청을 받은 국토해양부장관은 특별한 사유가 없으면 동의요청을 받은 날부터 10일 이내에 동의 여부를 산업통상자원부장관에게 알려야 한다.

(4) 플랜트수출 관련 기관 등 지정

① 산업통상자원부장관은 플랜트수출에 관한 시장조사 등의 사업을 촉진하기 위한 사업을 담당할 관련 기관 또는 단체를 지정하려면 다음 각 호의 사항을 종합적으로 검토하여야 한다.

㉠ 플랜트수출자에 대한 대표성

㉡ 시장조사 등 사업계획

② 산업설비수출촉진기관은 한국기계산업진흥회 및 한국플랜트산업협회로 한다.

③ 산업통상자원부장관은 지정된 플랜트수출촉진기관에 대하여 플랜트수출의 시장조사 등 사업의 촉진과 관련하여 다음 각 호의 사항을 보고하게 할 수 있다.

㉠ 플랜트수출 동향

㉡ 플랜트수출에 관한 시장조사, 정보교류, 수주, 협동화사업의 촉진실적 등 촉진활동에 관한 사항

㉢ 그 밖에 플랜트수출에 관하여 산업통상자원부장관이 요청하는 사항

7. 원산지

1) 원산지의 표시 등

(1) 원산지의 의의

당해물품의 전부 또는 2개국 이상이 제조하는 경우 당해물품의 본질적인 특성을 최종적으로 부여한 국가를 의미한다.

(2) 원산지 표시

1. 수출입 물품 등의 원산지의 표시

① 산업통상자원부장관이 공정한 거래 질서의 확립과 생산자 및 소비자 보호를 위하여 원산지를 표시하여야 하는 대상으로 공고한 물품 등을 수출하거나 수입하려는 자는 그 물품 등에 대하여 원산지를 표시하여야 한다.

② 수입된 원산지표시대상물품에 대하여 대통령령으로 정하는 단순한 가공활동을 거침으로써 해당 물품 등의 원산지 표시를 손상하거나 변형한 자는 그 단순 가공한 물품 등에 당초의 원산지를 표시하여야 한다. 이 경우 다른 법령에서 단순한 가공활동을 거친 수입 물품 등에 대하여 다른 기준을 규정하고 있으면 그 기준에 따른다.

③ 원산지의 표시방법·확인, 그 밖에 표시에 필요한 사항은 대통령령으로 정한다.

④ 무역거래자 또는 물품 등의 판매업자는 다음 각 호의 어느 하나에 해당하는 행위를 하여서는 아니 된다. 다만, 제3호의 경우에는 무역거래자의 경우만 해당된다.

㉠ 원산지를 거짓으로 표시하거나 원산지를 오인(誤認)하게 하는 표시를 하는 행위

㉡ 원산지의 표시를 손상하거나 변경하는 행위

㉢ 원산지표시대상물품에 대하여 원산지 표시를 하지 아니하는 행위

㉣ ㉠~㉢ 규정에 위반되는 원산지표시대상물품을 국내에서 거래하는 행위

⑤ 산업통상자원부장관은 또는 시·도지사는 ①~④의 규정을 위반하였는지 확인하기 위하여 필요하다고 인정하면 수입한 물품 등과 대통령령으로 정하는 관련 서류를 검사할 수 있다

2. 원산지 표시 위반에 대한 시정명령

① 산업통상자원부장관 또는 시·도지사는 위 (1) ②, ③, ④의 규정을 위반한 자에게 판매중지, 원상복구, 원산지 표시 등 대통령령으로 정하는 시정조치를 명할 수 있다.

② 산업통상자원부장관 또는 시·도 지사는 위 (1) ②, ③, ④의 규정(위 ④의 ㉣은 제외한다)을 위반한 자에게 3억원 이하의 과징금을 부과할 수 있다.

③ ②에 따라 과징금을 부과하는 위반행위의 종류와 정도에 따른 과징금의 금액

과 그 밖에 필요한 사항은 대통령령으로 정한다.

④ 산업통상자원부장관 또는 시·도지사는 ②에 따라 과징금을 내야 하는 자가 납부기한까지 내지 아니하면 국세 또는 지방세 체납처분의 예에 따라 징수한다.

⑤ 산업통상자원부장관 또는 시·도지사는 ②에 따라 과징금 부과처분이 확정된 자에 대해서는 대통령령으로 정하는 바에 따라 그 위반자 및 위반자의 소재지와 물품 등의 명칭, 품목, 위반내용 등 처분과 관련된 사항을 공표할 수 있다.

3. 원산지표시대상물품 지정 등

① 산업통상자원부장관은 원산지를 표시하여야 할 물품을 공고하려면 해당 물품을 관장하는 관계 행정기관의 장과 미리 협의하여야 한다.

② 대통령령으로 정하는 단순한 가공활동이란 판매목적의 물품포장 활동, 상품성 유지를 위한 단순한 작업 활동 등 물품의 본질적 특성을 부여하기에 부족한 가공활동을 말하며, 그 가공활동의 구체적인 범위는 관계 중앙행정기관의 장과 협의하여 산업통상자원부장관이 정하여 고시한다.

4. 수입 물품의 원산지표시대상물품 등

① 원산지표시대상물품은 해당 물품에 원산지를 표시하여야 한다.

② 원산지표시대상물품이 다음 각 호의 어느 하나에 해당되는 경우에는 해당 물품에 원산지를 표시하지 않고 해당 물품의 최소포장, 용기 등에 수입 물품의 원산지를 표시할 수 있다.

㉠ 해당 물품에 원산지를 표시하는 것이 불가능한 경우

㉡ 원산지 표시로 인하여 해당 물품이 크게 훼손되는 경우(예: 당구공, 콘택즈렌즈, 포장하지 않은 집적회로 등)

㉢ 원산지 표시로 인하여 해당 물품의 가치가 실질적으로 저하되는 경우

㉣ 원산지 표시의 비용이 해당 물품의 수입을 막을 정도로 과도한 경우(예: 물품 값보다 표시비용이 더 많이 드는 경우 등)

㉤ 상거래 관행상 최종구매자에게 포장, 용기에 봉인되어 판매되는 물품 또는 봉인되지는 않았으나 포장, 용기를 뜯지 않고 판매되는 물품(예: 비누, 칫솔, 비디오 테이프 등)

㉥ 실질적 변형을 일으키는 제조공정에 투입되는 부품 및 원재료를 수입 후

실수요자에게 직접 공급하는 경우

ⓢ 물품의 외관상 원산지의 오인 가능성이 적은 경우(예: 두리안, 오렌지, 바나나와 같은 과일·채소 등)

ⓞ 관세청장이 산업통상자원부장관과 협의하여 타당하다고 인정하는 물품

5. 수출입 물품의 원산지 표시방법

① 원산지표시대상물품을 수입하려는 자는 다음 각 호의 방법에 따라 해당 물품에 원산지를 표시하여야 한다.

㉠ 한글·한문 또는 영문으로 표시할 것

㉡ 최종 구매자가 쉽게 판독할 수 있는 활자체로 표시할 것

㉢ 식별하기 쉬운 위치에 표시할 것

㉣ 표시된 원산지가 쉽게 지워지거나 떨어지지 아니하는 방법으로 표시할 것

② ①에도 불구하고 해당 물품에 원산지를 표시하는 것이 곤란하거나 원산지를 표시할 필요가 없다고 인정하여 산업통상자원부장관이 정하여 고시하는 기준에 해당하는 경우에는 산업통상자원부장관이 정하여 고시하는 바에 따라 원산지를 표시하거나 원산지 표시를 생략할 수 있다.

③ ①에 규정된 것 외에 수입 물품의 원산지 표시방법에 관하여 필요한 사항은 산업통상자원부장관이 정하여 고시한다. 다만, 수입물품을 관장하는 중앙행정기관의 장은 소비자를 보호하기 위하여 필요한 경우에는 산업통상자원부장관과 협의하여 해당 물품의 원산지 표시에 관한 세부적인 사항을 따로 정하여 고시할 수 있다.

④ 수출 물품에 대하여 원산지를 표시하는 경우에는 원산지를 표시하되, 그 물품에 대한 수입국의 원산지 표시규정이 이와 다르게 표시하도록 되어 있으면 그 규정에 따라 원산지를 표시할 수 있다. 다만, 수입한 물품에 대하여 국내에서 단순한 가공활동을 거쳐 수출하는 경우에는 우리나라를 원산지로 표시하여서는 아니 된다.

6. 수입 후 단순한 가공활동을 수행한 물품 등의 원산지 표시

① 수입 후 단순한 가공활동을 수행한 물품의 원산지 표시는 다음 각 호의 어느 하나의 방법에 따라 원산지를 표시하여야 한다.

㉠ 원산지표시대상물품이 수입된 후, 최종구매자가 구매하기 이전에 국내에서 단순 제조·가공처리되어 수입 물품의 원산지가 은폐·제거되거나 은폐·제거될 우려가 있는 물품의 경우에는 제조·가공업자(수입자가 제조업자인 경우를 포함)는 완성 가공품에 수입 물품의 원산지가 분명하게 나타나도록 원산지를 표시하여야 한다.

㉡ 원산지표시대상물품이 대형 포장 형태로 수입된 후에 최종구매자가 구매하기 이전에 국내에서 소매단위로 재포장되어 판매되는 물품인 경우에는 재포장 판매업자(수입자가 판매업자인 경우를 포함)는 재포장 용기에 수입 물품의 원산지가 분명하게 나타나도록 원산지를 표시하여야 한다. 재포장되지 않고 낱개 또는 산물로 판매되는 경우에도 물품 또는 판매용기·판매 장소에 스티커 부착, 푯말 부착 등의 방법으로 수입품의 원산지를 표시하여야 한다.

㉢ 원산지표시대상물품이 수입된 후에 최종구매자가 구매하기 이전에 다른 물품과 결합되어 판매되는 경우에는 제조·가공업자(수입자가 제조업자인 경우를 포함한다)는 수입된 해당 물품의 원산지가 분명하게 나타나도록 "(해당 물품명)의 원산지: 국명"의 형태로 원산지를 표시하여야 한다.

② ① 에 해당되는 경우에는 세관장이 수입자에게 수입 통관 후 법령에 따른 원산지 표시를 준수하도록 명할 수 있다.

③ ① 에 해당되는 물품을 수입하는 자가 같은 물품을 제3자(중간 구매업자 또는 판매자 등)에게 양도(제3자가 재양도하는 경우를 포함)하는 경우에는 양수인에게 서면으로 법령에 따른 원산지 표시의무를 준수하여야 할 것을 알려야 한다.

7. 수입 물품 원산지 표시의 일반원칙

① 수입 물품의 원산지는 다음 각 호의 어느 하나에 해당되는 방식으로 한글, 한자 또는 영문으로 표시할 수 있다.

㉠ "원산지: 국명" 또는 "국명 산(産)"

㉡ "Made in 국명" 또는 "Product of 국명"

㉢ "Made by 물품 제조자의 회사명, 주소, 국명"

㉣ 수입 물품의 크기가 작아 원산지를 표시할 수 없을 경우에는 국명만을 표시할 수 있음

㉤ "Brewed in 국명" 또는 "Distilled in 국명" 등 그 밖에 최종구매자가 원산지를 오인할 우려가 없는 방식

② 수입 물품의 원산지는 최종구매자가 해당 물품의 원산지를 용이하게 판독할 수 있는 크기의 활자체로 표시하여야 한다.

③ 수입 물품의 원산지는 최종구매자가 식별하기 용이한 곳에 표시하여야 한다. 식별하기 용이한 곳이란 최종구매자가 정상적인 물품구매과정에서 표시된 원산지를 용이하게 발견할 수 있는 곳을 의미한다.

④ 표시된 원산지는 쉽게 지워지지 않으며 물품(또는 포장·용기)에서 쉽게 떨어지지 않아야 한다.

⑤ 수입 물품의 원산지는 제조단계에서 인쇄(printing), 등사(stenciling), 낙인(branding), 주조(molding), 식각(etching), 박음질(stitching) 또는 이와 유사한 방식으로 원산지를 표시하는 것을 원칙으로 한다. 다만, 물품의 특성상 위와 같은 방식으로 표시하는 것이 부적합하거나 물품을 훼손할 우려가 있는 경우에는 날인(stamping), 라벨(label), 스티커(sticker), 꼬리표(tag)를 사용하여 표시할 수 있다.

⑥ 최종구매자가 수입 물품의 원산지를 오인할 우려가 없는 경우에는 통상적으로 널리 사용되고 있는 국가명을 사용하여 원산지를 표시할 수 있다(예: United States of America를 "USA"로, Switzerland를 "Swiss" 등으로 표기).

⑦ 「품질경영 및 공산품안전관리법」, 「식품위생법」 등 다른 법령에 의한 표시사항이 라벨, 스티커, 꼬리표의 방법으로 부착되는 경우에는 그 표시 사항에 원산지 항목을 추가하여 기재하여야 한다.

8. 원산지 오인 우려 수입 물품의 원산지 표시

① 원산지오인 우려 표시물품은 원산지표시대상물품이 다음 각 호의 어느 하나에 해당되는 물품을 말한다.

㉠ 주문자 상표부착(OEM)방식에 의해 생산된 수입 물품의 원산지와 주문자가 위치한 국명이 상이하여 최종구매자가 해당 물품의 원산지를 오인할 우려가 있는 물품

㉡ 물품 또는 포장·용기에 현저하게 표시되어 있는 상호·상표·지역 ·국가 또는 언어명이 수입 물품의 원산지와 상이하여 최종구매자가 해당 물품의

원산지를 오인할 우려가 있는 물품

② ①에 해당되는 수입 물품은 해당 물품 또는 포장·용기의 전면에 원산지를 표시하여야 하며, 물품의 특성상 전후면의 구별이 어렵거나 전면에 표시하기 어려운 경우 등에는 원산지 오인을 초래하는 표시와 가까운 곳에 표시하여야 한다.

③ ①에 해당되는 수입 물품을 판매하는 자는 판매 또는 진열 시 소비자가 알아볼 수 있도록 상품에 표시된 원산지와는 별도로 스티커, 푯말 등을 이용하여 원산지를 표시하여야 한다.

9. 수입 세트물품의 원산지 표시

① 수입 세트물품의 경우 해당 세트물품을 구성하는 개별 물품들의 원산지가 동일하고 최종 구매자에게 세트물품으로 판매되는 경우에는 개별 물품에 원산지를 표시하지 아니하고 그 물품의 포장·용기에 원산지를 표시할 수 있다.

② 세트물품을 구성하는 개별 물품들의 원산지가 2개국 이상인 경우에는 개별 물품에 각각의 원산지를 표시하고, 세트물품의 포장·용기에는 개별 물품들의 원산지를 모두 나열·표시하여야 한다(예: Made in China, Taiwan, …).

10. 수입용기의 원산지 표시

① 관세율표에 따라 용기로 별도 분류되어 수입되는 물품의 경우에는 용기에 "(용기명)의 원산지: (국명)"에 상응하는 표시를 하여야 한다(예: "Bottle made in 국명").

② 1회 사용으로 폐기되는 용기의 경우에는 최소 판매단위의 포장에 용기의 원산지를 표시할 수 있으며, 실수요자가 이들 물품을 수입하는 경우에는 용기의 원산지를 표시하지 않아도 무방하다.

11. 원산지 표시방법의 확인

① 원산지 표시방법에 따라 원산지를 표시하여야 하는 자는 해당 물품이 수입되기 전에 문서로 그 물품의 적절한 원산지 표시방법에 관한 확인을 산업통상자원부장관에게 요청할 수 있다.

② 산업통상자원부장관의 원산지 표시방법의 확인에 관하여 이의가 있는 자는

확인 결과를 통보받은 날부터 30일 이내에 서면으로 산업통상자원부장관에게 이의를 제기할 수 있다.

③ 원산지 표시방법에 대한 확인 요청과 확인 결과에 대한 이의제기에 필요한 사항은 산업통상자원부장관이 정하여 고시한다.

④ 산업통상자원부장관은 원산지표시대상물품을 수입하는 자에 대하여 해당 물품이 통관할 때 원산지의 표시방법 및 표시 여부 등을 확인할 수 있다. 이 경우 확인방법과 확인절차 등에 관하여는 산업통상자원부장관이 정하여 고시한다.

12. 원산지 표시의 사전확인 및 이의제기

① 관세청장은 적정한 원산지 표시방법에 관한 확인을 요청받은 경우에는 신청을 접수한 날부터 30일 이내에 해당 물품의 적정한 표시방법을 확인하여 요청인에게 알려야 한다.

② 통보 내용에 대하여 이의제기를 접수한 관세청장은 접수한 날부터 30일 이내에 이의제기에 대하여 결정을 하고 이를 요청인에게 알려야 한다.

③ 관세청장은 원산지 표시 사전확인 및 이의제기에 필요한 사항을 산업통상자원부장관과 협의하여 별도로 정할 수 있다.

13. 수입 물품 원산지 표시의 면제

① 물품 또는 포장·용기에 원산지를 표시하여야 하는 수입 물품이 다음 각 호의 어느 하나에 해당되는 경우에는 원산지를 표시하지 아니할 수 있다.

㉠ 외화획득용 원료 및 시설기재로 수입되는 물품

㉡ 개인에게 무상 송부된 탁송품, 별송품 또는 여행자 휴대품

㉢ 수입 후 실질적 변형을 일으키는 제조공정에 투입되는 부품 및 원재료로서 실수요자가 직접 수입하는 경우(실수요자를 위하여 수입을 대행하는 경우를 포함한다)

㉣ 판매 또는 임대목적이 아닌 물품의 제조에 사용할 목적으로 수입되는 제조용 시설 및 기자재(부분품 및 예비 부품을 포함한다)로서 실수요자가 직접 수입하는 경우(실수요자를 위하여 수입을 대행하는 경우를 포함한다)

㉤ 연구개발용품으로서 실수요자가 수입하는 경우(실수요자를 위하여 수입을

대행하는 경우를 포함한다)

ⓑ 견본품(진열·판매용이 아닌 것에 한함) 및 수입된 물품의 하자보수용 물품

ⓢ 보세운송, 환적 등에 의하여 우리나라를 단순히 경유하는 통과 화물

ⓞ 재수출조건부 면세 대상 물품 등 일시 수입 물품

ⓙ 우리나라에서 수출된 후 재수입되는 물품

ⓒ 외교관 면세 대상 물품

ⓚ 개인이 자가소비용으로 수입하는 물품으로서 세관장이 타당하다고 인정하는 물품

ⓣ 그 밖에 관세청장이 산업통상자원부장관과 협의하여 타당하다고 인정하는 물품

② 세관장은 원산지 표시가 면제되는 물품에 대하여 외화획득 이행 여부, 목적 외 사용 등을 사후 확인할 수 있다.

14. 원산지 표시의 확인·검사

① 물품을 수입하려는 자는 해당 물품의 통관 시 원산지 표시 여부에 대하여 세관장의 확인을 받아야 한다.

② 세관장은 수출·수입되는 물품이 원산지 표시 규정에 위반되는 것으로 인정되는 경우에는 원산지의 표시·정정·말소 등 적절한 조치를 지시할 수 있다.

③ 관계 행정기관의 장, 시·도지사는 수입신고 후 통관된 물품이 원산지 표시 규정에 위반되는 것으로 인정되는 경우에는 원산지의 표시·정정·말소 등 적절한 조치를 지시할 수 있다.

15. 원산지표시 위반물품에 대한 시정조치

① 시정조치의 내용은 다음 각 호와 같다.

㉠ 원산지표시의 원상 복구, 정정, 말소 또는 원산지표시명령

㉡ 위반물품의 거래 또는 판매 행위의 중지

② 시정조치 명령은 다음 각 호의 사항을 명시한 서면으로 하여야 한다.

㉠ 위반행위의 내용

㉡ 시정조치 명령의 사유 및 내용

㉢ 시정기한

16. 과징금의 부과 및 납부

① 산업통상자원부장관 또는 시·도지사는 과징금을 부과하려면 그 위반행위의 종류와 과징금의 금액을 명시하여 과징금을 낼 것을 서면으로 알려야 한다.

② 통보를 받은 자는 납부 통지일부터 20일 이내에 과징금을 산업통상자원부장관 또는 시·도지사가 정하는 수납기관에 내야 한다. 다만, 천재지변이나 그 밖의 부득이한 사유로 납부기한까지 과징금을 낼 수 없는 경우에는 그 사유가 없어진 날부터 7일 이내에 내야 한다.

③ 과징금을 받은 수납기관은 과징금을 낸 자에게 영수증을 발급하여야 한다.

④ 과징금의 수납기관은 과징금을 받으면 지체 없이 그 사실을 산업통상자원부장관 또는 시·도지사에게 알려야 한다.

⑤ 산업통상자원부장관 또는 시·도지사는 과징금을 부과받은 자(이하 "과징금납부의무자"라 한다)가 내야 할 과징금의 금액이 1억원 이상인 경우로서 다음 각 호의 어느 하나에 해당하는 사유로 인하여 과징금의 전액을 한꺼번에 내기 어렵다고 인정되는 경우에는 그 납부기한을 연장하거나 분할납부하게 할 수 있다. 이 경우 필요하다고 인정하는 때에는 담보를 제공하게 할 수 있다.

㉠ 재해나 천재지변, 화재 등으로 재산에 현저한 손실을 입은 경우

㉡ 경제 여건이나 사업 여건의 악화로 사업이 중대한 위기에 있는 경우

㉢ 과징금을 한꺼번에 내면 자금사정에 현저한 어려움이 예상되는 경우

㉣ 그 밖에 제1호부터 제3호까지의 규정에 준하는 사유가 있는 경우

⑥ 산업통상자원부장관 또는 시·도지사는 해당 무역거래자 등의 수출입 규모, 위반 정도 및 위반 횟수 등을 고려하여 과징금 금액의 2분의 1의 범위에서 가중하거나 경감할 수 있다. 다만, 가중하는 경우에도 과징금의 총액은 3억원을 넘을 수 없다.

2) 원산지 판정

(1) 원산지 판정 등

1. 수출입 물품의 원산지 판정

① 산업통상자원부장관은 필요하다고 인정하면 수출 또는 수입 물품 등의 원산지 판정을 할 수 있다.

② 원산지 판정의 기준은 대통령령으로 정하는 바에 따라 산업통상자원부장관이 정하여 공고한다.

③ 무역거래자 또는 물품 등의 판매업자 등은 수출 또는 수입 물품 등의 원산지 판정을 산업통상자원부장관에게 요청할 수 있다.

④ 산업통상자원부장관은 요청을 받은 경우에는 해당 물품 등의 원산지 판정을 하여서 요청한 사람에게 알려야 한다.

⑤ 통보를 받은 자가 원산지 판정에 불복하는 경우에는 통보를 받은 날부터 30일 이내에 산업통상자원부장관에게 이의를 제기할 수 있다.

⑥ 산업통상자원부장관은 이의를 제기받은 경우에는 이의 제기를 받은 날부터 150일 이내에 이의 제기에 대한 결정을 알려야 한다.

⑦ 원산지 판정의 요청, 이의 제기 등 원산지 판정의 절차에 필요한 사항은 대통령령으로 정한다.

2. 수출입 물품의 원산지 판정 기준

① 수입 물품에 대한 원산지 판정은 다음 각 호의 어느 하나의 기준에 따라야 한다.

㉠ 수입 물품의 전부가 하나의 국가에서 채취되거나 생산된 물품인 경우에는 그 국가를 그 물품의 원산지로 할 것

㉡ 수입 물품의 생산·제조·가공 과정에 둘 이상의 국가가 관련된 경우에는 최종적으로 실질적 변형[26]을 가하여 그 물품에 본질적 특성을 부여하는 활동을 한 국가를 그 물품의 원산지로 할 것

㉢ 수입 물품의 생산·제조·가공 과정에 둘 이상의 국가가 관련된 경우 단순한 가공활동[27]을 하는 국가를 원산지로 하지 아니할 것

---

26) 실질적 변형이란 해당국에서의 제조·가공과정을 통하여 원재료의 세번과 상이한 세번(HS 6단위 기준)의 제품을 생산하는 것을 말한다.

27) 다음 각 호의 어느 하나를 "단순한 가공활동"으로 보며, 단순한 가공활동을 수행하는 국가에는 원산지를 부여하지 아니한다. 1. 운송 또는 보관 목적으로 물품을 양호한 상태로 보존하기 위해 행하는 가공활동 2. 선적 또는 운송을 용이하게 하기 위한 가공활동 3. 판매 목적으로 물품의 포장 등과 관련된 활동 4. (삭제) 5. 제조·가공결과 HS 6단위가 변경되는 경우라도 다음 각 목의 어느 하나에 해당되는 가공과 이들이 결합되는 가공은 단순한 가공활동의 범위에 포함된다.

② 완전생산물품, 실질적 변형, 단순한 가공활동의 기준 등 원산지 판정 기준에 관한 구체적인 사항은 관계 중앙행정기관의 장과 협의하여 산업통상자원부장관이 정하여 고시한다.

③ 수출 물품에 대한 원산지 판정은 그 물품에 대한 원산지 판정기준이 수입국의 원산지 판정기준과 다른 경우에는 수입국의 원산지 판정기준에 따라 원산지를 판정할 수 있다.

3. 수입원료를 사용한 국내생산 물품 등의 원산지 판정 기준

산업통상자원부장관은 공정한 거래질서의 확립과 생산자 및 소비자 보호를 위하여 필요하다고 인정하면 수입원료를 사용하여 국내에서 생산되어 국내에서 유통되거나 판매되는 물품 등에 대한 원산지 판정에 관한 기준을 관계 중앙행정기관의 장과 협의하여 정할 수 있다. 다만, 다른 법령에서 국내생산물품 등에 대하여 다른 기준을 규정하고 있는 경우에는 그러하지 아니하다.

4. 원산지 판정 기준의 특례

① 기계·기구·장치 또는 차량에 사용되는 부속품·예비부분품 및 공구로서 기

가. 통풍
나. 건조 또는 단순가열(볶거나 굽는 것을 포함한다)
다. 냉동, 냉장
라. 손상부위의 제거, 이물질 제거, 세척
마. 기름칠, 녹방지 또는 보호를 위한 도색, 도장
바. 거르기 또는 선별(sifting or screening)
사. 정리(sorting), 분류 또는 등급선정(classifying, or grading)
아. 시험 또는 측정
자. 표시나 라벨의 수정 또는 선명화
차. 가수, 희석, 흡습, 가염, 가당, 전리(ionizing)
카. 각피(husking), 탈각(shelling or unshelling), 씨제거 및 신선 또는 냉장육류의 냉동, 단순 절단 및 단순 혼합
타. 별표 9에서 정한 HS 01류의 가축을 수입하여 국내에서 도축하는 경우 같은 별표에서 정한 품목별 사육기간 미만의 기간 동안 국내에서 사육한 가축의 도축(slaughtering)
파. 펴기(spreading out), 압착(crushing)
하. 가목부터 파목까지의 규정에 준하는 가공으로서 산업통상자원부장관이 별도로 판정하는 단순한 가공활동

계 등과 함께 수입되어 동시에 판매되고 그 종류 및 수량으로 보아 정상적인 부속품, 예비부분품 및 공구라고 인정되는 물품의 원산지는 해당 기계·기구·장치 또는 차량의 원산지와 동일한 것으로 본다.

② 포장용품의 원산지는 해당 포장된 내용품의 원산지와 동일한 것으로 본다. 다만, 법령에 따라 포장용품과 내용품을 각각 별개로 구분하여 수입신고하도록 규정된 경우에는 포장용품의 원산지는 내용품의 원산지와 구분하여 결정한다.

③ 촬영된 영화용 필름은 그 영화제작자가 속하는 나라를 원산지로 한다.

(2) 원산지 판정 절차

① 수출 또는 수입 물품의 원산지 판정을 받으려는 자는 대상 물품의 관세·통계통합품목분류표상의 품목번호·품목명, 요청 사유, 요청자가 주장하는 원산지 등을 명시한 요청서에 견본 1개와 그 밖에 원산지 판정에 필요한 자료를 첨부하여 산업통상자원부장관에게 제출하여야 한다. 다만, 물품의 성질상 견본을 제출하기 곤란하거나 견본이 없어도 그 물품의 원산지 판정에 지장이 없다고 인정되는 경우에는 견본의 제출을 생략할 수 있다.

② 산업통상자원부장관은 제출된 요청서 등이 미비하여 수출 또는 수입 물품의 원산지를 판정하기 곤란한 경우에는 기간을 정하여 자료의 보정(補正)을 요구할 수 있으며, 그 기간 내에 보정하지 아니하면 요청서 등을 되돌려 보낼 수 있다.

③ 산업통상자원부장관은 원산지 판정의 요청을 받은 경우에는 60일 이내에 원산지 판정을 하여 그 결과를 요청한 사람에게 문서로 알려야 한다. 다만, 그 판정과 관련된 자료수집 등을 위하여 필요한 기간은 이에 산입하지 아니한다.

④ 원산지 판정의 결과가 요청인의 주장과 다른 경우에는 판정의 근거 등을 적어야 한다.

⑤ 원산지 판정의 요청 방법과 그 밖에 판정에 필요한 사항은 산업통상자원부장관이 정하여 고시한다.

(3) 원산지 판정 이의제기

① 원산지 판정에 이의를 제기하려는 자는 대상 물품의 관세·통계통합품목분류표상의 품목번호·품목명, 이의제기 사유, 신청자가 주장하는 원산지 등을 명

시한 이의신청서에 원산지 판정에 필요한 자료를 첨부하여 산업통상자원부장관에게 제출하여야 한다.

② 산업통상자원부장관은 제출된 신청서 등이 미비하여 이의제기에 대한 결정을 하기 곤란한 경우에는 기간을 정하여 자료의 보정을 요구할 수 있으며, 그 기간 내에 보정하지 아니하면 신청서 등을 되돌려 보낼 수 있다.

③ 산업통상자원부장관은 이의제기에 대한 결정을 하기 위하여 관계 전문가에게 자문하거나 이해관계자 등의 의견을 들을 수 있다.

④ 원산지 판정에 대한 이의제기 절차 등에 관하여 필요한 세부적인 사항은 산업통상자원부장관이 정한다.

3) 원산지증명서 등

(1) 원산지증명서

1. 원산지증명서의 의의

당해물품이 당해국가에서 제조 또는 생산이 되었다는 것을 당해국가의 국가기관이나 이에 준하는 단체가 공증한 서류로 오늘날 관세상의 혜택 등의 사유로 수입국에서 필수적으로 요구되는 무역 서류 중의 하나이다.

2. 원산지의 확인

① 대외무역법령 등의 규정에 따라 원산지를 확인하여야 할 물품을 수입하는 자는 수입신고 전까지 원산지증명서 등 관계 자료를 제출하고 확인을 받아야 한다.

② 수입시 원산지증명서를 제출하여야 하는 경우는 다음과 같다.

㉠ 통합공고에 의하여 특정지역으로부터 수입이 제한되는 물품

㉡ 원산지 허위표시, 오인·혼동표시 등을 확인하기 위하여 세관장이 필요하다고 인정하는 물품

㉢ 그 밖에 법령에 따라 원산지 확인이 필요한 물품

③ 관계 자료를 제출받은 세관장은 해당 자료의 발행기관에 이의 확인을 요청할 수 있다.

④ 관세청장은 원산지 확인에 필요한 사항을 산업통상자원부장관과 협의하여 별

도로 정할 수 있다.

⑤ 관계 자료를 제출한 자는 자료제출기관에 제출한 자료를 영업상 비밀로 보호하여 줄 것을 요청할 수 있다.

(2) 원산지증명서 제출 등

1. 수입 물품 등의 원산지증명서의 제출

① 산업통상자원부장관은 원산지를 확인하기 위하여 필요하다고 인정하면 물품 등을 수입하려는 자에게 그 물품 등의 원산지 국가 또는 물품 등을 선적(船積)한 국가의 정부 등이 발행하는 원산지증명서를 제출하도록 할 수 있다.

② 원산지증명서의 제출과 그 확인에 필요한 사항은 대통령령으로 정한다.

2. 수입 물품의 원산지증명서의 제출

① 산업통상자원부장관은 산업통상자원부장관이 정하여 고시하는 지역으로부터 산업통상자원부장관이 정하여 고시하는 물품을 수입하려는 자에게 다음 각 호의 기관에서 발행하는 원산지증명서를 그 물품을 수입할 때에 제출하도록 할 수 있다.

㉠ 그 물품의 원산지 국가

㉡ 그 물품을 선적(船積)한 국가의 정부

㉢ ㉠의 국가 또는 제2호의 정부가 인정하는 기관

② 원산지증명서에 관하여 필요한 사항은 산업통상자원부장관이 정하여 고시한다.

3. 원산지증명서 등의 제출면제

다음 각 호의 어느 하나에 해당하는 물품은 원산지증명서 등의 제출을 면제한다.

① 과세가격이 15만원 이하인 물품

② 우편물(「관세법」 제258조제2항에 해당하는 것은 제외)

③ 개인에게 무상 송부된 탁송품, 별송품 또는 여행자의 휴대품

④ 재수출조건부 면세 대상 물품 등 일시 수입 물품

⑤ 보세운송, 환적 등에 의하여 우리나라를 단순히 경유하는 통과화물

⑥ 물품의 종류, 성질, 형상 또는 그 상표, 생산국명, 제조자 등에 의하여 원산지가 인정되는 물품

⑦ 그 밖에 관세청장이 산업통상자원부장관과 협의하여 타당하다고 인정하는 물품

4. 원산지 확인에 있어서의 직접운송원칙

수입 물품의 원산지는 그 물품이 원산지 국가 이외의 국가를 경유하지 아니하고 원산지 국가로부터 직접 우리나라로 운송하여 반입된 물품에만 해당 물품의 원산지를 인정한다. 다만, 다음 각 호의 어느 하나에 해당하는 경우에는 해당 물품이 비원산국의 보세구역 등에서 세관 감시하에 환적 또는 일시장치 등이 이루어지고, 이들 이외의 다른 행위가 없었음이 인정되는 경우에만 이를 우리나라로 직접 운송된 물품으로 본다.

① 지리적 또는 운송상의 이유로 비원산국에서 환적 또는 일시장치가 이루어진 물품의 경우

② 박람회, 전시회 그 밖에 이에 준하는 행사에 전시하기 위하여 비원산국으로 수출하였던 물품으로서 해당 물품의 전시목적에 사용 후 우리나라로 수출한 물품의 경우

5. 수출 물품의 원산지증명서의 발급 등

① 헌법에 따라 체결·공포된 조약과 일반적으로 승인된 국제법규를 이행하기 위하여 또는 교역상대국 무역거래자의 요청으로 수출 물품의 원산지증명서를 발급받으려는 자는 산업통상자원부장관에게 원산지증명서의 발급을 신청하여야 한다. 이 경우 수수료를 내야 한다.

② 원산지증명서의 발급기준·발급절차, 유효기간, 수수료와 그 밖에 발급에 필요한 사항은 대통령령으로 정한다.

6. 수출 물품의 원산지증명서 발급기준 등

① 수출 물품의 원산지증명서의 발급기준은 헌법에 따라 체결·공포된 조약이나 협정과 일반적으로 승인된 국제법규 또는 상대 수입국에서 정한 원산지증명서 발급기준으로 한다.

② 수출 물품의 원산지증명서를 발급받으려는 자는 수출물품 원산지증명서 발급신청서에 다음 각 호의 서류를 첨부하여 산업통상자원부장관에게 제출하여야 한다.

㉠ 구매자·공급자에 관한 서류
㉡ 수출 물품의 가격·수량 등에 관한 서류
㉢ 그 밖에 수출물품의 원산지를 증명하는 데에 필요한 서류로서 산업통상자원부장관이 정하여 공고하는 서류

③ 산업통상자원부장관은 신청을 받은 경우 원산지증명서 발급기준에 적합한지를 조사·확인하여 발급 여부를 결정한 후 수출 물품의 원산지증명서를 발급하여야 한다.

④ 원산지증명서의 유효기간은 1년으로 한다. 다만, 헌법에 따라 체결·공포된 조약이나 협정과 일반적으로 승인된 국제법규에서 그 유효기간을 다르게 정하고 있는 경우에는 그 유효기간으로 한다.

⑤ ①부터 ④까지 규정한 것 외에 수출 물품의 원산지증명서 발급 등에 필요한 세부사항은 산업통상자원부장관이 정하여 고시한다.

(3) 외국산 물품 등을 국산 물품 등으로 가장하는 행위의 금지

누구든지 원산지증명서를 위조 또는 변조하거나 거짓된 내용으로 원산지증명서를 발급받거나 물품 등에 원산지를 거짓으로 표시하는 등의 방법으로 외국에서 생산된 물품 등의 원산지가 우리나라인 것처럼 가장(假裝)하여 그 물품 등을 수출하거나 외국에서 판매하여서는 아니 된다.

8. 수입수량 제한조치

1) 수입수량 제한조치

① 산업통상자원부장관은 특정 물품의 수입 증가로 인하여 같은 종류의 물품 또는 직접적인 경쟁 관계에 있는 물품을 생산하는 국내산업(이하 이 조에서 "국내산업"이라 한다)이 심각한 피해를 입고 있거나 입을 우려(이하 이 조에서 "심각한 피해 등"이라 한다)가 있음이 「불공정무역행위 조사 및 산업피해구제에 관한 법률」 규정에 따른 무역위원회(이하 "무역위원회"라 한다)의 조사를 통하여 확인되고 심각한 피해 등을 구제하기 위한 조치가 건의된 경우로서 그 국내 산업을 보호할 필요가 있다고 인정되면 그 물품의 국내 산업에 대한 심각한 피해 등을 방지하거나 치유하고 조정을 촉진하기 위하여 필요한 범위에서

물품의 수입수량을 제한하는 조치(이하 "수입수량제한조치"라 한다)를 시행할 수 있다.

② 산업통상자원부장관은 무역위원회의 건의, 해당 국내산업 보호의 필요성, 국제통상 관계, 수입수량제한조치의 시행에 따른 보상수준 및 국민경제에 미치는 영향 등을 검토하여 수입수량제한조치의 시행 여부와 내용을 결정한다.

③ 정부는 수입수량제한조치를 시행하려면 이해 당사국과 수입수량제한조치의 부정적 효과에 대한 적절한 무역보상에 관하여 협의할 수 있다.

④ 수입수량제한조치는 조치 시행일 이후 수입되는 물품에만 적용한다.

⑤ 수입수량제한조치의 적용 기간은 4년을 넘어서는 아니 된다.

⑥ 산업통상자원부장관은 수입수량제한조치의 대상 물품, 수량, 적용기간 등을 공고하여야 한다.

⑦ 산업통상자원부장관은 수입수량제한조치의 시행 여부를 결정하기 위하여 필요하다고 인정하면 관계 행정기관의 장 및 이해관계인 등에게 관련 자료의 제출 등 필요한 협조를 요청할 수 있다.

⑧ 산업통상자원부장관은 수입수량제한조치의 대상이었거나 「관세법」 규정에 따른 긴급관세(이하 "긴급관세"라 한다) 또는 「관세법」 규정에 따른 잠정 긴급관세(이하 "잠정긴급관세"라 한다)의 대상이었던 물품에 대하여는 그 수입수량제한조치의 적용기간, 긴급관세의 부과기간 또는 잠정긴급관세의 부과기간이 끝난 날부터 그 적용 기간 또는 부과기간에 해당하는 기간(적용기간 또는 부과기간이 2년 미만인 경우에는 2년)이 지나기 전까지는 다시 수입수량제한조치를 시행할 수 없다. 다만, 다음 각 호의 요건을 모두 충족하는 경우에는 180일 이내의 수입수량제한조치를 시행할 수 있다.

㉠ 해당 물품에 대한 수입수량제한조치가 시행되거나 긴급관세 또는 잠정긴급관세가 부과된 후 1년이 지날 것

㉡ 수입수량제한조치를 다시 시행하는 날부터 소급하여 5년 안에 그 물품에 대한 수입수량제한조치의 시행 또는 긴급관세의 부과가 2회 이내일 것

2) 수입수량제한조치에 대한 연장 등

① 산업통상자원부장관은 무역위원회의 건의가 있고 필요하다고 인정하면 수입수량제한조치의 내용을 변경하거나 적용기간을 연장할 수 있다. 이 경우 변경되는 조치 내용 및 연장되는 적용기간 이내에 변경되는 조치 내용은 최초의 조치 내용보다 완화되어야 한다.

② 수입수량제한조치의 적용기간을 연장하는 때에는 수입수량제한조치의 적용기간과 긴급관세 또는 잠정긴급관세의 부과기간 및 그 연장기간을 전부 합산한 기간이 8년을 넘어서는 아니 된다.

9. 수출입의 질서 유지

1) 수출입 물품 등의 가격 조작 금지

무역거래자는 외화도피의 목적으로 물품 등의 수출 또는 수입 가격을 조작(造作)하여서는 아니 된다.

2) 무역거래자간 무역 분쟁의 신속한 해결

① 무역거래자는 그 상호 간이나 교역상대국의 무역거래자와 물품 등의 수출·수입과 관련하여 분쟁이 발생한 경우에는 정당한 사유 없이 그 분쟁의 해결을 지연시켜서는 아니 된다.

② 산업통상자원부장관은 분쟁이 발생한 경우 무역거래자에게 분쟁의 해결에 관한 의견을 진술하게 하거나 그 분쟁과 관련되는 서류의 제출을 요구할 수 있다.

③ 산업통상자원부장관은 분쟁과 관련되는 서류를 제출받거나 의견을 들은 후에 필요하다고 인정하면 그 분쟁에 관하여 사실 조사를 할 수 있다.

④ 산업통상자원부장관은 분쟁을 신속하고 공정하게 처리하는 것이 필요하다고 인정하거나 무역 분쟁 당사자의 신청을 받으면 대통령령으로 정하는 바에 따라 분쟁을 조정하거나 분쟁의 해결을 위한 중재(仲裁) 계약의 체결을 권고할 수 있다.

⑤ 대한민국재외공관의 장이 교역상대국의 무역거래자 및 무역 분쟁 해결기관의

장으로부터 무역 분쟁 사실의 신고를 받거나 업무를 수행하면서 무역 분쟁 사실을 알게 된 경우에는 지체 없이 그 사실을 산업통상자원부장관에게 알려야 한다. 대한무역투자진흥공사, 수출입조합, 그 밖에 수출·수입과 관련된 기관의 경우에도 또한 같다.

⑥ 산업통상자원부장관은 무역 분쟁 사실의 통지를 받은 경우 그 분쟁을 신속하게 해결하기 위하여 필요하다고 인정할 때에는 조정(調停) 또는 알선을 할 수 있다.

3) 선적 전 검사와 관련한 분쟁 조정 등

① 수입국 정부와의 계약 체결 또는 수입국 정부의 위임을 받아 기업이 수출하는 물품 등에 대하여 국내에서 선적 전에 검사를 실시하는 기관은 「세계무역기구 선적 전 검사에 관한 협정」을 지켜야 한다. 이 경우 선적 전 검사기관은 선적 전 검사가 기업의 수출에 대한 무역장벽으로 작용하도록 하여서는 아니 된다.

② 산업통상자원부장관은 선적 전 검사와 관련하여 수출자와 선적 전 검사기관 간에 분쟁이 발생하였을 경우에는 그 해결을 위하여 필요한 조정(調整)을 할 수 있다.

③ 분쟁에 관한 중재(仲裁)를 담당할 수 있도록 대통령령으로 정하는 바에 따라 독립적인 중재기관을 설치할 수 있다.

4) 조정명령

① 산업통상자원부장관은 다음 각 호의 어느 하나에 해당하는 경우에는 무역거래자에게 수출하는 물품 등의 가격, 수량, 품질, 그 밖에 거래조건 또는 그 대상지역 등에 관하여 필요한 조정(調整)을 명할 수 있다.

㉠ 헌법에 따라 체결·공포된 조약과 일반적으로 승인된 국제법규에 따른 의무 이행을 위하여 필요한 경우

㉡ 우리나라 또는 교역상대국의 관련 법령에 위반되는 경우

㉢ 그 밖에 물품 등의 수출의 공정한 경쟁을 교란할 우려가 있거나 대외 신용을 손상하는 행위를 방지하기 위한 것으로서 다음 각 목의 어느 하나에

해당하는 경우

ⓐ 물품 등의 수출과 관련하여 부당하게 다른 무역거래자를 제외하는 경우

ⓑ 물품 등의 수출과 관련하여 부당하게 다른 무역거래자의 상대방에 대하여 다른 무역거래자와 거래하지 아니하도록 유인하거나 강제하는 경우

ⓒ 물품 등의 수출과 관련하여 부당하게 다른 무역거래자의 해외에서의 사업활동을 방해하는 경우

② 산업통상자원부장관은 조정을 명하는 경우에는 다음 각 호의 사항을 고려하여야 한다.

㉠ 수출기반의 안정, 새로운 상품의 개발 또는 새로운 해외시장의 개척에 기여할 것

㉡ 다른 무역거래자의 권익을 부당하게 침해하거나 차별하지 아니할 것

㉢ 물품 등의 수출·수입의 질서 유지를 위한 목적에 필요한 정도를 넘지 아니할 것

③ 조정을 명하는 절차 등에 필요한 사항은 대통령령으로 정한다.

④ 산업통상자원부장관은 조정을 명하는 경우에 필요하다고 인정하면 조정에 따른 승인을 하지 아니하거나 관계 기관의 장에게 승인에 관련된 절차를 중지하게 할 수 있다.

5) 분쟁조정 등

(1) 무역분쟁의 통지 등

① 대한민국재외공관의 장이 교역상대국의 무역거래자 및 무역분쟁해결기관의 장으로부터 무역분쟁 사실의 신고를 받거나 업무를 수행하면서 무역분쟁 사실을 알게된 경우에는 지체 없이 그 사실을 산업통상자원부장관에게 알려야 한다. 대한무역투자진흥공사, 수출입조합, 그 밖에 수출·수입과 관련된 기관의 경우에도 또한 같다.

② 산업통상자원부장관은 무역분쟁 사실의 통지를 받은 경우 그 분쟁을 신속하게 해결하기 위하여 필요하다고 인정할 때에는 조정(調停) 또는 알선을 할 수 있다.

(2) 선적 전 검사가 무역장벽으로 간주되는 경우

선적 전 검사기관이 선적 전 검사를 하면서 「세계무역기구 선적 전 검사에 관한 협정」 제2조를 위반하여 수출 이행에 장애를 초래하였을 때에 그 선적 전 검사는 무역장벽으로 작용한 것으로 본다.

(3) 분쟁조정 신청 등

① 무역거래 또는 선적 전 검사와 관련한 분쟁이 발생한 경우 당사자의 일방 또는 쌍방은 산업통상자원부장관에게 분쟁의 조정을 신청할 수 있다.

② 신청절차 등 신청에 필요한 사항은 산업통상자원부장관이 따로 정하여 고시한다.

③ 산업통상자원부장관은 조정을 위하여 관계 전문가에게 자문하거나 이해관계자 등의 의견을 들을 수 있다.

(4) 조정신청의 접수 및 통지

① 조정을 신청하려는 자는 조정비용의 예납과 함께 다음 각 호의 사항을 기재한 조정신청서 5부를 대한상사중재원장에게 제출하여야 한다.

㉠ 당사자의 성명 및 주소(다만, 법인인 경우는 법인의 명칭 및 주소와 그 대표자의 성명 및 주소를 병기)

㉡ 조정을 구하는 취지 및 이유

㉢ 그 밖에 분쟁조정을 위한 참고자료

② 중재원장은 조정의 신청을 접수한 경우에는 이를 당사자에게 서면으로 알린다. 접수된 사항의 추가 또는 변경하려는 경우에도 또한 같다. 다만, 경미한 사항은 그러하지 아니하다.

③ 조정신청 통지를 받은 조정의 피신청인은 3일 이내에 대한상사중재원에 서면으로 이에 대한 의견을 제출할 수 있다.

④ 피신청인은 조정신청 통지를 받은 날부터 3일 이내에 반대신청을 할 수 있다. 다만, 반대신청이 정상적인 조정절차를 방해한다고 인정되는 경우 중재원장은 직권으로 이를 허가하지 아니할 수 있다.

⑤ 피신청인의 반대신청은 신청인의 조정신청과 병합하여 심리한다.

(5) 조정안의 작성

① 산업통상자원부장관은 조정신청을 받은 때에는 30일 이내에 조정안을 작성하여 당사자에게 제시하여야 한다.

② 조정안에는 다음 각 호의 사항이 포함되어야 한다.

㉠ 조정 사건의 표시

㉡ 조정의 일시 및 장소

㉢ 당사자의 성명 또는 명칭

㉣ 조정안의 주요 내용

(6) 조정안의 통지

① 산업통상자원부장관은 조정안이 작성된 경우에는 당사자에게 알려야 한다.

② 조정안을 통지받은 분쟁 당사자는 7일 이내에 조정안에 대한 수락 여부를 서면으로 산업통상자원부장관에게 알려야 한다.

(7) 조정의 종료

① 산업통상자원부장관은 다음 각 호의 어느 하나에 해당하는 경우에는 해당 조정 사건을 끝낼 수 있다.

㉠ 당사자 간에 합의가 이루어지거나 조정안이 수락된 경우

㉡ 조정신청인이나 당사자가 조정신청을 철회한 경우

㉢ 당사자가 조정안을 거부한 경우

㉣ 당사자 간에 합의가 성립될 가능성이 없다고 인정되는 경우나 그 밖에 조정할 필요가 없다고 판단되는 경우

② 산업통상자원부장관은 조정이 끝난 경우에는 당사자에게 알려야 한다.

(8) 조정비용

① 산업통상자원부장관은 이 법에 따른 조정과 관련하여 당사자에게 조정비용을 부담하도록 할 수 있다.

② 조정비용은 신청요금, 경비 및 수당으로 구분하며, 조정비용의 금액, 예납절차(豫納節次) 등에 관하여 필요한 사항은 산업통상자원부장관이 정하여 고시한다.

(9) 선적 전 검사중재기관

① 중재기관은 「중재법」 제40조에 따라 산업통상자원부장관이 지정하는 대한상사중재원으로 한다.

② 중재에 대하여는 「중재법」을 적용한다.

③ 이 법에 따른 선적 전 검사와 관련한 분쟁의 해결절차는 세계무역기구협정상의 분쟁 해결절차를 방해하지 아니한다.

(10) 조정명령 등[28)]

① 산업통상자원부장관은 조정을 명하기 위하여 관계 전문가에게 자문하거나 이해관계자 등의 의견을 들을 수 있다.

② 산업통상자원부장관은 조정을 명하는 경우 기업의 영업비밀 보호를 침해할 우려 등의 특별한 사유가 없으면 조정을 명하는 이유, 대상, 내용 등을 공고하여야 한다.

---

28) 조정명령의 기준기준은 다음 각 호의 경우를 말한다.

1. "부당하게 다른 무역거래자를 제외하는 경우"란 물품 등을 수출할 때에 정당한 이유 없이 그 수출에 소요되는 비용보다 낮은 가격으로 수출함으로써 다른 무역거래자를 제외시킬 우려가 있는 경우를 말한다.
2. "부당하게 다른 무역거래자의 상대방에 대해 다른 무역거래자와 거래하지 않도록 유인하거나 강제하는 경우"란 정상적인 거래관행에 비추어 부당한 이익을 제공 또는 제공할 제의를 하여 다른 무역거래자의 상대방을 자기와 거래하도록 유인하는 행위를 말한다.
3. "부당하게 다른 무역거래자의 해외에서의 사업 활동을 방해하는 경우"란 다음 각 목의 경우를 말한다.

   가. 기술, 영업정보의 부당사용: 다른 무역거래자의 기술 또는 영업정보를 부당하게 이용하여 다른 무역거래자의 해외에서의 사업 활동을 곤란하게 할 정도로 방해하는 행위

   나. 인력의 부당유인·채용: 다른 무역거래자의 인력을 부당하게 유인·채용하여 다른 무역거래자의 해외에서의 사업 활동을 곤란하게 할 정도로 방해하는 행위

10. 수출과 수입의 실적

1) 수출입실적

(1) 수출실적의 인정범위

① 대외무역법 규정에 따른 수출 중 유상으로 거래되는 수출(대북한 유상반출실적을 포함한다.)

② 승인이 면제되는 수출 중 해외건설공사에 직접 공하여지는 원료·기재, 공사용 장비 또는 기계류의 수출(수출신고필증에 재반입하지 않는다는 조건이 명시된 분만 해당한다.)

③ 수출업자 또는 수출 물품 등의 제조업자에 대한 외화획득용 원료 또는 물품 등의 공급 중 수출에 공하여지는 것으로 다음의 어느 하나에 해당하는 경우

㉠ 내국신용장(Local L/C)에 의한 공급

㉡ 구매확인서에 의한 공급

㉢ 산업통상자원부장관이 지정하는 생산자의 수출 물품 포장용 골판지상자의 공급

④ 외국인으로부터 외화를 영수하고 외화획득용 시설기재를 외국인과 임대차계약을 맺은 국내업체에 인도하는 경우

⑤ 외국인으로부터 외화를 영수하고 「자유무역지역의 지정 및 운영에 관한 법률」 제2조의 자유무역지역으로 반입신고한 물품 등을 공급하는 경우

(2) 수입실적의 인정범위

대외무역법 규정에 따른 수입 중 유상으로 거래되는 수입으로 한다.

2) 수출 · 수입실적의 인정금액

(1) 수출실적의 인정금액

① 수출실적 인정금액은 다음의 경우를 제외하고는 수출통관액(FOB가격 기준)으로 한다.

㉠ 중계무역에 의한 수출의 경우에는 수출금액(FOB가격)에서 수입금액(CIF가격)을 공제한 가득액

㉡ 외국인도수출의 경우에는 외국환은행의 입금액(다만, 위탁가공된 물품을 외국에 판매하는 경우에는 판매액에서 원자재 수출금액 및 가공임을 공제한 가득액)

㉢ 외국에서 개최되는 전시회, 박람회에 출품하기 위하여 반출된 물품으로서 현지에서 판매되는 것은 외국환은행의 입금액

㉣ 원양어로에 의한 수출 중 현지경비 사용분은 외국환은행의 확인분

㉤ 용역 수출의 경우에는 수출입확인서 발급기관의 장이 발급한 수출입확인서에 의해 외국환은행이 입금 확인한 금액

㉥ 전자적 형태의 무체물의 수출의 경우에는 한국무역협회장 또는 한국소프트웨어산업협회장이 발급한 수출입확인서에 의해 외국환은행이 입금 확인한 금액

② 수출자 또는 수출 물품 등의 제조업자에 대한 외화획득용 원료 또는 물품 등의 공급 중 수출에 공하여지는 것으로 내국신용장(Local L/C)에 의한 공급, 구매확인서에 의한 공급, 산업통상자원부장관이 지정하는 생산자의 수출 물품 포장용 골판지상자의 공급 따른 수출실적의 인정금액은 외국환은행의 결제액 또는 확인액으로 한다.

③ 외국인으로부터 외화를 영수하고 외화획득용 시설기재를 외국인과 임대차계약을 맺은 국내업체에 인도하는 경우 또는 외국인으로부터 외화를 영수하고 「자유무역지역의 지정 및 운영에 관한 법률」 제2조의 자유무역지역으로 반입신고한 물품 등을 공급하는 경우에 따른 수출실적의 인정금액은 외국환은행의 입금액으로 한다.

(2) 수입실적의 인정금액

수입실적의 인정금액은 수입통관액(CIF가격 기준)으로 한다. 다만, 외국인수수입과 용역 또는 전자적 형태의 무체물의 수입의 경우에는 외국환은행의 지급액으로 한다.

3) 수출과 수입실적의 인정시점

(1) 수출실적의 인정시점

① 대외무역법 규정에 따른 수출 중 유상으로 거래되는 수출(대북한 유상반출실적

을 포함한다)과 승인이 면제되는 수출 중 해외건설공사에 직접 공하여지는 원료·기재, 공사용 장비 또는 기계류의 수출(수출신고필증에 재반입하지 않는다는 조건이 명시된 분만 해당한다)에 따른 수출실적의 인정시점은 수출신고수리일로 한다. 다만, 제25조제1항제1호의 수출 중 용역 또는 전자적 형태의 무체물의 수출, 제25조제1항제2호 가목의 수출, 중계무역, 외국인도수출, 제25조제1항제4호 및 제5호의 수출의 경우[29]에는 입금일로 한다.

② 수출자 또는 수출 물품 등의 제조업자에 대한 외화획득용 원료 또는 물품 등의 공급 중 수출에 공하여지는 것으로 내국신용장(Local L/C)에 의한 공급, 구매확인서에 의한 공급, 산업통상자원부장관이 지정하는 생산자의 수출 물품 포장용 골판지상자의 공급 따른 수출실적의 인정시점은 다음의 경우로 한다.

㉠ 외국환은행을 통하여 대금을 결제한 경우에는 결제일

㉡ 외국환은행을 통하여 대금을 결제하지 아니한 경우에는 당사자 간의 대금 결제일

(2) 수입실적의 인정시점

유상으로 거래되는 수입에 따른 수입실적의 인정시점은 수입신고수리일로 한다. 다만, 외국인수수입과 용역 또는 전자적 형태의 무체물의 수입의 경우에는 지급일로 한다.

---

29) 대외무역관리규정 제25조(수출·수입실적의 인정범위)

① 수출실적의 인정범위는 다음 각 호로 한다.

1. 대외무역법 규정에 따른 수출 중 유상으로 거래되는 수출(대북한 유상반출실적을 포함한다)
2. 승인이 면제되는 수출 중 해외건설공사에 직접 공하여지는 원료·기재, 공사용 장비 또는 기계류의 수출(수출신고필증에 재반입하지 않는다는 조건이 명시된 분만 해당한다)
3. 수출자 또는 수출 물품 등의 제조업자에 대한 외화획득용 원료 또는 물품 등의 공급 중 수출에 공하여지는 것으로 다음의 어느 하나에 해당하는 경우
   가. 내국신용장(Local L/C)에 의한 공급
   나. 구매확인서에 의한 공급
   다. 산업통상자원부장관이 지정하는 생산자의 수출 물품 포장용 골판지상자의 공급
4. 외국인으로부터 외화를 영수하고 외화획득용 시설기재를 외국인과 임대차계약을 맺은 국내업체에 인도하는 경우
5. 외국인으로부터 외화를 영수하고 「자유무역지역의 지정 및 운영에 관한 법률」 제2조의 자유무역지역으로 반입신고한 물품 등을 공급하는 경우

② 수입실적의 인정범위는 대외무역법 규정에 따른 수입 중 유상으로 거래되는 수입으로 한다.

4) 수출 · 수입실적의 확인 및 증명발급기관

① 수출·수입 실적의 확인 및 증명 발급기관은 다음과 같이 한다.

㉠ 제26조제1항제1호부터 제6호까지, 제2항, 제3항 및 제4항 단서 중 물품의 외국인수수입의 경우에는 외국환은행의 장(다만, 제25조제1항제3호의 구매확인서에 의한 공급에 대한 제26조제2항에 따른 수출실적 인정금액의 확인 및 증명 발급기관은 대금을 영수한 외국환은행의 장으로 하며, 당사자 간에 대금을 결제한 경우에는 그 구매확인서를 발급한 외국환은행의 장 또는 전자무역기반사업자로 하며, 이 경우 외국환은행의 장 또는 전자무역기반사업자는 당사자 간에 대금 결제가 이루어졌음을 증빙하는 서류를 확인하여야 한다)[30]

㉡ 위의 ㉠ 이외의 경우에는 한국무역협회장 또는 산업통상자원부장관이 지정하는 기관의 장

② 수출·수입실적의 확인 및 증명 발급기관으로 지정받으려는 자는 동 증명서 발급에 필요한 인력 및 시설 등을 갖추고 있음을 입증할 수 있는 서류를 첨

---

30) 대외무역관리규정 제26조(수출·수입실적의 인정금액)

① 제25조 제1항 제1호 및 제2호에 따른 수출실적 인정금액은 다음 각 호의 경우를 제외하고는 수출통관액(FOB가격 기준)으로 한다.

1. 중계무역에 의한 수출의 경우에는 수출금액(FOB가격)에서 수입금액(CIF가격)을 공제한 가득액
2. 외국인도수출의 경우에는 외국환은행의 입금액(다만, 위탁가공된 물품을 외국에 판매하는 경우에는 판매액에서 원자재 수출금액 및 가공임을 공제한 가득액)
3. 제25조제1항제2호 가목의 수출은 외국환은행의 입금액
4. 원양어로에 의한 수출 중 현지경비사용분은 외국환은행의 확인분
5. 용역 수출의 경우에는 제30조에 따라 수출입확인서 발급기관의 장이 발급한 수출입확인서에 의해 외국환은행이 입금확인한 금액
6. 전자적 형태의 무체물의 수출의 경우에는 제30조에 따라 한국무역협회장 또는 한국소프트웨어산업협회장이 발급한 수출입확인서에 의해 외국환은행이 입금확인한 금액

② 제25조제1항제3호에 따른 수출실적의 인정금액은 외국환은행의 결제액 또는 확인액으로 한다.

③ 제25조제1항제4호 및 제5호에 따른 수출실적의 인정금액은 외국환은행의 입금액으로 한다.

④ 제25조제2항에 따른 수입실적의 인정금액은 수입통관액(CIF가격 기준)으로 한다. 다만, 외국인수수입과 용역 또는 전자적 형태의 무체물의 수입의 경우에는 외국환은행의 지급액으로 한다.

부하여 산업통상자원부장관에게 신청하여야 한다.

③ 산업통상자원부장관은 제2항에 따른 신청을 받은 경우 필요한 인력 및 시설 등을 갖추고 있는지를 확인하여 수출·수입실적 확인 및 증명 발급기관으로 지정하여야 한다.

5) 물품 등의 수출 · 수입실적 확인 및 증명 신청

① 물품 등의 수출·수입실적 확인 및 증명 발급을 받으려는 자는 별지 제10호 서식 또는 별지 제11호 서식에 의한 수출·수입실적의 확인 및 증명발급 신청서에 필요한 서류를 첨부하여 발급기관에 신청하여야 한다.

② 발급기관은 수출·수입실적 확인 및 증명서를 발급한 때에는 발급대장을 각각 비치하고 발급상황을 기록하여야 한다.

6) 용역 또는 전자적 형태의 무체물의 수출입확인

① 용역의 수출입 사실의 확인을 받으려는 자는 별지 제23호 서식에 의한 수출입확인신청서에 거래 사실을 증명할 수 있는 서류를 첨부하여 다음의 어느 하나에 해당하는 수출입확인서 발급기관의 장에게 신청하여야 한다. 이 경우 수출입확인서 발급기관의 장은 수출입 사실의 확인이 가능하고 신청 사실에 하자가 없다고 인정하는 경우에만 별지 제25호 서식에 의한 수출입확인서류를 발급하여야 한다.

㉠ 한국무역협회장

㉡ 한국선주협회장(해운업의 경우만 해당한다)

㉢ 한국관광협회중앙회장 및 문화체육관광부장관이 지정하는 업종별 관광협회장(관광사업의 경우만 해당한다)

② 전자적 형태의 무체물의 수출입 사실의 확인을 받으려는 자는 별지 제26호 서식에 의한 수출입확인신청서에 거래 사실을 증명할 수 있는 서류를 첨부하여 한국무역협회장 또는 한국소프트웨어산업협회장에게 신청하여야 한다. 이 경우 한국무역협회장 또는 한국소프트웨어산업협회장은 수출입 사실의 확인이 가능하고 신청 사실에 하자가 없다고 인정하는 경우에만 별지 제27호 서

식에 의한 수출입확인서류를 발급하여야 한다.

③ 수출입확인서 발급기관의 장은 신청인에게 수출입확인서의 발급심사를 위하여 필요한 자료의 제출을 요구할 수 있다.

④ 수출입확인서 발급기관의 장은 수출입확인서의 발급현황 등에 관한 매 분기 실적을 다음 달 20일까지 산업통상자원부장관과 관세청장에게 보고하여야 한다.

11. 보칙과 벌칙

1) 청문

산업통상자원부장관 또는 관계 행정기관의 장은 다음의 어느 하나에 해당하는 처분을 하려면 청문을 하여야 한다.

① 수출허가 또는 상황허가, 경유 또는 환적허가, 중개허가의 취소

② 조정명령에 따른 조정명령

2) 보고와 검사 등

① 산업통상자원부장관 또는 관계 행정기관의 장은 수출이 제한되거나 금지된 물품 등, 전략물자 또는 물품 등에 대한 수출허가나 상황허가를 받은 자 또는 수출허가나 상황허가를 받지 아니하고 수출하거나 수출하려고 한 자에게 다음의 사항에 관한 보고 또는 자료의 제출을 명할 수 있다.

㉠ 수입국

㉡ 수입자·최종사용자 또는 그의 위임을 받은 자 및 그 소재지, 사업 분야, 주요 거래자 및 사용 목적

㉢ 수입자와 최종사용자 또는 그의 위임을 받은 자를 확인하기 위한 수입국의 권한 있는 기관이 발급한 납세증명서 등 관련 자료 또는 대외 공표자료

㉣ 그 밖에 운송 수단, 환적국가, 대금 결제방법 등 산업통상자원부장관이 정하여 고시하는 사항

② 산업통상자원부장관 또는 관계 행정기관의 장은 이 법의 시행을 위하여 필요하다고 인정하면 그 소속 공무원에게 제1항에 규정된 자의 사무소, 영업소,

공장 또는 창고 등에서 장부·서류나 그 밖의 물건을 검사하게 할 수 있다.

③ 검사를 하는 공무원은 그 권한을 표시하는 증표를 지니고, 이를 관계인에게 내보여야 한다.

3) 교육명령

산업통상자원부장관 또는 관계 행정기관의 장은 다음의 어느 하나에 해당하는 자에게 대통령령으로 정하는 바에 따라 교육명령을 부과할 수 있다.

① 수출허가 또는 상황허가를 받지 아니하고 수출한 자

② 거짓이나 그 밖의 부정한 방법으로 수출허가 또는 상황허가를 받은 자

③ 경유 또는 환적허가 및 중개허가를 받지 아니하고 경유·환적·중개한 자

④ 거짓이나 그 밖의 부정한 방법으로 경유 또는 환적 허가 및 중개허가를 받은 자

4) 다른 법률과의 관계

① 산업통상자원부장관의 조정명령의 이행에 대하여는 「독점규제 및 공정거래에 관한 법률」을 적용하지 아니한다.

② 산업통상자원부장관은 조정명령이 「독점규제 및 공정거래에 관한 법률」에 따른 사업자 간의 국내 시장에서의 경쟁을 제한하는 것이면 공정거래위원회와 미리 협의하여야 한다.

③ 이 법에 따른 물품 등의 수출·수입행위에 대하여는 그 행위가 업무 수행을 위해 정당하다고 인정되는 범위에서 「국가보안법」을 적용하지 아니한다.

5) 권한의 위임 · 위탁

① 이 법에 따른 산업통상자원부장관의 권한은 대통령령으로 정하는 바에 따라 그 일부를 소속 기관의 장, 시·도지사에게 위임하거나 관계 행정기관의 장, 세관장, 한국은행 총재, 한국수출입은행장, 외국환은행의 장, 그 밖에 대통령령으로 정하는 법인 또는 단체에 위탁할 수 있다.

② 산업통상자원부장관은 권한의 위임하거나 위탁한 사무에 관하여 그 위임 또

는 위탁을 받은 자를 지휘·감독한다.

③ 산업통상자원부장관은 위임하거나 위탁한 사무에 관하여 그 위임 또는 위탁을 받은 자에게 필요한 자료의 제출을 요청할 수 있다.

6) 벌칙

① 전략물자의 국제적 확산을 꾀할 목적으로 다음의 어느 하나에 해당하는 위반행위를 한 자는 7년 이하의 징역 또는 수출·경유·환적·중개하는 물품 등의 가격의 5배에 해당하는 금액 이하의 벌금에 처한다.

㉠ 수출허가를 받지 아니하고 전략물자를 수출한 자

㉡ 상황허가를 받지 아니하고 상황허가 대상인 물품 등을 수출한 자

㉢ 경유 또는 환적허가를 받지 아니하고 전략물자 등을 경유 또는 환적한 자

㉣ 중개허가를 받지 아니하고 전략물자 등을 중개한 자

② 다음의 어느 하나에 해당하는 자는 5년 이하의 징역 또는 수출·수입·경유·환적·중개하는 물품 등의 가격의 3배에 해당하는 금액 이하의 벌금에 처한다.

㉠ 수출 또는 수입의 제한이나 금지조치를 위반한 자

㉡ 수출허가를 받지 아니하고 전략물자를 수출한 자

㉢ 거짓이나 그 밖의 부정한 방법으로 수출허가를 받은 자

㉣ 상황허가를 받지 아니하고 상황허가 대상인 물품 등을 수출한 자

㉤ 거짓이나 그 밖의 부정한 방법으로 상황허가를 받은 자

㉥ 경유 또는 환적허가를 받지 아니하고 전략물자 등을 경유 또는 환적한 자

㉦ 거짓이나 그 밖의 부정한 방법으로 제23조제3항에 따른 경유 또는 환적허가를 받은 자

㉧ 중개허가를 받지 아니하고 전략물자를 중개한 자

㉨ 거짓이나 그 밖의 부정한 방법으로 중개허가를 받은 자

㉩ 물품 등의 수출과 수입의 가격을 조작한 자

㉪ 조정명령을 위반한 자

③ 다음에 해당하는 자는 5년 이하의 징역 또는 1억원 이하의 벌금에 처한다. 이 경우 징역과 벌금은 병과할 수 있다.

㉠ 이동중지명령을 위반한 자

㉡ 원산지 표시를 위반한 무역거래자 또는 물품 등의 판매업자

㉢ 원산지표시대상물품에 대하여 원산지 표시를 하지 아니한 무역거래자

㉣ 원산지 표시위반에 따른 시정조치 명령을 위반한 자

㉤ 외국산 물품 등의 국산 물품 등으로의 가장 금지 의무를 위반한 자

④ 다음에 해당하는 자는 3년 이하의 징역 또는 3천만원 이하의 벌금에 처한다.

㉠ 직무상 습득한 기업정보를 타인에게 제공 또는 누설하거나 사용 목적 외의 용도로 사용한 자

㉡ 승인 또는 변경승인을 받지 아니하고 수출 또는 수입 승인 대상 물품 등을 수출하거나 수입한 자

㉢ 거짓이나 그 밖의 부정한 방법으로 수출입승인 또는 변경승인을 받거나 그 승인 또는 변경승인을 면제받고 물품 등을 수출하거나 수입한 자

㉣ 외화획득용 원료 기재의 수입 승인에 따른 수입에 대응하는 외화획득을 하지 아니한 자

㉤ 외화획득용 원료 기재의 용도 외 사용에 따른 승인을 받지 아니하고 목적 외의 용도로 원료·기재 또는 그 원료·기재로 제조된 물품 등을 사용한 자

㉥ 외화획득용 원료 기재의 용도 외 사용에 따른 승인을 받지 아니하고 원료·기재 또는 그 원료·기재로 제조된 물품 등을 양도한 자

㉦ 전략물자 수출입통제업무에 따른 비밀 준수 의무를 위반한 자

㉧ 거짓이나 그 밖의 부정한 방법으로 플랜트수출의 촉진에 따른 승인 또는 변경 승인을 받은 자

7) 양벌규정

법인의 대표자나 법인 또는 개인의 대리인, 사용인, 그 밖의 종업원이 그 법인 또는 개인의 업무에 관하여 위반행위를 하면 그 행위자를 벌하는 외에 그 법인 또는 개인에게도 해당 조문의 벌금형을 과한다. 다만, 법인 또는 개인이 그 위반행위를 방지하기 위하여 해당 업무에 관하여 상당한 주의와 감독을 게을리하지 아니한 경우에는 그러하지 아니하다.

8) 벌칙 적용 시의 공무원 의제

전략물자관리원의 임직원과 산업통상자원부장관이 위탁한 사무에 종사하는 한국은행, 한국수출입은행, 외국환은행, 그 밖에 대통령령으로 정하는 법인 또는 단체의 임직원은 「형법」 제129조부터 제132조까지의 벌칙을 적용할 때에는 공무원으로 본다.

9) 과태료

① 다음에 해당하는 자에게는 2천만원 이하의 과태료를 부과한다.
　㉠ 무역거래 분쟁에 관한 규정을 위반하여 관련되는 서류를 제출하지 아니한 자
　㉡ 무역거래 분쟁에 관한 규정에 따른 사실 조사를 거부, 방해 또는 기피한 자
　㉢ 보고와 검사 규정에 따른 자료를 하지 아니하거나 거짓으로 보고 또는 자료를 제출한 자
　㉣ 보고와 검사 규정에 따른 검사를 거부, 방해 또는 기피한 자

② 다음에 해당하는 자에게는 1천만원 이하의 과태료를 부과한다.
　㉠ 서류 보관의무를 위반한 자
　㉡ 원산지의 표시를 하여야 할 물품 등을 수입하여 분할·재포장 또는 단순 제조가공을 거쳐 거래하거나 낱개 또는 산물(散物)로 거래할 때 원산지의 표시를 하지 아니한 상태로 판매를 목적으로 유통시킨 무역거래자 또는 판매업자
　㉢ 수출입 물품 등의 원산지 표시 등에 관한 서류 검사에 따른 검사를 거부, 방해 또는 기피한 자
　㉣ 교육명령 규정에 따른 교육명령을 이행하지 아니한 자

③ 과태료는 대통령령으로 정하는 바에 따라 산업통상자원부장관 또는 관계 행정기관의 장이 부과·징수한다.

제16장

외국환거래법

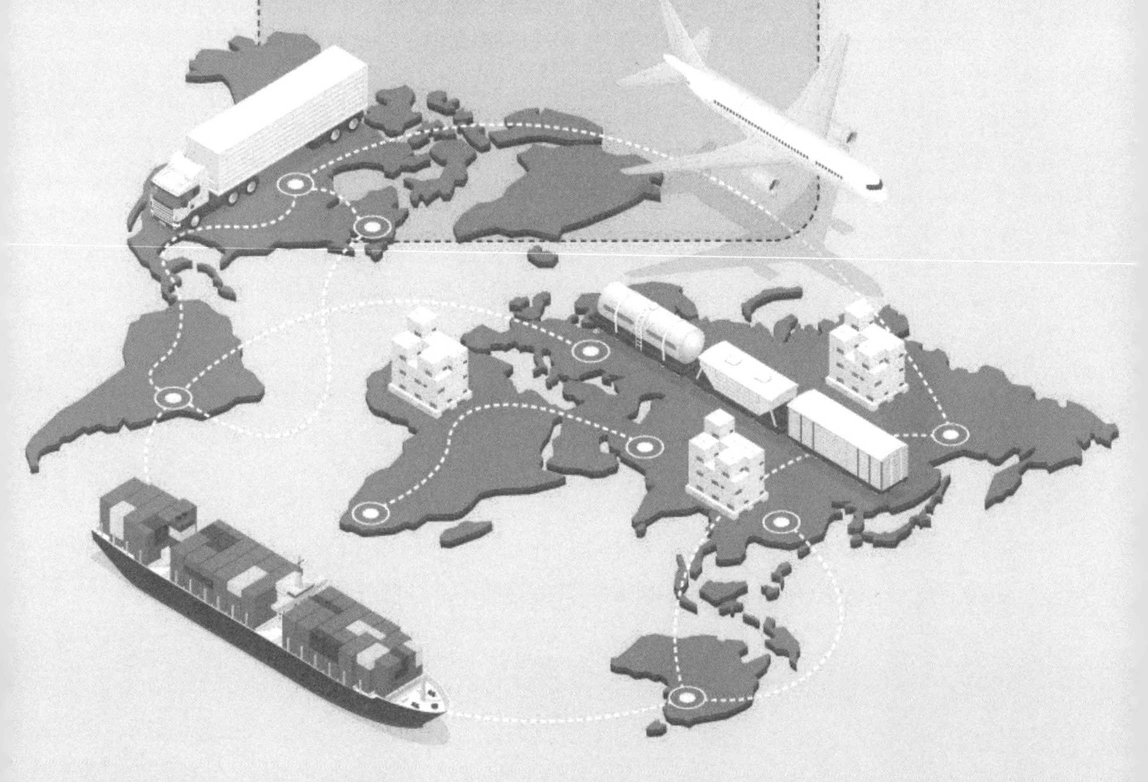

제16장

외국환거래법

1. 총칙

1) 목적

이 법은 외국환거래와 그 밖의 대외거래의 자유를 보장하고 시장기능을 활성화하여 대외거래의 원활화 및 국제수지의 균형과 통화가치의 안정을 도모함으로써 국민경제의 건전한 발전에 이바지함을 목적으로 한다.

2) 적용 대상

이 법은 다음 각 호의 어느 하나에 해당하는 경우에 적용한다.

① 대한민국에서의 외국환과 대한민국에서 하는 외국환거래 및 그 밖에 이와 관련되는 행위

② 대한민국과 외국 간의 거래 또는 지급·수령, 그 밖에 이와 관련되는 행위(외국에서 하는 행위로서 대한민국에서 그 효과가 발생하는 것을 포함한다)

③ 외국에 주소 또는 거소를 둔 개인과 외국에 주된 사무소를 둔 법인이 하는 거래로서 대한민국 통화(通貨)로 표시되거나 지급받을 수 있는 거래와 그 밖

에 이와 관련되는 행위

④ 대한민국에 주소 또는 거소를 둔 개인 또는 그 대리인, 사용인, 그 밖의 종업원이 외국에서 그 개인의 재산 또는 업무에 관하여 한 행위

⑤ 대한민국에 주된 사무소를 둔 법인의 대표자, 대리인, 사용인, 그 밖의 종업원이 외국에서 그 법인의 재산 또는 업무에 관하여 한 행위

3) 용어의 정의

① "내국통화"란 대한민국의 법정통화인 원화(貨)를 말한다.

② "외국통화"란 내국통화 외의 통화를 말한다.

③ "지급수단"이란 다음 각 목의 어느 하나에 해당하는 것을 말한다.

㉠ 정부지폐 · 은행권 · 주화 · 수표 · 우편환 · 신용장

㉡ 대통령령으로 정하는 환어음, 약속어음, 그 밖의 지급지시[31]

㉢ 증표, 플라스틱카드 또는 그 밖의 물건에 전자 또는 자기적 방법으로 재산적 가치가 입력되어 불특정 다수인 간에 지급을 위하여 통화를 갈음하여 사용할 수 있는 것

④ "대외지급수단"이란 외국통화, 외국지급수단을 통화로 표시된 지급수단, 그 밖에 표시통화에 관계없이 외국에서 사용할 수 있는 것을 말한다.

⑤ "내국지급수단"이란 대외지급수단 외의 지급수단을 말한다.

⑥ "귀금속"이란 금, 금합금의 지금(地金), 유통되지 아니하는 금화, 그 밖에 금을 주재료로 하는 제품 및 가공품을 말한다.

⑦ "증권"이란 ③에 해당하지 아니하는 것으로서 자본시장과 금융투자업에 관한 법률 제4조에 따른 증권을 말한다.

⑧ "외화증권"이란 외국통화로 표시된 증권 또는 외국에서 지급받을 수 있는 증권을 말한다.

⑨ "파생상품"이란 자본시장과 금융투자업에 관한 법률 제5조에 따른 파생상품과 그 밖에 대통령령으로 정하는 것[32]을 말한다.

---

31) 증권에 해당하지 아니하는 환어음, 약속어음, 우편 또는 전신에 의한 지급지시와 그 밖에 지급을 받을 수 있는 내용이 표시된 것으로서 기획재정부장관이 인정하는 것을 말한다.

32) 상품의 구성이 복잡하고 향후 수익을 예측하기 어려워 대규모 외환유출입을 야기할 우려

⑩ "외국환"이란 대외지급수단, 외화증권, 외화파생상품 및 외화채권을 말한다.

⑪ "거주자"란 대한민국에 주소 또는 거소를 둔 개인과 대한민국에 주된 사무소를 둔 법인을 말한다.

⑫ "비거주자"란 거주자 외의 개인 및 법인을 말한다. 다만, 비거주자의 대한민국에 있는 지점, 출장소, 그 밖의 사무소는 법률상 대리권의 유무에 상관없이 거주자로 본다.

⑬ "외국환업무"란 다음 각 목의 어느 하나에 해당하는 것을 말한다.

㉠ 외국환의 발행 또는 매매

㉡ 대한민국과 외국 간의 지급·추심(推尋) 및 수령

㉢ 외국통화로 표시되거나 지급되는 거주자와의 예금, 금전의 대차 또는 보증

㉣ 비거주자와의 예금, 금전의 대차 또는 보증

4) 대외거래의 원활화 촉진 등

① 기획재정부장관은 이 법에 따른 제한을 필요한 최소한의 범위에서 함으로써 외국환거래나 그 밖의 대외거래가 원활하게 이루어질 수 있도록 노력하여야 한다.

② 기획재정부장관은 안정적인 외국환수급(需給)의 기반 조성과 외환시장의 안정을 위하여 노력하여야 하며, 이를 위한 시책을 마련하여야 한다.

5) 환율

① 기획재정부장관은 원활하고 질서 있는 외국환거래를 위하여 필요하면 외국환거래에 관한 기준환율, 외국환의 매도율·매입률 및 재정환율(기준환율 등)을 정할 수 있다.

② 거주자와 비거주자는 기획재정부장관이 기준환율 등을 정한 경우에는 그 기준환율 등에 따라 거래하여야 한다.

가 있는 금융상품으로서 기획재정부장관이 고시하는 것을 말한다.

6) 외국환거래의 정지 등

(1) 외국환거래의 정지

① 기획재정부장관은 천재지변, 전시 · 사변, 국내외 경제사정의 중대하고도 급격한 변동, 그 밖에 이에 준하는 사태가 발생하여 부득이하다고 인정되는 경우에는 대통령령으로 정하는 바에 따라 다음 각 호의 어느 하나에 해당하는 조치를 할 수 있다.

㉠ 이 법을 적용받는 지급 또는 수령, 거래의 전부 또는 일부에 대한 일시 정지

㉡ 지급수단 또는 귀금속을 한국은행 · 정부기관 · 외국환평형기금 · 금융회사 등에 보관 · 예치 또는 매각하도록 하는 의무의 부과

② 기획재정부장관은 다음 각 호의 어느 하나에 해당된다고 인정되는 경우에는 대통령령으로 정하는 바에 따라 자본거래를 하려는 자에게 허가를 받도록 하는 의무를 부과하거나, 자본거래를 하는 자에게 그 거래와 관련하여 취득하는 지급수단의 일부를 한국은행 · 외국환평형기금 또는 금융회사 등에 예치하도록 하는 의무를 부과하는 조치를 할 수 있다.

㉠ 국제수지 및 국제금융상 심각한 어려움에 처하거나 처할 우려가 있는 경우

㉡ 대한민국과 외국 간의 자본 이동으로 통화정책, 환율정책, 그 밖의 거시경제정책을 수행하는 데에 심각한 지장을 주거나 줄 우려가 있는 경우

(2) 외국환거래의 정지 등

① 기획재정부장관은 외국환거래의 정지 등에 따른 조치를 하거나 이를 변경하려는 경우에는 다음 각 호의 사항을 고시하여야 한다.

㉠ 지급 또는 수령, 거래의 일시정지를 하려는 경우에는 그 대상이 되는 지급 또는 수령, 거래의 범위 및 정지기간

㉡ 지급수단 또는 귀금속을 보관 · 예치 또는 매각하도록 하는 경우에는 그 대상 · 범위 및 기간

㉢ 자본거래의 허가를 받도록 하는 경우에는 허가를 받아야 하는 자본거래의 종류 · 범위 · 기간 및 허가절차

㉣ 자본거래를 하는 자로 하여금 해당 거래로 인하여 취득한 지급수단의 일

부를 예치하도록 하는 경우에는 예치대상 · 예치비율 · 예치금리 · 예치기간 및 예치기관

② 예치비율 및 예치금리는 다음 각 호의 기준에 따라 정한다.

㉠ 예치비율은 국제수지 · 통화 · 환율동향 등을 종합적으로 고려하여 정할 것

㉡ 예치금리는 무이자로 할 것. 다만, 기획재정부장관이 원활하고 질서 있는 외국환관리를 위하여 특히 필요하다고 인정하는 경우에는 그러하지 아니하다.

7) 채권의 회수명령

기획재정부장관은 외환시장의 안정과 외국환거래의 건전화를 위하여 비거주자에 대한 채권을 보유하고 있는 거주자로 하여금 그 채권을 추심하여 국내로 회수하게 할 수 있다.

2. 외국환업무취급기관 등

1) 외국환업무의 등록 등

(1) 외국환업무의 등록

① 외국환업무를 업으로 하려는 자는 대통령령으로 정하는 바에 따라 외국환업무를 하는 데에 충분한 자본 · 시설 및 전문인력을 갖추어 미리 기획재정부장관에게 등록하여야 한다. 다만, 기획재정부장관이 업무의 내용을 고려하여 등록이 필요하지 아니하다고 인정하여 대통령령으로 정하는 금융회사 등은 그러하지 아니하다.

② 외국환업무는 금융회사 등만 할 수 있으며, 외국환업무를 하는 금융회사 등은 대통령령으로 정하는 바에 따라 그 금융회사 등의 업무와 직접 관련되는 범위에서 외국환업무를 할 수 있다.

③ 외국환업무 중 다음 각 호의 어느 하나에 해당하는 업무(환전업무)만을 업으로 하려는 자는 대통령령으로 정하는 바에 따라 환전 업무를 하는 데에 필요한 시설을 갖추어 미리 기획재정부장관에게 등록하여야 한다.

㉠ 외국통화의 매입 또는 매도

㉡ 외국에서 발행한 여행자수표의 매입

(2) 업무 수행에 관한 기준

외국환업무취급기관 및 환전영업자는 다음 각 호의 기준에 따라 업무를 수행하여야 한다.

① 외국환업무취급기관 및 환전영업자는 거래 내용을 기록하고 관련 서류를 보존할 것

② 외국환업무취급기관 및 환전영업자는 외국환업무 또는 환전업무와 그 밖의 업무를 겸영하는 경우에는 해당 외국환업무 또는 환전업무와 다른 업무를 구분하여 관리할 것

③ 외국환업무취급기관은 외국환업무취급 관련위험을 효율적으로 관리하기 위하여 종합적인 위험관리 체제를 구축·운용할 것

2) 외국환 중개업무 등

(1) 외국환 중개업무

① 외국환 중개업무를 업으로 하려는 자는 대통령령으로 정하는 바에 따라 자본·시설 및 전문인력을 갖추어 기획재정부장관의 인가를 받아야 한다. 이 경우 인가사항 중 대통령령으로 정하는 중요 사항을 변경하려면 기획재정부장관에게 신고하여야 한다.

㉠ 외국통화의 매매·교환·대여의 중개

㉡ 외국통화를 기초자산으로 하는 파생상품거래의 중개

㉢ 그 밖에 제1호 및 제2호와 관련된 업무

② 외국환 중개업무를 인가받은 자(외국환중개회사)가 외국환 중개업무를 할 수 있는 거래의 상대방은 외국환거래 관련 전문성을 갖춘 금융회사 등 및 관련 기관으로서 대통령령으로 정하는 자로 한다.

③ 외국환중개회사가 합병 또는 해산, 영업의 전부 또는 일부의 폐지·양도·양수하는 행위를 하려는 경우에는 대통령령으로 정하는 구분에 따라 기획재정부장관의 인가를 받거나 기획재정부장관에게 신고하여야 한다.

④ 기획재정부장관은 외국환중개업무의 성실한 이행을 위하여 외국환중개회사에

대하여 대통령령으로 정하는 바에 따라 기획재정부장관이 지정하는 기관에 보증금을 예탁하게 할 수 있다.

⑤ 외국환중개회사가 외국에서 외국환 중개업무를 하려는 경우에는 대통령령으로 정하는 바에 따라 기획재정부장관의 인가를 받아야 한다.

⑥ 이 법에 따른 외국환 중개업무에 관하여는 자본시장과 금융투자업에 관한 법률을 적용하지 아니한다.

(2) 외국환중개업무의 인가 등

1. 외국환중개업무의 인가 등

① 외국환중개업무를 업으로 하려는 자는 다음 각 호의 사항을 적은 신청서에 기획재정부장관이 정하여 고시하는 서류를 첨부하여 기획재정부장관에게 인가를 신청하여야 한다.

㉠ 명칭

㉡ 영업소의 소재지

㉢ 영업소의 소재지에 따른 자본·시설 및 전문인력에 관한 사항

② 외국환중개업무의 상대방은 다음 각 호와 같다.

㉠ 한국은행

㉡ 정부(외국환평형기금을 운용·관리하는 경우에 한정)

㉢ 외국 금융기관(내국지급수단과 대외지급수단의 매매에 대한 중개는 제외)

㉣ 「자본시장과 금융투자업에 관한 법률」에 따른 투자매매업자 및 투자중개업자

㉤ 「보험업법」에 따른 보험회사

③ 외국환중개회사가 합병 또는 영업의 전부 또는 일부를 양도·양수하려는 경우에는 신청서에 대차대조표·손익계산서 등 기획재정부장관이 정하여 고시하는 서류를 첨부하여 기획재정부장관에게 인가를 신청하여야 한다.

2. 외국에서의 외국환중개업무의 인가

① 외국환중개회사는 외국에서 외국환중개업무를 하기 위하여 인가를 받으려는 경우에는 기획재정부장관이 정하여 고시하는 신청 서류를 첨부하여 기획재정부장관에게 제출하여야 한다. 인가받은 내용을 변경하려는 경우에도 또한 같다.

② 외국에서의 외국환중개업무는 다음 각 호의 어느 하나에 해당하는 방법에 따른다.

㉠ 지점 및 사무소를 설치하는 방법

㉡ 외국환중개업무를 하는 외국법인의 주식 또는 출자지분을 취득하여 해당 법인의 경영에 참가하는 방법

㉢ 해당 외국환중개회사가 사실상 경영권을 지배하고 있는 외국법인으로 하여금 외국환중개업무를 하는 다른 외국법인의 주식 또는 출자지분을 취득하게 하여 그 경영에 참가하는 방법

(3) 건전성 규제

기획재정부장관은 외국환업무취급기관, 환전영업자 및 외국환중개회사의 업무에 대하여 필요한 제한을 하려는 경우에는 다음 각 호의 기준에 따른다.

① 특정 외화부채에 대한 지급준비금의 최저한도를 설정하는 경우에는 외화부채의 범위, 지급준비금의 대상통화·적립시기 및 최저한도를 정할 것

② 외국환매입초과액과 매각초과액의 한도를 설정하는 경우에는 외국환의 매입초과액과 매각초과액의 구분 및 한도, 그 산정기준이 되는 자산 및 부채의 범위, 산정방법, 시기 및 기간을 정할 것

③ 외화자금의 조달 및 운용방법을 지정하는 경우에는 조달·운용항목과 항목별 조달·운용방법을 정할 것

④ 외화자산 및 외화부채의 비율을 설정하는 경우에는 만기별 자금의 조달 및 운용방법과 자산 및 부채의 범위 및 기준을 정할 것

⑤ 비거주자로부터 자금을 조달하여 비거주자를 대상으로 운용하는 계정을 설정하게 하는 경우에는 설치대상 외국환업무취급기관의 범위, 자금의 조달·운용방법과 계리방법의 기준을 정할 것

⑥ 외국환업무취급기관의 외국환계정의 계리기준을 정하는 경우에는 계정과목과 계리방법을 정할 것

⑦ 외국환업무에 따른 위험관리기준을 설정하는 경우에는 대상 업무 및 기준을 정할 것

⑧ 외국환중개업무에 대한 기준을 설정하는 경우에는 대상 업무 및 운용방법을 정할 것

⑨ 환전영업자에 대한 환전업무기준을 설정하는 경우에는 외국통화의 매도에 대한 제한 대상 및 기준을 정할 것

(4) 업무상의 확인업무

외국환업무취급기관, 환전영업자 및 외국환중개회사(외국환업무취급기관 등)는 그 고객과 이 법을 적용받는 거래를 할 때에는 고객의 거래나 지급 또는 수령이 이 법에 따른 허가를 받았거나 신고를 한 것인지를 확인하여야 한다. 다만, 경미한 거래로서 기획재정부장관이 정하여 고시하는 경우에는 그러하지 아니하다.

(5) 업무의 감독과 건전성 규제 등

1. 업무의 감독과 건전성 규제

① 기획재정부장관은 외국환업무취급기관 등의 업무를 감독하고 감독상 필요한 명령을 할 수 있다.

② 기획재정부장관은 외환시장의 안정과 외국환업무취급기관 등의 건전성을 유지하기 위하여 필요하다고 인정되는 경우에는 외국환업무취급기관 등의 외국통화 자산·부채비율을 정하는 등 외국통화의 조달·운용에 필요한 제한을 할 수 있다. 이 경우 제한의 구체적인 기준은 대통령령으로 정한다.

2. 외환건전성부담금

① 기획재정부장관은 외화자금의 급격한 유입·유출에 따른 금융시장의 불안을 최소화하고 국민경제의 건전한 발전을 위하여 금융시장에서의 역할, 취급 외국환업무 및 외국통화 표시 부채의 규모 등을 종합적으로 고려하여 대통령령으로 정하는 금융회사 등에 외환건전성부담금을 부과·징수할 수 있다.

② 징수한 부담금은 외국환평형기금에 귀속된다.

3. 부담금납부의무자

① 「은행법」에 따른 인가를 받아 설립된 은행

② 「농업협동조합법」에 따른 농협은행

③ 「수산업협동조합법」에 따른 수협은행

④ 「한국산업은행법」에 따른 한국산업은행

⑤ 「한국수출입은행법」에 따른 한국수출입은행

⑥ 「중소기업은행법」에 따른 중소기업은행

⑦ 다음 각 목의 어느 하나에 해당하는 기관으로서 사업연도 종료일 현재 제21조의4제1항에 따라 산정한 비예금성외화부채 등(2015년 7월 1일 이후 발생한 것으로 한정)의 잔액이 미화 1천만 달러를 초과하는 기관

㉠ 「자본시장과 금융투자업에 관한 법률」에 따른 투자매매업자 또는 투자중개업자

㉡ 「보험업법」에 따른 보험회사

㉢ 「여신전문금융업법」에 따른 여신전문금융회사

3) 인가의 취소 등

(1) 인가의 취소 등

① 기획재정부장관은 외국환업무취급기관 등이 다음 각 호의 어느 하나에 해당하는 경우에는 등록 또는 인가를 취소하거나 6개월 이내의 기간을 정하여 외국환업무취급기관 등(영업소를 포함)의 업무를 제한하거나 업무의 전부 또는 일부를 정지할 수 있다.

㉠ 거짓이나 그 밖의 부정한 방법으로 등록을 하거나 인가를 받은 경우

㉡ 업무의 제한 또는 정지 기간에 그 업무를 한 경우

㉢ 등록 또는 인가의 내용이나 조건을 위반한 경우

㉣ 기획재정부장관의 명령을 위반하여 신고, 신청, 보고, 자료의 통보 및 제출을 전자문서의 방법으로 하지 아니한 경우

㉤ 인가를 받지 아니한 경우 또는 신고를 하지 아니하거나 거짓으로 신고를 한 경우

㉥ 보증금 예탁 명령을 따르지 아니한 경우

㉦ 기획재정부장관의 명령을 위반하여 통보 또는 제공을 하지 아니하거나 거짓으로 통보 또는 제공한 경우

㉧ 감독상의 명령 또는 업무상 제한을 위반한 경우

㉨ 보고 또는 자료·정보 제출을 하지 아니하거나 거짓 보고 또는 거짓 자료·정보를 제출한 경우

② 기획재정부장관은 등록 또는 인가를 취소하려는 경우에는 청문을 하여야 한다.

(2) 과징금 등

1. 과징금

① 위반행위를 한 자에 대하여 업무를 제한하거나 업무의 전부 또는 일부를 정지할 수 있는 경우에는 이를 갈음하여 그 위반행위로 취득한 이익의 범위에서 과징금을 부과할 수 있다.

② 기획재정부장관은 과징금 납부 의무자가 납부기한까지 과징금을 납부하지 아니한 경우에는 국세 체납처분의 예에 따라 징수할 수 있다.

2. 과징금의 납부기한 연장 등

① 기획재정부장관은 과징금을 부과받은 자가 다음 각 호의 어느 하나에 해당하는 사유로 과징금 전액을 일시에 납부하기 어렵다고 인정되는 경우에는 납부기한을 연장하거나 분할납부하게 할 수 있다.

㉠ 재해 또는 도난 등으로 재산에 현저한 손실을 입은 경우

㉡ 사업 여건의 악화로 사업이 중대한 위기에 처한 경우

㉢ 과징금의 일시납부에 따라 자금 사정에 현저한 어려움이 예상되는 경우

㉣ 그 밖에 기획재정부장관이 인정하는 사유가 있는 경우

② 기획재정부장관은 납부기한을 연장하거나 분할납부하도록 하는 경우 담보를 제공하게 할 수 있다.

③ 기획재정부장관은 납부기한이 연장되거나 분할납부가 허용된 자가 다음 각 호의 하나에 해당하게 되는 경우에는 그 납부기한의 연장 또는 분할납부결정을 취소하고 과징금을 일시에 징수할 수 있다.

㉠ 분할납부 결정된 과징금을 그 납부기한까지 납부하지 아니한 경우

㉡ 담보의 변경, 그 밖에 담보보전에 필요한 기획재정부장관의 명령을 이행하지 아니한 경우

㉢ 강제집행, 경매의 개시, 파산선고 등 과징금의 전부 또는 나머지를 징수할 수 없다고 인정되는 경우

3. 외국환평형기금

1) 외국환평형기금

(1) 외국환평형기금

자국통화의 안정을 유지하고 투기적인 외화의 유출입에 따른 악영향을 피하기 위하여 정부가 직접 혹은 간접으로 외환시장에 개입하여 외환의 매매조작을 실시하기 위하여 보유 · 운용되는 자금을 말한다.

오늘날 각국에서 많이 채용되고 있는데, 미국에서는 외환안정기금(Exchange Stabilization Fund), 영국에서는 외환평형기금(Exchange Equalization Fund)이라고 한다. 우리나라에서는 원화기금 계정과 외화기금 계정으로 구분되어 한국은행에 설치되어 있으며, 재정경제부장관이 외환수급상 긴급한 상태 등 필요하다고 인정할 경우 쓸 수 있다.

(2) 외국환평형기금 설치

① 외국환거래를 원활하게 하기 위하여 「국가재정법」 제5조에 따른 기금으로서 외국환평형기금을 설치한다.

② 외국환평형기금은 다음 각 호의 재원(財源)으로 조성한다.

㉠ 정부로부터의 출연금 및 예수금

㉡ 외국환평형기금 채권의 발행으로 조성된 자금

㉢ 외국정부, 외국중앙은행, 그 밖의 거주자 또는 비거주자로부터의 예수금 또는 일시차입금

㉣ 예수금

㉤ 외환건전성부담금 등

③ 외국환평형기금은 다음 각 호의 방법으로 운용한다. 다만, 외환건전성부담금 및 가산금에 따른 외환건전성부담금 및 가산금으로 조성된 외국환평형기금의 경우에는 외국환평형기금 채권의 발행으로 조성된 자금 또는 예수금 중 금융회사 등에 대한 외화유동성 공급을 위한 거래에 한하여 운용한다.

㉠ 외국환의 매매

㉡ 한국은행 · 외국정부 · 외국중앙은행 또는 국내외 금융회사등에의 예치 · 예탁 또는 대여

㉢ 외국환업무취급기관의 외화채무로서 국가가 보증한 채무를 상환하기 위하여 국가가 예비비 또는 추가경정예산으로 지급하기 전까지 국가를 대신하여 일시적으로 하는 지급

㉣ 그 밖에 외국환거래의 원활화를 위하여 필요하다고 인정되어 대통령령으로 정하는 방법

④ 외국환평형기금에서 채무를 대신 지급한 경우 정부는 이를 보전(補塡)하는 조치를 하여야 한다.

⑤ 외국환평형기금의 조성 및 운용은 내국지급수단 또는 대외지급수단으로 할 수 있다.

⑥ 외국환평형기금은 기획재정부장관이 운용·관리한다.

⑦ 기획재정부장관은 외국환평형기금 채권을 발행할 수 있다.

⑧ 기획재정부장관은 외국환평형기금에 예치된 자금에 대하여 대통령령으로 정하는 바에 따라 예치증서를 발행할 수 있다. 이 경우 기획재정부장관은 그 예치증서의 사용 용도를 정할 수 있다.

2) 기금채권의 발행 등

① 외국환평형기금채권의 발행은 모집, 매출 또는 입찰의 방법으로 한다.

② 기획재정부장관은 기금채권의 원활한 발행을 위하여 필요하다고 인정되는 경우에는 다음 각 호의 기관으로 하여금 기금채권을 인수하게 할 수 있다.

㉠ 한국은행

㉡ 외국환업무취급기관

㉢ 「자본시장과 금융투자업에 관한 법률」에 따른 투자매매업자, 투자중개업자, 집합투자업자, 신탁업자 및 증권금융회사

㉣ 「보험업법」에 따른 보험회사

③ 기획재정부장관은 기금채권의 원활한 발행을 위하여 기금채권의 발행에 관련된 업무를 다음 각 호의 구분에 따라 금융회사, 법무법인, 회계법인에게 대행하게 할 수 있다.

㉠ 금융회사: 기금채권의 발행전략의 수립 지원 및 기금채권의 모집·매출의 알선 등에 관한 업무

㉡ 법무법인: 기금채권 발행과 관련한 신고서류 및 투자계약서의 작성, 법률 자문 등에 관한 업무

㉢ 회계법인: 기금채권 발행과 관련된 회계업무

④ 기획재정부장관은 대행기관의 투명하고 공정한 선정을 위하여 관계전문가로부터 의견을 들을 수 있다.

⑤ 대행기관의 선정 등에 필요한 사항은 기획재정부장관이 정한다.

3) 외국환평형기금의 운용 · 관리 등

① 기획재정부장관은 외국환평형기금의 수입과 지출을 명확하게 하기 위하여 한국은행에 외국환평형기금계정을 설치하여야 한다.

② 외국환평형기금은 원화자금 및 외화자금으로 운용할 수 있다.

③ 외국환평형기금이 보유하는 외화자금의 가액은 환율에 의하여 평가하되, 이로 인한 손익은 해당 손익이 발생한 이후 최초로 도래하는 결산기에 평가익 또는 평가손으로 처리하여야 한다.

4) 예치증서의 발행

① 예치증서를 발행받으려는 자는 예치금액, 사용용도 등을 적은 신청 서류를 기획재정부장관에게 제출하여야 한다.

② 기획재정부장관은 신청이 있는 경우 예치증서의 발행이 필요하다고 인정되면 신청일부터 7일 이내에 예치증서를 발행 · 교부하여야 한다.

5) 외국환평형기금 채권의 원리금 상환

① 외국환평형기금 채권의 발행으로 인한 원리금은 「국가재정법」 제90조제6항에 따른 절차에 따라 일반회계 세계잉여금으로 상환할 수 있다.

② 일반회계 세계잉여금으로 상환할 수 있는 금액은 외국환평형기금 채권의 이자에 그 이자 외의 외국환평형기금 운용손익을 더하거나 뺀 금액으로 한다.

4. 지급과 거래

1) 지급 등의 허가

(1) 지급 등의 허가

기획재정부장관은 일정한 경우에는 국내로부터 외국에 지급하려는 거주자·비거주자, 비거주자에게 지급하거나 비거주자로부터 수령하려는 거주자에게 그 지급 또는 수령을 할 때 (외국환거래에 의하여 지급 또는 수령 등이 발생한 경우) 허가를 받도록 할 수 있다.

(2) 허가의 대상

① 우리나라가 체결한 조약 및 일반적으로 승인된 국제법규를 성실하게 이행하기 위하여 불가피한 경우

② 국제평화 및 안전을 유지하기 위한 국제적 노력에 특히 기여할 필요가 있는 경우

(3) 고시

기획재정부장관은 지급 또는 수령의 허가를 받도록 하는 경우에는 허가를 받아야 하는 사유와 지급 또는 수령의 종류 및 범위를 정하여 고시하여야 한다

(4) 허가의 절차

1. 신청

지급·수령의 허가를 받으려는 자는 기획재정부장관이 정하여 고시하는 허가신청서류를 기획재정부장관에게 제출하여야 한다.

2. 심사

다음의 사항을 심사하여 허가 여부를 결정하고 신청인에게 통지

① 해당 지급·수령이 허가 대상인지 여부

② 해당 지급·수령의 사유와 금액

③ 해당 지급·수령의 원인이 되는 거래 또는 행위의 내용

(5) 조치의 해제

기획재정부장관은 지급 또는 수령에 대하여 허가를 받도록 조치한 사유가 소멸하게 된 때에는 해당 조치를 지체 없이 해제하여야 한다.

2) 지급절차 등

① 기획재정부장관은 이 법을 적용받는 지급 또는 수령과 관련하여 환전절차, 송금절차, 재산반출절차 등 필요한 사항을 정할 수 있다.

② 기획재정부장관은 다음 각 호의 어느 하나에 해당한다고 인정되는 경우에는 국내로부터 외국에 지급하려는 거주자·비거주자, 비거주자에게 지급하거나 비거주자로부터 수령하려는 거주자에게 그 지급 또는 수령을 할 때 허가를 받도록 할 수 있다.

㉠ 우리나라가 체결한 조약 및 일반적으로 승인된 국제법규를 성실하게 이행하기 위하여 불가피한 경우

㉡ 국제 평화 및 안전을 유지하기 위한 국제적 노력에 특히 기여할 필요가 있는 경우

③ 기획재정부장관은 지급 또는 수령의 허가를 받도록 하는 경우에는 허가를 받아야 하는 사유와 지급 또는 수령의 종류 및 범위를 정하여 고시하여야 한다.

④ 지급 또는 수령의 허가를 받으려는 자는 기획재정부장관이 정하여 고시하는 허가신청 서류를 기획재정부장관에게 제출하여야 한다.

⑤ 기획재정부장관은 지급 또는 수령의 허가신청을 받은 때에는 다음 각 호의 사항을 심사하여 허가 여부를 결정하고 신청인에게 통지하여야 한다.

㉠ 해당 지급 또는 수령이 허가 대상인지의 여부

㉡ 해당 지급 또는 수령의 사유와 금액

㉢ 해당 지급 또는 수령의 원인이 되는 거래 또는 행위의 내용

⑥ 기획재정부장관은 지급 또는 수령에 대하여 허가를 받도록 조치한 사유가 소멸하게 된 때에는 해당 조치를 지체 없이 해제하여야 한다.

3) 지급 또는 수령의 방법의 신고

거주자 간, 거주자와 비거주자 간 또는 비거주자 상호 간의 거래나 행위에 따른 채권·채무를 결제할 때 거주자가 다음 각 호의 어느 하나에 해당하면 그 지급 또는 수령의 방법을 기획재정부장관에게 미리 신고하여야 한다. 다만, 금액이 소액이거나 통상적인 거래로서 대통령령으로 정하는 경우에는 사후에 보고하거나 신고하지 아니할 수 있다.

① 상계 등의 방법으로 채권·채무를 소멸시키거나 상쇄시키는 방법으로 결제하는 경우
② 기획재정부장관이 정하는 기간을 넘겨 결제하는 경우
③ 거주자가 해당 거래의 당사자가 아닌 자와 지급 또는 수령을 하거나 해당 거래의 당사자가 아닌 거주자가 그 거래의 당사자인 비거주자와 지급 또는 수령을 하는 경우
④ 외국환업무취급기관을 통하지 아니하고 지급 또는 수령을 하는 경우

4) 지급수단 등의 수출입 신고

기획재정부장관은 이 법의 실효성을 확보하기 위하여 필요하다고 인정되는 경우에는 지급수단 또는 증권을 수출 또는 수입하려는 거주자나 비거주자로 하여금 그 지급수단 또는 증권을 수출 또는 수입할 때 신고하게 할 수 있다.

(1) 지급수단 등의 수출입 신고

거주자 간, 거주자와 비거주자 간 또는 비거주자 상호 간의 거래나 행위에 따른 채권·채무를 결제할 때 상계 등의 방법으로 채권·채무를 소멸시키거나 상쇄시키는 방법으로 결제하는 경우 그 지급 또는 수령의 방법을 기획재정부장관에게 미리 신고하여야 한다.

(2) 신고 예외

① 상호계산계정을 통하여 채무·채권으로 상계하고자 하는 경우
② 신용카드발행업자가 외국에 있는 신용카드발행업자와 상계하거나 그 상계한

잔액을 지급·수령하는 경우

③ 특정보험사업자가 외국의 보험사업자와의 재보험계약에 의하여 재보험료, 재보험금 등을 상계하는 경우

④ 파생상품거래에 의하여 취득하는 채권·채무를 당해 거래상대방과 상계하거나 그 상계한 잔액을 지급·수령하는 경우

⑤ 연계무역, 위탁가공무역 및 수탁가공무역에 의하여 수출대금과 관련 수입대금을 상계하고자 하는 경우

⑥ 물품의 수출입대금과 당해 수출입거래에 직접 수반되는 중개·대리점 수수료 등을 상계하고자 하는 경우

⑦ 외국항로에 취항하는 국내의 항공·선박회사가 외국에서 취득하는 외국항로의 항공임·선박임과 경상운항경비를 상계하거나 그 상계한 잔액을 지급·수령하는 경우

⑧ 외국항로에 취항하고 있는 국내선박회사가 외국선박회사와 공동운항계약을 체결하고 선복 및 장비의 상호사용에 따른 채권·채무를 상계하고자 하는 경우

⑨ 국내외철도승차권 등의 판매대금과 당해 거래에 직접 수반되는 수수료를 상계하고자 하는 경우

5) 기획재정부장관이 정하는 기간을 초과하는 지급 등의 방법

거주자 간, 거주자와 비거주자 간, 또는 비거주자 상호 간의 거래나 행위에 따른 채권·채무를 결제할 때 기획재정부장관이 정하는 기간을 넘겨 결제하는 경우 그 지급 또는 수령의 방법을 기획재정부장관에게 미리 신고하여야 한다.

원칙적으로 거주자가 수출입대금의 지급 등을 하고자 하는 경우에는 신고를 요하지 아니한다. 다만, 다음의 일정한 사유에 해당하는 경우에는 신고의무를 이행하여야 한다.

(중략) 원칙적으로 거주자가 수출입대금의 지급 등을 하고자 하는 경우에는 신고를 요하지 아니한다. 다만, 다음의 일정한 사유에 해당하는 경우에는 한국은행총재에게 신고하여야 하며, ①의 ㉢ 및 ②의 ㉡ 본문 중 불가피한 사유로 인정되는 경우에는 1년을 초과한 날로부터 3월 이내에 사후신고를 할 수 있다. 그리고 해당 신고를 받은 한국은행총재는 매월별로 익월 10일 이내에 동 신고사실을 국세청장 및

관세청장에게 통보하여야 한다.

① 계약건당 미화 5만불을 초과하는 수출대금을 다음 각목의 1에 해당하는 방법으로 수령하고자 하는 경우
   ㉠ 본지사간의 수출거래로서 무신용장 인수인도조건방식 또는 외상수출채권 매입방식에 의하여 결제기간이 물품의 선적 후 또는 수출환어음의 일람 후 3년을 초과하는 경우
   ㉡ 본지사간의 수출거래로서 수출대금을 물품의 선적 전에 수령하고자 하는 경우
   ㉢ 본지사간이 아닌 수출거래로서 수출대금을 물품의 선적 전 1년을 초과하여 수령하고자 하는 경우. 다만, 선박, 철도차량, 항공기, 「대외무역법」에 의한 산업설비의 경우는 제외한다.

② 다음 각목의 1에 해당하는 방법으로 수입대금을 지급하고자 하는 경우
   ㉠ 계약건당 미화 5만불을 초과하는 미가공 재수출할 목적으로 금을 수입하는 경우로서 수입대금을 선적서류 또는 물품의 수령일부터 30일을 초과하여 지급하거나 내수용으로 30일을 초과하여 연지급수입한 금을 미가공 재수출하고자 하는 경우
   ㉡ 계약건당 미화 2만불을 초과하는 수입대금을 선적서류 또는 물품의 수령 전 1년을 초과하여 송금방식에 의하여 지급하고자 하는 경우. 다만, 선박, 철도차량, 항공기, 「대외무역법」에 따른 산업설비에 대한 미화 5백만불이내의 수입대금을 지급하는 경우는 제외한다.

6) 제3자 지급 등에 의한 지급 등의 방법

거주자 간, 거주자와 비거주자 간 또는 비거주자 상호 간의 거래나 행위에 따른 채권·채무를 결제할 때 거주자가 해당 거래의 당사자가 아닌 자와 지급 또는 수령을 하거나 해당 거래의 당사자가 아닌 거주자가 그 거래의 당사자인 비거주자와 지급 또는 수령을 하는 경우 그 지급 또는 수령의 방법을 기획재정부장관에게 미리 신고하여야 한다.

(1) 신고예외

① 당해 거래의 당사자인 거주자가 당해 거래의 당사자가 아닌 비거주자로부터 수령하는 경우

② 당해 거래의 당사자가 아닌 거주자가 당해 거래의 당사자인 비거주자로부터 수령하는 경우

③ 거래당사자가 회원으로 가입된 국제적인 결제기구와 지급 또는 수령하는 경우

④ 인정된 거래에 따른 채권의 매매 및 양도, 채무의 인수가 이루어진 경우

⑤ 인정된 거래에 따라 외화증권을 취득하고자 하는 자가 관련 자금을 예탁결제원에게 지급하는 경우

⑥ 대한민국 재외공관이 국민인 비거주자에게 긴급경비를 지급하는 경우

⑦ 수입대행업체(거주자)에게 단순수입대행을 위탁한 거주자(납세의무자)가 수입대행계약 시 미리 정한 바에 따라 수입대금을 수출업자인 비거주자에게 지급하는 경우

⑧ 거주자가 인터넷으로 물품 수입을 하고 수입대금은 국내 구매대행업체를 통하여 지급하는 경우 및 수입대금을 받은 구매대행업체가 수출업자에게 지급하는 경우

⑨ 비거주자가 인터넷으로 판매자인 다른 비거주자로부터 물품을 구매하고 구매대금을 거주자인 구매대행업체를 통하여 지급하는 경우 및 구매대금을 받은 거주자인 구매대행업체가 판매자인 다른 비거주자에게 지급하는 경우

⑩ 거주자인 정유회사 및 원유, 액화천연가스 등의 수입업자가 외국정부 또는 외국정부가 운영하는 기업으로부터 원유, 가스 등을 수입함에 있어 당해 수출국의 법률이 정한 바에 따라 수입대금을 수출국의 중앙은행에 지급하는 경우

(2) 한국은행총재 신고

신고예외의 경우를 제외하고 거주자가 제3자 지급 등을 하고자 하는 경우

7) 지급 수단 등의 수출입 신고

기획재정부장관은 이법의 실효성을 확보하기 위하여 필요하다고 인정되는 다음의 경우에는 지급수단 또는 증권을 수출·수입하려는 거주자나 비거주자로 하여금

그 지급수단 또는 증권을 수출·수입할 때 신고하게 할 수 있다

① 우리나라가 체결한 조약 및 일반적으로 승인된 국제법규의 성실한 이행을 위하여 필요한 경우

② 자본의 불법적인 유출·유입을 방지하기 위하여 필요한 경우

5. 자본거래의 신고 등

1) 자본거래의 신고 등

① 자본거래를 하려는 자는 기획재정부장관에게 신고하여야 한다. 다만, 경미하거나 정형화된 자본거래로서 대통령령으로 정하는 자본거래[33]는 사후에 보고하거나 신고하지 아니할 수 있다.

② 기획재정부장관은 신고하도록 정한 사항 중 거주자의 해외직접투자와 해외부동산 또는 이에 관한 권리의 취득의 경우에는 투자자 적격성 여부, 투자가격 적정성 여부 등의 타당성을 검토하여 신고수리 여부를 결정할 수 있다.

③ 기획재정부장관은 신고에 대하여 30일 이내에 다음 각 호의 어느 하나에 해당하는 결정을 하여 신고인에게 통지하여야 한다.

㉠ 신고의 수리

㉡ 신고의 수리 거부

㉢ 거래 내용의 변경 권고

④ 기획재정부장관이 신고의 수리 거부의 결정을 한 경우 그 신고를 한 거주자는 해당 거래를 하여서는 아니 된다.

⑤ 거래 내용의 변경 권고를 받은 자는 변경 권고를 받은 날부터 10일 이내에 해당 변경 권고에 대한 수락 여부를 기획재정부장관에게 알려야 하며, 그 기

---

33) 1. 외국환업무취급기관이 외국환업무로서 수행하는 거래. 다만, 외환거래질서를 해할 우려가 있거나 급격한 외환유출입을 야기할 위험이 있는 거래로서 기획재정부장관이 고시하는 경우에는 신고하도록 할 수 있다.

2. 기획재정부장관이 정하여 고시하는 금액 미만의 소액 자본거래

3. 해외에서 체재 중인 자의 비거주자와의 예금거래

4. 추가적인 자금유출입이 발생하지 아니하는 계약의 변경 등으로서 기획재정부장관이 경미한 사항으로 인정하는 거래

5. 그 밖에 기획재정부장관이 정하여 고시하는 거래

간에 수락 여부를 알리지 아니하면 수락하지 아니한 것으로 본다.

⑥ 통지를 받은 자가 해당 권고를 수락한 경우에는 그 수락한 바에 따라 그 거래를 할 수 있으며, 수락하지 아니한 경우에는 그 거래를 하여서는 아니 된다.

⑦ 기획재정부장관은 수락하지 아니한다는 통지를 받은 때에는 통지를 받은 날(통지가 없는 경우에는 신고인이 변경 권고를 받은 날부터 10일이 지난 날)부터 10일 이내에 해당 자본거래의 변경 또는 중지를 명할 것인지의 여부를 결정하여 신고인에게 알려야 한다.

⑧ 처리기간에 기획재정부장관의 통지가 없으면 그 기간이 지난 날에 해당 신고가 수리된 것으로 본다.

2) 현지금융

금융기관 등을 제외하고 거주자(법인), 거주자의 해외지점(독립채산제의 예외적용을 받는 해외지점은 제외) 및 현지법인(거주자의 현지법인이 50% 이상 출자한 자회사 포함)이 현지금융을 받고자 하는 경우에는 "현지금융"을 구성한다. 현지법인 등이 역외금융대출을 받는 경우도 해당한다.

3) 거주자의 외국부동산 취득

(1) 신고수리요건의 심사

거주자의 외국에 있는 부동산 또는 이에 관한 권리의 취득과 관련하여 한은총재 또는 지정거래외국환은행장은 외국부동산 취득 신고가 있는 경우에는 다음의 사항을 심사하여 수리여부를 결정하여야 한다.

① 외국에 있는 부동산 또는 권리 등을 취득하고자 하는 자가 다음에 해당하는 자가 아닌지 여부

㉠ 약정기일 내에 채무를 변제하지 않은 자로서 종합신용정보집중기관에 등록된 자

㉡ 조세체납자

㉢ 해외이주수속 중인 개인 또는 개인사업자

② 부동산취득금액이 현지금융기관 및 감정기관 등에서 적당하다고 인정하는 수준인지 여부

③ 부동산 취득이 해외사업활동 및 거주목적 등 실제 사용목적에 적합한지 여부

(2) 신고수리 절차

1. 신고예외

① 외국환업무취급기관이 해외지사의 설치 및 운영에 직접 필요한 부동산의 소유권 또는 임차권을 취득하는 경우

② 거주자가 비거주자로부터 상속·유증·증여로 인하여 부동산에 관한 권리를 취득하는 경우

③ 정부가 외국에 있는 비거주자로부터 부동산 또는 이에 관한 권리를 취득하는 경우

④ 외국환업무취급기관이 외국환업무를 영위함에 따라 해외 소재 부동산을 담보로 취득하는 경우 등

2. 지정거래외국환은행장 신고수리

① 거주자가 투자목적으로 외국에 있는 부동산을 취득하는 경우

② 거주자 본인 또는 거주자의 배우자가 해외에서 2년 이상 체재할 목적으로 주거용 주택을 취득하는 경우

3. 한국은행총재 신고수리

상기의 경우를 제외하고 거주자가 외국에 있는 부동산 또는 이에 관한 권리를 취득하고자 하는 경우

6. 보칙

1) 경고 및 거래정지 등

① 기획재정부장관은 이 법을 적용받는 자가 다음 각 호의 어느 하나에 해당하는 경우에는 경고를 할 수 있다.

㉠ 허가를 받거나 신고를 한 경우 허가사항 또는 신고사항에 정하여진 기한

이 지난 후에 거래 또는 행위를 한 경우

㉡ 대통령령으로 정하는 금액(거래 또는 행위 유형에 따라 금액을 달리 정할 수 있다) 이하의 거래 또는 행위로서 절차 준수, 허가 또는 신고의 의무를 위반하여 거래 또는 행위를 한 경우

② 기획재정부장관은 처분을 하려는 경우에는 청문을 하여야 한다.

2) 보고 · 검사

① 기획재정부장관은 이 법의 실효성을 확보하기 위하여 거래당사자 또는 관계인으로 하여금 필요한 보고를 하게 할 수 있으며, 비거주자에 대한 채권을 보유하고 있는 거주자로 하여금 대통령령으로 정하는 바에 따라 그 보유 채권의 현황을 기획재정부장관에게 보고하게 할 수 있다.

② 기획재정부장관은 이 법을 시행하기 위하여 필요하다고 인정되는 경우에는 한국은행, 금융감독원, 외국환업무취급기관 등 이 법을 적용받는 관계 기관의 장에게 관련 자료 또는 정보의 제출을 요구할 수 있다. 이 경우 관계 기관의 장은 특별한 사유가 없으면 그 요구에 따라야 한다.

③ 기획재정부장관은 이 법을 시행하기 위하여 필요하다고 인정되는 경우에는 소속 공무원으로 하여금 외국환업무취급기관 등이나 그 밖에 이 법을 적용받는 거래 당사자 또는 관계인의 업무에 관하여 검사하게 할 수 있다.

④ 기획재정부장관은 효율적인 검사를 위하여 필요하다고 인정되는 경우에는 외국환업무취급기관 등이나 그 밖에 이 법을 적용받는 거래당사자 또는 관계인의 업무와 재산에 관한 자료의 제출을 요구할 수 있다.

⑤ 기획재정부장관은 제3항에 따른 검사 결과 위법한 사실을 발견하였을 때에는 그 시정을 명하거나 그 밖에 필요한 조치를 할 수 있다.

⑥ 기획재정부장관은 필요하다고 인정되는 경우에는 대통령령으로 정하는 바에 따라 한국은행총재, 금융감독원장, 그 밖에 대통령령으로 정하는 자에게 위탁하여 그 소속 직원으로 하여금 ③부터 ⑤까지의 규정에 따른 업무를 수행하게 할 수 있다.

⑦ ③이나 ⑥에 따라 검사를 하는 사람은 그 권한을 표시하는 증표를 지니고 이를 관계인에게 내보여야 한다.

3) 국세청장 등에게의 통보 등

① 다른 법률에도 불구하고 기획재정부장관은 이 법을 적용받는 거래, 지급, 수령, 자금의 이동 등에 관한 자료를 국세청장, 관세청장, 금융감독원장 또는 한국수출입은행장에게 직접 통보하거나 한국은행총재, 외국환업무취급기관 등의 장, 세관의 장, 그 밖에 대통령령으로 정하는 자로 하여금 국세청장, 관세청장, 금융감독원장 또는 한국수출입은행장에게 통보하도록 할 수 있다.

② 기획재정부장관은 대통령령으로 정하는 자에게 이 법을 적용받는 거래, 지급, 수령, 자금의 이동 등에 관한 자료를 「신용정보의 이용 및 보호에 관한 법률」 제25조에 따른 신용정보집중기관에 제공하도록 할 수 있다.

4) 외국환거래의 비밀보장

이 법에 따른 허가·인가·등록·신고·보고·통보·중개(仲介)·중계(中繼)·집중(集中)·교환 등의 업무에 종사하는 사람은 그 업무와 관련하여 알게 된 정보를 「금융실명거래 및 비밀보장에 관한 법률」 제4조에서 정하는 경우를 제외하고는 이 법에서 정하는 용도가 아닌 용도로 사용하거나 다른 사람에게 누설하여서는 아니 된다.

5) 전자문서에 의한 허가 등

① 기획재정부장관은 이 법에 따른 허가·인가·통지·통보를 대통령령으로 정하는 바에 따라 전자문서(전산망 또는 전산처리설비를 이용한 자료의 제출을 포함한다. 이하 이 조에서 같다)의 방법으로 할 수 있다.

② 기획재정부장관은 이 법의 실효성을 확보하기 위하여 필요하다고 인정되는 경우에는 외국환업무취급기관 등이나 그 밖에 이 법을 적용받는 거래당사자 또는 관계인으로 하여금 신고, 신청, 보고, 자료의 통보 및 제출을 전자문서의 방법으로 하도록 명할 수 있다.

6) 사무처리 등

① 기획재정부장관은 이 법의 효율적인 운영과 실효성 확보를 위하여 필요하다고 인정되는 경우에는 사무처리나 지급 또는 수령의 절차와 그 밖에 필요한 사항을 정할 수 있다.

② 기획재정부장관은 대통령령으로 정하는 바에 따라 외국환 업무와 관련이 있거나 전문성을 갖춘 법인 또는 단체 중에서 하나 이상의 법인 또는 단체를 지정하여 외국환거래, 지급 또는 수령에 관한 자료를 중계·집중·교환 또는 분석하는 기관으로 운영할 수 있다.

참고문헌

관세법, 관세청.

관세법 시행령, 관세청.

관세법 시행규칙, 관세청.

반송절차에 관한 고시, 관세청.

보세건설장 관리에 관한 고시, 관세청.

보세공장 운영에 관한 고시, 관세청.

보세사제도 운영에 관한 고시, 관세청.

보세운송에 관한 고시, 관세청.

보세전시장 운영에 관한 고시, 관세청.

보세판매장운영에 관한 고시, 관세청.

보세화물 입출항 하선 하기 및 적재에 관한 고시, 관세청.

보세화물관리에 관한 고시, 관세청.

보세화물장치기간 및 체화관리에 관한 고시, 관세청.

수입통관 사무처리에 관한 고시, 관세청.

수출통관 사무처리에 관한 고시, 관세청.

자유무역지역 반출입물품의 관리에 관한 고시, 관세청.

자유무역지역의 지정 및 운영에 관한 법률, 관세청.

자유무역지역의 지정 및 운영에 관한 법률 시행령, 관세청.

자유무역지역의 지정 및 운영에 관한 법률 시행규칙, 관세청.

자율관리 보세구역 운영에 관한 고시, 관세청.

전자상거래물품 등의 특별통관 절차에 관한 고시, 관세청.

종합보세구역의 지정 및 운영에 관한 고시, 관세청.

특송물품 수입통관 사무처리에 관한 고시, 관세청.

저자 약력

이양기

부산대학교 상과대학 무역학과 졸업

부산대학교 대학원 무역학과 석사과정 졸업(경제학 석사)

부산대학교 대학원 무역학과 박사과정 졸업(경제학 박사)

한국무역통상학회 회장, 한국무역학회 부회장, 한국무역상무학회 부회장,

한국글로벌무역학회 부회장, 한국국제상학회 상임이사, 한국관세학회 상임이사,

한국통상정보학회 상임이사, 한국중재학회 상임이사, 한국경제통상학회 이사,

한국아시아학회 이사, 한국산업경제학회 이사

행정자치부 공무원시험 출제위원

한국산업인력공단, 관세청 관세사자격시험 출제 및 채점위원

한국산업인력공단 물류관리사 자격시험 출제위원

전) 부산대학교 홍보실장, 입학부본부장, 경제통상대학원 부원장

현) 부산대학교 경제통상대학 무역학부장

부산대학교 경제통상대학원 경제통상전공 주임

부산대학교 경제통상연구원 부원장

[주요 저서 및 논문]

관세법(박영사, 2019)

무역실무(삼영사, 2021)

최신무역학원론 – 공저(두남, 2014)

국제상거래론 – 공저(박영사, 2014)

무역결제론 – 공저(삼영사, 2020)

알기쉬운 국제상거래론(청람, 2022)

Global Business English(Cheong Ram, 2023)

"EU 탄소국경조정제도(CBAM) 대상 품목 탄소발자국 추적 과정과 산정을 통한 통상 편익 분석 - EU PAS 2050과 제품 범주 규칙(PCR)에 기초한 철강제품의 LCA(ISO 14040) 분석", 무역학회지, 한국무역학회, 제47권 제6호, 2022 외 85편

전공분야: 국제통상거래

e-mail: yangkee21@pusan.ac.kr

홈페이지: http://trade.pusan.ac.kr

무역관계법

초판발행 2023년 8월 18일

지은이 이양기
펴낸이 안종만 · 안상준

편 집 김민조
기획/마케팅 박부하
표지디자인 BEN STORY
제 작 고철민 · 조영환

펴낸곳 (주) 박영사
서울특별시 금천구 가산디지털2로 53, 210호(가산동, 한라시그마밸리)
등록 1959. 3. 11. 제300-1959-1호(倫)
전 화 02)733-6771
f a x 02)736-4818
e-mail pys@pybook.co.kr
homepage www.pybook.co.kr
ISBN 979-11-303-1820-2 93320

정 가 22,000원